やさしい発達心理学

乳児から青年までの発達プロセス

都筑 学●編
Manabu Tsuzuki

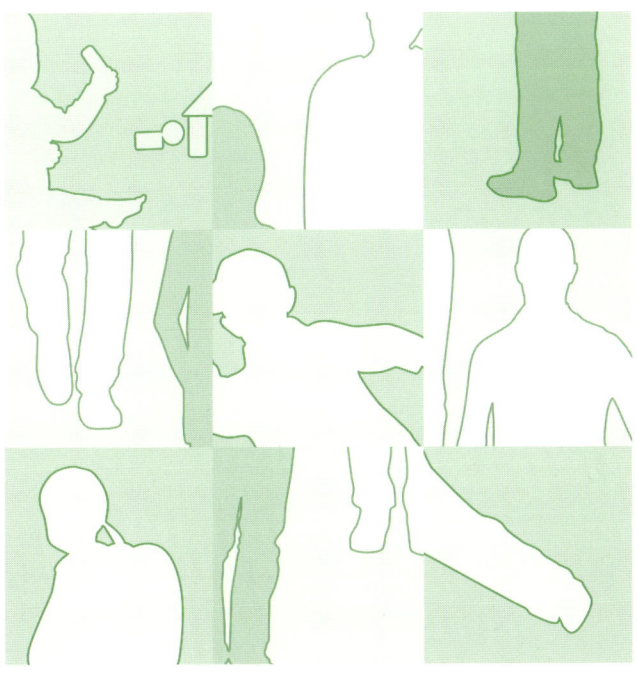

ナカニシヤ出版

まえがき

　発達心理学の授業で,「幼児の時に,『これはなんでこうなっているのかな』と不思議に思ったことがあれば書いてください」と質問したことがあります。その時,約7割の学生が「不思議に思ったことがある」と答えました。次に,その中から,いくつかを紹介します。

> 箸を水の入ったコップに入れると箸が曲がって見えること
> 電車でジャンプしたらなんで同じ場所に着地するのか
> なんで海水は透明なのに,海は青く見えるんだろう？
> 水が氷になること
> なんで,外人は目が青いのか
> 信号は緑色なのに,なんで青信号というのか
> 赤ちゃんはどうやって生まれるの？
> 月とか太陽がずっとついてくること
> なんで泣きながら寝ると怖い夢をみるんだろうな
> なんで目がみえるのか？
> 東日本,西日本とテレビで聞いていたが,日本はいっぱいあるのだと思っていた

　この中には,アニミズムや実念論で説明できるものもあります。子どもっぽい勘違いも含まれています。読めば読むほど,幼い子どもの発想は,瑞々しくてとても面白いなと感じさせられます。それと同時に,大人になると,このようなことをなぜ不思議に思わなく

なるのか，それ自体もとても興味深いこととして感じられます。その一部は，科学的知識や常識的思考を獲得したからという理由によって説明できるのかもしれません。

子どもから大人になっていくプロセスで，一体どのようなメカニズムが働いているのか，それを解き明かすのが発達心理学という学問です。発達というと，「大きくなること」や「何かができるようになること」というイメージとして捉えられることが多いのですが，発達のプロセスには，「それまでできていたことができなくなること」や「それまでもっていた何かを失うこと」なども含まれます。発達とは，前進と後退，活動と休止，獲得と喪失を繰り返しながら，時間軸上で展開されていくものなのです。

本書は，子どもや青年の具体的な姿や研究事例・データを紹介しながら，乳児期から青年期までの発達のプロセスのなかで生じるさまざまな現象の不思議さや魅力について明らかにすることを目的としています。

	人との関わり	学ぶということ	知るという働き	世界の広がり
乳児	第1章 人間関係の起源	第2章 共同注意	第3章 道具の使用	第4章 対面的なやりとり
幼児	第5章 思いやり行動	第6章 数量概念・配分行動	第7章 読み書きの習得	第8章 想像世界
児童	第9章 尊敬できる大人	第10章 学習方略・時間処理	第11章 世界の見方の変化	第12章 創造すること
青年	第13章 わかり合えない	第14章 動機の語彙	第15章 違うけど同じ自己	第16章 未来に向かい生きる

本書を構成する 16 の章は，上に示した 4 つの発達段階と 4 つの領域のいずれかに位置づけられています。このように，発達を時間軸（年齢に伴って生じる質的・量的な変化）と空間軸（発達現象が展開されていく領域）の 2 つの軸の組み合わせとして捉えることで，

子ども・青年の発達のダイナミクスを捉えることをねらいとしています。

　本書の読み方は，さまざまです。オーソドックスなのは，発達段階ごとの「ヨコ読み」や4つの領域ごとの「タテ読み」です。第1・6・11・16章というような「ナナメ読み」や，第3・6・11・14章というような「ジグザグ読み」もあります。それ以外に，「ランダム読み」もできます。読み進めていく順番が違えば，きっと異なる発見や気づきがあるのではないでしょうか。それぞれ興味のあるところから読み始めて，発展的に読んでいただければと思います。

　本書の執筆にあたっては，私が学会や研究会などで個人的に知っていて，教育活動に従事し始めてから数年ほどの経験をもつ若手の発達心理学者に，自分自身の研究データも使いながら執筆してもらうようにお願いしました。メーリングリストも利用し，プロットや原稿をやりとりして，お互いの意思疎通を図るように努めました。若い研究者ならではの斬新な視点も多く盛り込まれており，編集していても大変刺激を受けました。そうした点も是非読み取っていただければと思います。

　最後になりましたが，本書の刊行に際しては，ナカニシヤ出版の宍倉由高編集長と山本あかねさんに大変お世話になったことを深く感謝いたします。

2008年2月3日
都筑　学

目　　次

まえがき　*i*

第Ⅰ部　乳　　児

第1章　人間関係の起源 ─────────── 3
1. ヒトの赤ちゃんにとっての他者　*4*
2. 共鳴から役割交替へ　*8*
3. 他者との新しい関係づくり　*14*

第2章　共同注意—学びのための前提条件— ───── 19
1. 私たちの日常生活　*20*
2. 共同注意のやりとりを通して子どもが大人から学ぶこと　*28*
3. 児童期から青年期にかけての共同注意　*32*

第3章　道具使用の世界が始まる乳児期 ─────── 36
1. 道具と道具使用　*37*
2. 食事道具としてのスプーン使用　*42*
3. 道具使用を通して知る世界　*48*

第4章　いないいないばあ遊び—対面的なやりとりによる世界の広がり— ──────────── 53
1. 乳児と大人との対面的なやりとり　*54*
2. いないいないばあ遊び　*59*

第Ⅱ部　幼　　児

第5章　人間関係へのチャレンジ—思いやり行動— ─── 71
1. 思いやりの入口　*72*

2. 思いやりの迷路　*79*

第6章　ワタシの方が大きい！―数量概念と配分行動の発達―　*88*
　1. 幼児の数量感覚　*89*
　2. 「同じように分ける」という行動　*94*

第7章　なぜ子どもは読み書きできるようになるのか？―読み書き習得からみえるもの―　*104*
　1. 幼児期の読み書き習得を捉える　*105*
　2. 発達の問題として「読み書き」を考える　*114*

第8章　子どもの「想像世界」のヒミツ　*119*
　1. 子どもの世界観　*120*
　2. 揺れ動く子どもたち　*124*
　3. 想像世界からの贈り物　*128*

第Ⅲ部　児　　童

第9章　心から尊敬できる大人に出会うことの大切さ　*139*
　1. 児童期の友人関係にみられる9, 10歳の節　*140*
　2. 児童期の友人関係からみた大人のあり方　*147*

第10章　学習方略・時間処理　*154*
　1. 方略とは何か　*155*
　2. 学習方略　*156*
　3. 時間処理方略　*161*
　4. まとめ　*166*

第11章　世界の見方が変わる児童期　*169*
　1. 世界の見方を支える素朴理論　*170*
　2. 児童期に生じる変化　*175*
　3. 多様な見方ができるようになる児童期　*179*

第12章　「創造すること」は「大人社会を意識すること」　*184*
　1. 創造性は発達するのか　*185*

2.「大人を目指すこと」と創造性　*192*

第Ⅳ部　青　年

第13章　「わかり合えないこと」をわかり合う思春期 ── *201*
1. 思春期とは？　*202*
2. 14歳―思春期前期―　*203*
3. 17歳―思春期後期―　*208*

第14章　動機の語彙が増える青年期 ── *217*
1. 動機が先か，行動が先か　*218*
2. 青年の行動を正当化する動機の語彙　*224*

第15章　違うけど同じ自己―高機能自閉症児の思春期 ── *232*
1. 高機能自閉症―私たちと同じ？　違う？―　*233*
2. 高機能自閉症の子どもの特徴　*235*
3. 思春期にある高機能自閉症児の自己の発達　*237*
4. 〈「同じ」か「違う」か〉から「違うけど同じ」障害観へ　*243*

第16章　青年は未来に向かって生きる ── *247*
1. 青年の生活世界の時間的広がり　*248*
2. 青年の生活世界の空間的広がり　*252*
3. 青年にとっての未来　*256*

人名索引　*263*
事項索引　*265*
執筆者紹介　*269*

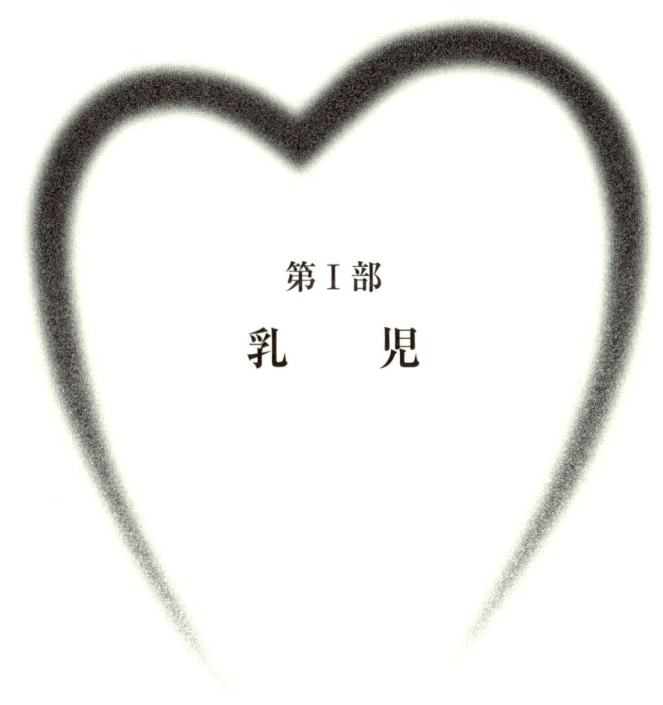

第Ⅰ部

乳　　児

第1章
人間関係の起源

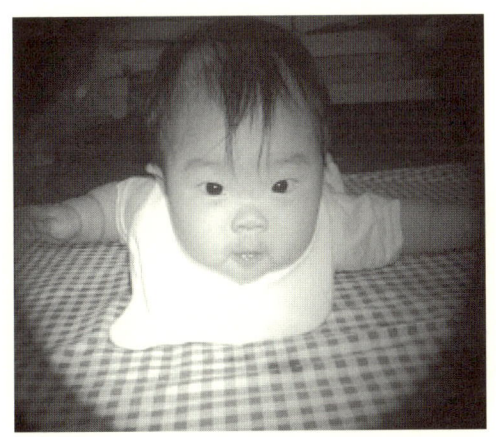

"打てば響く" 6ヶ月児

　乳児期は，人間生活の原点であると同時に，神秘的な現象の宝庫であるといえます。ある意味では弱々しく，ある意味ではたくましい存在である赤ちゃんには，この世界がどのように見えているのでしょうか。言葉をもたない赤ちゃんは，他者とどのように通じ合うことができるのでしょうか。原初的な人間関係に関する興味は尽きません。

　本章では，生後0歳から2歳までの時期を対象にします。赤ちゃんに特有の身体的特徴や行動，他者とのあいだに生まれる人間関係，そして人間関係と表裏一体で進む自我の発達について追っていきます。

1. ヒトの赤ちゃんにとっての他者

赤ちゃんのイメージ

　みなさんは，赤ちゃんとどのくらい関わった経験があるでしょうか。身内に赤ちゃんが生まれて，あるいは小中高での職場体験で保育所に行ってなど，いろいろな場合があると思います。多くの人は，赤ちゃんを前にすると「かわいい！」と感じ，かまってみたくなるかもしれません。積極的な人は，抱っこしたり，オムツを替えたり，何かを食べさせたりしたこともあるでしょう。するとますます赤ちゃんがかわいくなり，離れがたくなるという経験をした人もいると思います。

　ではここで，ひとつチャレンジしてみてください。赤ちゃんの絵を描いてみてほしいのです。絵だけですと，どうしても得手不得手がありますので，「ここが赤ちゃんぽい！」と思ったところに印をつけてみてください。どうでしょうか，どのようなイメージがわいてきたでしょうか。

　この課題を授業でしてみると，具体化された赤ちゃんの身体的特徴には，次のようなものが多く出てきます。「頭が大きい」「顔のパーツが下寄り」「からだが丸っこい」「髪の毛が薄い」「頬がふっくらしている」「手足が短く，小さい」「鼻などのパーツが小さい」「目が大きくて黒目がち」などなど。

　実際に学生たちの指摘を集めてみると，それは実に具体的で，たいてい私の補足が必要ないほどです。少子化・都市化の中で，赤ちゃんとのふれあいが決して多くないはずの学生たちに，なぜこのような安定したイメージが形成されているのでしょうか。赤ちゃんの身体的特徴には，何か強いメッセージ性があるということでしょうか。

動物行動学（エソロジー）の開祖であるローレンツは，ヒトに限らず動物の赤ちゃんに共通してみられる「かわいい」身体的特徴を赤ちゃん図式（ベビーシェーマ）と呼びました（Lorenz, 1997）。ローレンツによれば，実は動物の赤ちゃん図式こそ，大人の養育行動をひきだす原動力だというのです。動物の赤ちゃんのかわいらしさは，「お世話して！」というメッセージだと考えられています。動物の赤ちゃんは，たとえライオンのような猛獣であっても，すぐに赤ちゃんだとわかりますし，「かわいい」と思ってしまう人が多いのではないでしょうか。

「かわいい」もまた育つもの

　このように，私たちには赤ちゃん図式に対して特別敏感に反応する傾向があるようです。実体験が少ないはずの学生たちにも，すぐに赤ちゃんイメージが思い浮かぶのは，このためだと思います。

　しかし，注意しなければならないのは，だからといって子育てが生まれつきの能力（≒本能）だけで行えるわけではないということです。世間ではしばしば子ども虐待の問題が取り上げられますが，虐待という現象があることそのものが，子育てが本能ではないことの証拠の一つだといえるでしょう。

　アイとアユムという親子チンパンジーの研究で知られる松沢哲郎氏によれば，人工飼育されたチンパンジーでは2例中1例，つまり50％で育児拒否が起こるそうです（松沢, 2005）。中には産み落とした我が子を見て「ギャーッ」と悲鳴をあげて逃げるお母さんチンパンジーもいるというのです。人間よりもよっぽど"本能"に支配されていそうなチンパンジーなのですが，実は彼女らの子育てにおいても重要なのは，幼い頃からの経験なのです。

　自分自身が受ける養育，きょうだいや同年代の子どもとの交流，育児中の母親の様子を見ること，またよその赤ちゃんチンパンジー

のお世話をさせてもらうこと，など。これらの社会的経験があって，はじめて自分の子どもを「かわいい」と感じ，自分を育児へと傾けることができるのです。そう考えてみますと，実は赤ちゃん図式だけでは，私たちに「かわいい」という感情は起こらないのかもしれません。赤ちゃんをかわいいと思う心も，小さい頃からの社会的経験の積み重ねの中でつくられてくる側面があるのです。

「泣くに値する人」が生まれるということ

では，赤ちゃんにとって，親をはじめとした他者はどのような存在として映っているのでしょうか。

ヒトの新生児はたいへんな近眼ですが，それでも20cmくらいの距離だと多少ピントが合うようです（「明視」といいます）。20cmという距離は，だいたい抱っこしてもらった時の相手の顔までの距離であり，アイ・コンタクトをとるのにたいへん適したものなのです。幼い赤ちゃんにミルクをあげたことのある人は思い出してみてください。抱っこされて，ミルクを一生懸命飲む赤ちゃんが，あなたのことをジッと見つめていませんでしたか。赤ちゃんには，抱っこしてくれた人の目がとてもよく見えているのです。

赤ちゃんにとっての他者の目や顔は，他のどの対象よりも魅力的なもののようです。ファンツ（Fantz, 1961）による古典的な実験では，生後2, 3ヶ月の赤ちゃんに図1-1のような図版をいろいろ見せて調べています。一般に，刺激に対する好みはその注視時間として現れると考えられています。ファンツは選好注視法という方法で，

図1-1　赤ちゃんはどれが好き？

視野内に2つの刺激（図版）を呈示して，それぞれを注視した時間を測定しました。その結果，赤ちゃんは図1-1の左側にあるような人顔図版を最も長く注視したのです。

　赤ちゃんにとって他者が特別な存在であることは，インタラクショナル・シンクロニーという現象にも見て取れます。コンドンとサンダー（Condon & Sander, 1974）は，新生児に対して，人が自然に語りかけた場合と機械で音声をバラバラにしてつなぎ合わせた音を聴かせた場合の反応の違いを分析しました。すると，新生児は人の語りかけに対して，そのリズムに同調するように腕などを動かしたというのです。コンドンらの研究は，後に日本の研究者によってコンピュータ画像解析を利用したより厳密な実験が行われ確証されていきました（Kobayashi et al., 1992）。どうやら，赤ちゃんにとっては他者の"声"もまた魅力的な刺激のようです。

　このように，赤ちゃんの他者に対する興味には並々ならぬものがあります。しかし，単に赤ちゃんからの一方的な興味だけでは，その後の人間関係は築かれていきません。人間関係には，相互性・応答性が必要なのです。このことを考えるうえで，とても貴重なエピソードがあります（久保田, 1993）。1960年代，あるキリスト教育児院での出来事です。保母長（当時の呼称）のT先生が，その日は実子のWちゃんを連れて仕事に来ていました。すると，他の子に混ざって遊んでいたWちゃんの泣き声が聴こえ，とっさに何をおいてもWちゃんのところに飛んでいこうとしてハタと気づきました。乳児というのは，本来このように泣き，そして聴き取られるのだと。

　当時，乳幼児施設で問題となっていたのは，栄養や衛生を万全にしても子どもたちの成長が芳しくなく，情緒面はじめ広汎な障害が生じるというホスピタリズムという現象でした。T先生はWちゃんとの出来事から，各保母が何人かの園児を専属の子どもと意識し

て保育に当たってはどうかと提案しました。すると，保母たちのちょっとした声かけや行動に変化が生じてきます。例えば，専属の子が泣いていたら「はいはい，遅くなってごめんね」，場を離れるときは「待っててね，すぐ来るからね」と声かけしたりするようになったのです。この言葉には，「他ならぬ君ですよ」というメッセージが込められています。

専属制を取り入れてしばらくすると，興味深いことが起こってきました。赤ちゃんたちがよく泣くようになったのです。専属になったのに，どうして赤ちゃんが泣くようになったのだろう，何か嫌なことがあったのかな，そう思う人もいるでしょう。しかし，そうではありません。赤ちゃんたちは，T先生のWちゃんと同じように，他ならぬ誰か―専属の保母さん―を求めることができるようになったのです。「泣くに値する他者」の誕生です。

現在の保育所保育指針で，6ヶ月未満児の保育上の配慮として担当保育士制を奨励しているのも，ホスピタリズムの改善に関わる取り組みの成果といえます。赤ちゃんにとって，他者は興味ある対象というだけでなく，自分のすることにしっかり応えてくれる応答性のある他者である必要があります。ある意味では，赤ちゃんにとって自分を「ひいき」してくれる他者がいることが，発達の原動力になるといえるでしょう。

次節では，乳児期の人間関係と自我の発達を考えるうえで重要だと思われるいくつかの現象を取り上げていきます。

2. 共鳴から役割交替へ

他者と同じ動きをしてしまう身体

1970年代は，その後の乳児研究の方向性を決めていく重要な研究が続出した時代でした。中でも，1977年にアメリカの権威ある

科学専門誌『サイエンス』に掲載されたメルツォフとムーアの論文は衝撃的でした（Meltzoff & Moore, 1977）。

メルツォフらは，生後12〜21日の新生児が大人の表情を"模倣"するという事実を実験的に証明したのです（図1-2）。この現象は新生児模倣あるいは共鳴動作と呼ばれます。従来，模倣[1]は生後1年目の終わり頃からみられるようになると考えられていましたが，メルツォフらはその後の研究も含めて，模倣はヒトに生得的な能力であると主張しています。

近年になって，他者のある動きを観察している時にも自分が同じ動きをしている時にも，同じように活性化する神経細胞が発見され，"ミラーニューロン"と呼ばれています（Rizzolatti, 2005）。ミラーニューロンはヒトだけにあるのではなく，他の霊長類にも存在するそうですが，ヒトの特殊性についてはまだ解明されていません。新生児模倣とミラーニューロンとのあいだには，何か関係があるのでしょうか。これからの研究が期待されるところですが，ここではもう少し違う角度から新生児模倣について考えてみましょう。それは，

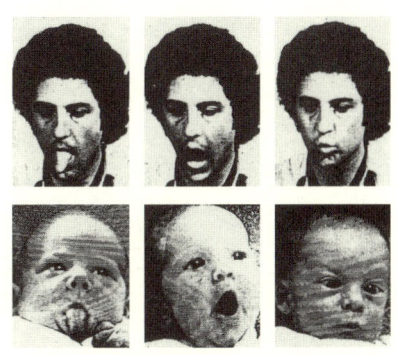

図1-2　新生児模倣（Meltzoff & Moore, 1977）

---

[1] ここでいう模倣とは，モデルの動作を見てすぐに再現しようとする「即時模倣」を指します。

新生児模倣の発達的な意味についてです。

　一つは、赤ちゃんにとっての意味です。第1節でもみたように、赤ちゃんは生後すぐから他者に対して強い興味を示し、ジッと見つめたり、身体で反応したりします。いきおい、その他者の動きというものがとても重要になってきます。赤ちゃんは、養育者にニッコリ微笑みかけられれば、思わずニッコリしてしまいますし、逆にムッツリ顔には、ムッツリ顔で反応することが多くなります。つまり、親や保育士がいつもムッツリした顔をしていたのでは、赤ちゃんも元気がなくなってしまうかもしれないのです。ここから、赤ちゃんに関わる人が元気でいられるような環境づくりの大切さがわかります。

　もう一つは、赤ちゃんと関わる側の両方にとっての意味です。カウンセリングの中に、ミラリングという技法があります。これはクライエント（来談者）の語った言葉を同じように返したり、同じような姿勢をとったりするというものです。このことが、クライエントがカウンセラーに信頼を寄せるうえで重要だといわれています。同じようなことが、赤ちゃんとの人間関係にも当てはまるように思われます。私たちが赤ちゃんに微笑みかけたり、語りかけたりすると、赤ちゃんは同じく微笑んでくれたり、語りかけに合わせて手足をバタバタさせてくれたりします。すると、こちらも赤ちゃんに受け入れてもらえたような気分になり、嬉しくなってまた関わっていきます。赤ちゃんにとっても同じで、自分のニッコリに、ニッコリで返してくれたら、その相手のことが好きになっていくでしょう。こうして、赤ちゃんとのコミュニケーションが活性化され、徐々に信頼関係（愛着）ができていきます。

他者の経験を自分のことのように感じてしまう身体

　もう一つ興味深い現象を紹介しましょう。みなさんも経験がある

と思うのですが，梅干などを食べたことのある人が，他者が梅干を食べようとするところを見るだけで自分も酸っぱいような気持ちになったことはありませんか。ありきたりの出来事ですが，これが赤ちゃんにも生じるかどうか，考えてみると面白くなってきます。

最近，私はこの現象を「擬似酸味反応」と名付け，実験的に確かめてみました（川田, 2007）。38名の赤ちゃん（生後5〜14ヶ月）に協力してもらい，レモンをなめる経験をした赤ちゃんが，実験者（女性）が真顔でレモンをなめようとするところを見てどう反応するかを調べました。レモンをなめていない場合と比較するために，半数の赤ちゃんには味がほとんどしないソフトせんべいを少しかじってもらいました。

その結果，興味深い反応が出てきました。レモン経験ありの赤ちゃんは，そうでない赤ちゃんに比べ，実験者がレモンをなめるところを見た時，眉間にシワを寄せたり，舌を顕著に出し入れしたりしたのです（図1-3の左2つのイラスト）。これは生後5, 6ヶ月の赤ちゃんにおいてすらみられました。また，レモン経験ありの赤ちゃんだけにみられた反応として，図1-3右端のイラストにあるように頭をかきむしったり，「のけぞる」など特有の反応が見られました。「頭をかきむしる」という行動の意味は，実験に協力してくれた赤ちゃんのお母さんが，実験者がレモンをなめるところを見て，「あー，私，頭かゆくなるー」と言われたのを聞いて合点しました。

 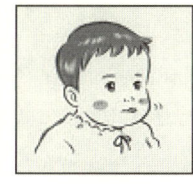 

眉間にシワ　　　　舌が出る　　　　頭がかゆい

図1-3　疑似酸味反応の例

まだ，実験方法上の問題がいくつかあるのですが，仮に赤ちゃんに擬似酸味反応が起こるとしたら，そこにどのような意味があるのでしょうか。これは新生児模倣と比べてみるとよくわかります。一見似たような現象である新生児模倣と擬似酸味反応ですが，決定的な点が異なります。それは，他者の身体・行動上の表出をじかに知覚しているか否かです。

　新生児模倣は，モデルである大人の表情をじかに知覚し，赤ちゃんがそれと同じような表情をするという現象です。いろいろな議論があるにしても，模倣の一種であると考えて大きな問題はないように思います。一方，擬似酸味反応では，赤ちゃんが知覚するのは他者が真顔でレモンをなめようとするシーンです。もし，赤ちゃんが模倣をするとしたら，赤ちゃんは真顔をするはずですが，実際には上述したようなさまざまな反応—本来，それは他者のものであるはずの反応—をしました。ということは，赤ちゃんは他者の内面で起こっているはずのことを，自分の身の上において表してしまったということでしょうか。擬似酸味反応は，共感性の起源の一つかもしれません。

他者と役割をひっくり返してしまう身体

　上に見たように，赤ちゃんの身体は他者の身体と実によく響き合うものです。本章の扉写真のように，とりわけ生後6ヶ月前後は"ノリ"の良い時期で，打てば響くお年頃といえるでしょう。他児が泣いていると自分も泣いてしまうという現象は伝染泣きと呼ばれますが，これも6ヶ月前後に顕著なようです（Geangu et al., 2007）。しかし，赤ちゃんはずっと他者に響きっぱなしというわけではありません。成長とともに，赤ちゃんには"響かない時期"がやってきます。

　例えば，それまでは人を見るとニコッと微笑んでいた子が，ジッ

と見つめたり，にらんだりするシーンが出てきます。目の前に玩具をさしだされると，何はともあれ手を出していた子が，手を出さなくなります。じっとその場に留まって，何やら自分なりに思いをめぐらしているように見えます。人みしりも顕著になってきます。個人差はありますが，だいたい生後10ヶ月前後の変化です。

どうやら，赤ちゃんは「他者」というものを意識しはじめているようです。まるで自分のことのように感じていた他者が，少し異質なものとして見えてくるのかもしれません。この頃，赤ちゃんの行動の中に，それまでとは大きく異なるレパートリーが現れます。それは，〈他者からされたことをして返す〉という行動です。

例えば，〈どうぞ-ちょうだい〉の遊びができるようになってきます。以前は受動的に受け取るだけだった赤ちゃんが，はじめは促されて，じきに自分から，他者に向けて「どうぞ」をするようになるのです。毎日の食事の中でも，子どもの方から親に食べさせようとするシーンが出てきます。私が追跡的に研究した例では，8名の赤ちゃん全員が生後9ヶ月から11ヶ月の間に，「食べさせる」行動をはじめました（図1-4）。

トマセロという研究者は，このような行動群を役割交替模倣と呼

図1-4　お母さんに食べさせると，思わず自分も口が開いてしまう

んで重視しています（Tomasello, 2006）。特に，言葉の発達を考えるうえで重要だというのです。なるほど，言葉というものは，もともと大人が子どもに対して使っていたもの（例：ワンワン）を，子どもが立場（役割）を入れ替えて大人に対して使うようになるものです。子どもと大人がモノを挟んでするやりとりは，たしかに言語的コミュニケーションの基礎的な構造を備えています。

私はトマセロとは少し違う観点で，役割交替模倣と自我発達との関連性について検討しました（川田ら，2005）。赤ちゃんのいる家庭に足を運ぶなかで，10ヶ月前後の赤ちゃんをもつお母さんたちから「急に離乳食が大変になった」「最近自己主張が激しい」などの声を聞くようになったことがきっかけです。詳細は元の論文を読んでいただくとして，研究の結果，それまで食べさせられるだけだった時期と，「お母さんに食べさせる」という役割交替模倣が始まった時期の前後で比較すると，お母さんが食べさせようとするのを拒否する割合が顕著に増加したのです。つまり，赤ちゃんたちは，〈受動的〉な役割だけでなく，〈能動的〉な役割も取れるようになると，〈受動的〉であることが嫌になってしまうようなのです。まだまだ小さな一歩ではありますが，私はこれを自我の芽生えだと考えています。

以上のように，赤ちゃんは生後半年ほどのあいだ，他者と響き合う関係を基本とした生活を送り，その後徐々に他者というものへの意識を募らせ，生後10ヶ月に一つの転換期を迎えていくのです。

3. 他者との新しい関係づくり

子どもがクマさんをトントンしながら子守唄を歌うわけ

10ヶ月の転換期を越えた赤ちゃんは，急に"子どもらしく"なってきます（ですから，以下「子ども」と呼びます）。模倣はます

ます盛んになり，親きょうだいのすることを実によく観察して，再現しようとします。食事でも，自分用に取り分けられたものではなく，親の器に入っているものを欲しがったり，まだ使えないのにお箸を使わせろと要求したりします。

14, 5ヶ月にもなれば，子どもなりの「つもり」(山田, 1982) が出てきます。私の娘は1歳すぎ頃から，バナナを食べるとき，不用意に親が剥いてあげようものなら，そっくり返って泣き出すようになりました。バナナはバナナでも，自分で剥くかどうかで，全然意味の違うものになってしまうようなのです。1歳前後は気持ちの揺れも大きいので，丁寧に接してあげたい時期です。たとえうまく剥けなくても，折れても，落こっとしても，きっと自分で剥いたバナナは世界で一番おいしいバナナに違いありません。その満足感こそが，子どもを次の発達へと導いていくのです。

1歳台も半ばをすぎると，子どもの行動と内面世界が一段深くなったように感じる出来事がたくさん出てきます。例えば，赤木(2004)が指摘しているように，保育園でのお昼寝の時間に他児をトントンして"寝かしつけ"ようとする子どもの姿が見られたりします。本来，君が寝てくださいよ，というところですが，実に微笑ましい光景です。子どもは，親や先生にしてもらったとおりに，役割を入れ替えています。このように時を経て再現される模倣は，即時模倣に対して延滞模倣と呼ばれますが，役割交替も含んでいるので役割交替的な延滞模倣といえそうです。

娘が1歳9ヶ月の時，とても印象深い出来事がありました。居間で遊んでいた娘がやけに静かなので，私は気になってのぞいてみました。娘はクマのぬいぐるみを寝かせ，タオルの布団をかけ，その横に寝ころびながらトントンしていました。その手つきがとても優しいことにも感動しましたが，もっと驚いたのは「ねんねこ，ねんねこ……」と子守唄を歌っていたことです。それは，昨日まで自分

がしてもらっていたことで、それをクマさんに再現しているのです。この頃から、娘はクマさんだけでなく、ミニカーや積木まで熱心に寝かしつけるようになりました。1歳後半の子どもは、ときに現実世界での対人関係から離れ、みたての世界でも盛んに役割交替模倣を見せるようになっていきます。

2歳：人間関係と自我のはざまで

　10ヶ月頃に芽生えた自我は、まさに主張する自我でした。1歳台に入ると、「つもり」の世界も大きくふくらみ、自分の思いが満たされないとすべてがダメという"all or nothing"の心性がみられます。しかし、1歳も後半になると、少し気持ちの切り替えができるようになってきます。ズボンをはきたがらないでイヤイヤをしている時、「じゃあ、シマシマの？　お花つきの？」と選択肢を出すと、途端に表情が変わって「シマシマ！」と選んで意気揚々とはいたりします。田中・田中（1982）によれば、このような姿は「・・・デハナイ・・・ダ」の世界が生まれたことによる、立ち直る力の芽生えです。

　2歳のお誕生日を迎える頃、子どもの自我はさらに柔軟で粘り強いものになっていきます。先ほども登場した娘が2歳3ヶ月の時です。歯も磨いてさあ寝ようという時に、何を思ったか「ジュースが飲みたい」と言い出しました。私は「もう歯磨いたからだめ、お茶にしなさい」と言いますが、娘は「ジュース」と主張。しばらく、「お茶」「ジュース」「お茶」「ジュース」と言い合っていると、娘は少し考えて、なんと「牛乳！」と言ったのです。私は一瞬迷いましたが、彼女の提案を受け入れました。娘は満足気に牛乳を飲むと、いつもは嫌がる歯磨きをサッとして、布団に入りました。私は一本とられたと思いました。なぜなら、娘は牛乳が嫌いだったからです。この2歳の子どもは、父との人間関係を壊さないような提案をし、

しかも嫌いなはずの牛乳を飲むことで,自らのプライドをも守ったのです。

2歳児は,人間関係と自我を統合する新たな存在者として,幼児期への橋を渡っていきます。

引用文献

赤木和重 2004 1歳児は教えることができるか:他者の問題解決困難場面における積極的教示行為の生起 発達心理学研究, **15**(3), 366-375.

Condon, W. S., & Sander, L. 1974 Neonate movement is synchronized with adult speech: Interactional participation and language acquisition. *Science*, **183**, 99-101.

Fantz, R. L. 1961 The origin of form perception. *Science*, **204**, 66-72.

川田 学 2007 乳児は他者の体験を我が事のように感じるか?:他者の摂食場面における擬似酸味反応の検討 発達研究, **21**, 101-112.

川田 学・塚田-城みちる・川田暁子 2005 乳児期における自己主張性の発達と母親の対処行動の変容:食事場面における生後5ヶ月から15ヶ月までの縦断研究 発達心理学研究, **16**(1), 46-58.

Geangu, E., Striano, T., & Benga, O. 2007 Self-other discrimination and emotional contagion in the first year of life. *Proceedings of 13th European Conference on Developmental Psychology*, Jena, Germany.

Kobayashi, N., Ishii, T., & Watanabe, T. 1992 Quantitative evaluation of infant behavior and mother-infant interaction: An overview of a Japanese interdisciplinary programme of research. *Early Development and Parenting*, **1**, 23-31.

久保田正人 1993 二歳半という年齢 新曜社.

ローレンツ, K.(丘 直通・日高敏隆訳) 1997 動物行動学(下) 筑摩書房.

松沢哲郎 2005 アイとアユム:チンパンジーの子育てと母子関係 講談社.

Meltzoff, A. N., & Moore, M. K. 1977 Imitation of facial and manual gestures by human neonates. *Science*, **198**, 75-78.

Rizzolatti, G. 2005 The mirror neuron system and imitation. In S. Hurley & N. Chater (Eds.), *Perspective on imitation: From neuroscience to social science. Vol. 1. Mechanisms of imitation and imitation in animals*. Cambridge: MIT Press. pp.55-76.

田中昌人・田中杉恵 1982 子どもの発達と診断2 乳児期後半 大月書店.

トマセロ, M.(大堀壽夫・中澤恒子・西村義樹・本多 啓訳) 2006 心とことばの起源を探る 勁草書房.

山田洋子 1982 0〜2歳における要求—拒否と自己の発達 教育心理学研究,

30, 38-47.

🌱 読書案内 🌱

◆久保田正人　1993　二歳半という年齢　新曜社.
　誕生から2歳半までの子どもの発達について，具体的な事例から思索的に展開した名著。近年復刊された。

◆浜田寿美男　1993　「私」というもののなりたち　ミネルヴァ書房.
　従来の発達心理学の中ではあまり検討されてこなかった「自我」の問題について，豊富な事例をもとに理論的に考察した名著。

第 2 章
共同注意―学びのための前提条件―

何かを見て，そのものについて語り合うこと。それは，他の動物にはみられない，ヒトの最もヒトらしい特徴の一つである。

　私たちは他者と対面でやりとりする時，常に相手の注意の焦点に自分の注意の焦点を合わせるという作業をしています。例えば，相手の発言のなかの「これ」という言葉が何を指しているのかは，その人の注意が現在どこに向けられているのかがわかってはじめて了解されます。でも，このように私たちがふだん何気なくしていることが生まれたばかりの赤ちゃんにはまだできません。相手の注意の焦点を理解する，相手の注意をどこかに差し向ける，このようなこと一つひとつを赤ちゃんは周りの大人とやりとりするなかで学んでいくのです。本章では，対面コミュニケーションの基礎である「共同注意」がどのように発達していくのかについて論じます。

1. 私たちの日常生活

情動交流から共同注視,そして共同注意へ

　ふだんの生活の中で,生まれて間もない赤ちゃんを目にする機会は一昔前に比べるとずいぶん減ってしまったように思われます。でも,もし小さな赤ちゃんとふれあうチャンスがあったなら,赤ちゃんが周囲の大人とどのようにコミュニケーションをとっているのか,何に対していかに反応しているのか,ぜひ観察してみてください。

　生後1〜2ヶ月の幼い赤ちゃんが知覚している世界は,私たち大人が知覚している世界とはずいぶん異なっていると思われます。出生後すぐの赤ちゃんの視力は一般に0.02くらいで,20〜30cm以上離れた遠くの対象はぼんやり見える程度です。対象の動きを目で追うこと(追視)ができるようになるのは生後3ヶ月になってからですので,それまでは対象を見ようと思って見るというよりも視界に入ってくるものを眺めているといった方がいいかも知れません。一方音声知覚は優れていて,新生児は,言語音とそうでない音の区別や,フランス語とロシア語の区別もできるといわれています(Mehler & Dupous, 1990)。しかしながら注意してほしいのは,赤ちゃんは音の性質を区別することはできても,言葉の「意味」を理解しているわけではないという点です。生後1〜2ヶ月の赤ちゃんは,言葉をその音声的特徴から,"爆発的な""次第に強まる""ゆったりした"といった「感情の形」として捉えているのです。これは視覚刺激や触覚刺激についても同様です。お母さんが出かけるために急いで赤ちゃんを抱き上げようとする時,赤ちゃんはお母さんが急速に近づいてくるスピード感や抱き上げる腕の強さから,その"サッと迫ってくる""緊張に満ちた"感情の形を知覚しているので

す。このように幼い赤ちゃんが毎日の生活の中で知覚している感情の形をスターン（Stern, 1985）は「生気情動」と呼びました。

この生気情動を通して赤ちゃんは周囲の大人と情動交流を成立させます。赤ちゃんは言葉や仕草の意味はわからなくても、大人の声のトーンや体の動き方などに反応して、発声し手足を動かします。大人の方もそうした赤ちゃんの声の調子や手足の動きから赤ちゃんの状態を認識し、それに合わせて次の行動を起こしていきます。

こうした行動調整において、赤ちゃんが何を見ているのか、つまり赤ちゃんの注意の方向を探ることは、大人にとって赤ちゃんの状態を知るうえで重要な情報を提供してくれます。生後1〜2ヶ月では赤ちゃんは複数の対象に同時に注意を向けることはできません。ですから、モノを見ている時にはそのモノだけを、お母さんの顔を見ている時にはお母さんの顔だけをじっと見ることになります。養育者は赤ちゃんがどんな状態でいるのか、その対象に興味をもっているのかもう飽きたのか、赤ちゃんの顔をのぞき込んで判断します。またこの時期、赤ちゃんの注意を最もよくひくことができるのはヒトの顔なので（Fantz, 1961）、養育者は赤ちゃんと遊ぶために自分の顔を見せ、赤ちゃんは養育者の顔を見て情動交流する「顔を見る、見せる」関係（陳, 2004）がつくられていくのです。乳児期早期のコミュニケーションは、このように「顔を見る、見せる」関係から出発します。

常田（2007）は、母子の自然なあそび場面の観察から、養育者と赤ちゃんのあいだに成立する注意の質が発達に伴っていかに変化していくのかを明らかにしました。これによると、養育者は自分ではまだ自由に対象を見ることのできない首すわり前の赤ちゃんに対しても積極的に自分の顔や対象を見せます（図2-1）。この段階では赤ちゃんはお母さんの顔や対象物が自分の視線からはずれてしまうと、それ以上その対象を追視しようとはしません。赤ちゃんにとっ

て対象はただ見せられているにすぎないのです。この段階ではお母さんによる全面的なサポートがあってもなお，二人のあいだには単に二者が同じモノを見ている「単純な注視」しか成立していません。

一方生後3〜4ヶ月になり首がすわってくると，赤ちゃんはお母さんが目の前に差し出す対象を体を動かして積極的に見ようとします。両者が互いの動きに協働して同じ対象を見る「共同注視」が成立しているといえます。また手の随意運動が可能になってきたこの月齢の赤ちゃんに対して，お母さんはただ対象を見るだけでなく，対象に手を伸ばしたりつかんだりするよう誘いかけます。そして赤ちゃんが対象に働きかけると，今度は大げさな表情で「じょうずね〜」などと言ってお母さんの顔を見るように赤ちゃんの注意を誘導するのです。赤ちゃんはお母さんの誘いかけに反応してモノとお母さんの両方に注意を向けます。もちろんお母さん自身は意識してこのようなことをやっているわけではありません。赤ちゃんと遊ぼうとする大人の行為自体が，モノと人の両方に注意を向ける注意のパターンをつくりだしていくのだといえるでしょう。

しかし生後5〜7ヶ月前半の時期になると，こうした母子間のかみあったやりとりは一時的にみられにくくなります。というのも，

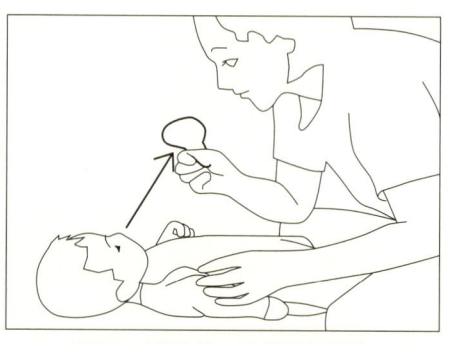

図2-1　対象を見せる（単純な注視）

お母さんの誘いかけにかかわらず，赤ちゃんの方が自発的にモノを見たりお母さんを見たりするからです。お母さんが自分の顔に注意をひこうと思っているのに赤ちゃんはおもちゃを見ているというようなことが起こり始めるのです。このように，いったんできていたことができなくなるという，一見すると消極的なこの現象は，実は大人と子どものあいだに成立する「共同注視」を次の心の交流のある「共同注意」のレベルへと押し上げる発達の原動力ともなるものです（Tsuneda, 2005）。赤ちゃんはお母さんからの促しのあるなしにかかわらず自発的に対象に働きかけ，時には能動的にお母さんの要求とは異なる行動をします。そのためお母さんの側も，赤ちゃんに対してこれまでとは異なった働きかけをすることを迫られます。生後6ヶ月の後半からは，あそびの中で養育者が自分の顔に子どもの注意をひくことはほとんどなくなり，対象物へと子どもの注意をひくようになります（図2-2；常田, 2007）。お母さんは対象物に赤

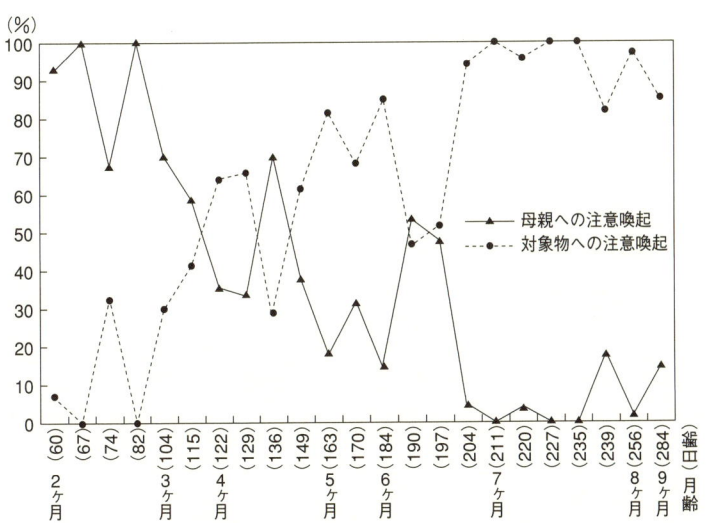

図2-2　各月齢における母親による注意喚起対象の発達的変化

ちゃんの注意をひき，その動きからつくりだされる事象の展開の面白さによって赤ちゃんとのやりとりを継続させようとするのです。

　生後7ヶ月後半〜9ヶ月になると，例えば，赤ちゃんがおもちゃを動かした後にはお母さんがおもちゃを動かしその次にはまた赤ちゃんが動かす，というようにやりとりがターンテーキングの特徴をもつようになります。こうしたやりとりの展開の中で面白いことが起こると赤ちゃんは笑い，その面白いことを引き起こした原因であるお母さんを見ます。お母さんも赤ちゃんを見てほほえむでしょう。ここには二者が同じ対象を見ているだけ（共同注視）にとどまらない心の交流があります。このようにやりとりの展開に沿って対象物と相手へ注意配分し，相手の顔を見て情動表出する「共同注意」の形式は，大人同士の対面のやりとりでみられるものと変わりありません。この段階に到達するまでに，養育者は日々の生活の中で無意識のうちに子どもに対してさまざまな注意に関するサポートをしています。そして，この養育者の注意に関するサポートが子どもの共同注意行動を形成していくのだと考えられます。

ヒトに特有のコミュニケーション様式「共同注意」

　やりとりの展開に沿って対象物と相手へ注意配分し，相手の顔を見て情動表出する「共同注意」の形式は，ヒトに特有のコミュニケーション様式であるといわれています。主たる養育者である母親の顔を他の個体から区別して認識する，互いの顔を見つめ合う，相手の視線の方向を追視するなど，共同注意の基礎となるような行動はチンパンジーにもみられます。しかし二者間で注意の対象を共有してやりとりする様子は今のところ観察されていないのです（Tomasello & Call, 1997; Tomonaga et al., 2004）。

　友永ら（Tomonaga et al., 2004）によれば，チンパンジーの母子においても新奇な対象物が呈示された時（例えばラジコンカー），

最初は怖がっていた子どもが，母親がその対象を操作するのを見ておそるおそる自分も触ってみる，というような様子が観察されます。しかし，この時子どもが母親の顔を見ることはありません。また，母親が子どもに対してその対象物を見せたり（object showing），渡したり（object giving）ということもありません。チンパンジーにおいては母親 - 子ども - 対象という三項的な関係はみられても，そこに共同注意のコミュニケーションが欠けているのです。

その一方でヒトによって育てられたチンパンジーの赤ちゃんには，相手に対して対象を呈示する，相手に対象を手渡すなどの行為がみられることから，トマセロ（Tomasello, 1999）は，ヒトの文化的環境には「注意の社会化」とも呼ぶべき働きが備わっており，「共同注意」は乳児期早期において社会的な相互作用を経ることによって実現するヒトの社会・認知的適応の一つなのだと述べています。

「共同注意」によって可能になること

ではヒトに特有なコミュニケーション様式である「共同注意」は，私たちに何を可能にしてくれるのでしょうか。次のような場面を想像してみましょう。

> お母さんが「汚いわねぇ」と言いながら顔をしかめ雑巾で床を拭いています。1歳後半の子どもがその様子をじっと見ています。そして自分の部屋からハンカチを持ってきて，お母さんの隣でお母さんのマネをしてハンカチで床をこすり始めました。お母さんはそんな子どもの行動にほほえみ「一緒にきれいきれいしようね」と声をかけます。そして雑巾がけを終えたところで「わぁ，きれいになった！」と子どもの顔を見てにっこり笑います。子どもも「きれいなった！」とお母さんの顔を見てほほえみます。

このような一連のやりとりにおいて、お母さんと子どものあいだには共同注意が成立しているといえます。二人の注意の対象になっているのは、汚れた床・雑巾・雑巾がけの後のきれいな床などでしょう。子どもはお母さんと注意の対象を共有することを通して、その対象に対するお母さんの情動的態度を見ています。汚れた床は嫌悪すべきものです。しかし、それを雑巾で拭くこと、雑巾がけの後のきれいな床は喜ばれる、良いものです。

　また、子どもはこの共同注意のやりとりから雑巾の扱い方も学んでいます。布を床にこすりつける、ある程度こすったらバケツの水の中につけてゆすぐ、などです（雑巾ではなくハンカチをバケツの中に放り込むことは禁止されるかもしれません）。子どもは「道具」としてモノを使う方法を学習しているのです。

　さらに、子どもは「きれい」という言葉の意味も習得しています。これはお母さんと注意の焦点を共有していなければ不可能なことです。幼い子どもは、大人が何かしている手を止めて子どものためにそのモノの名前を言ってやる時だけでなく、大人と子どもが一緒に何かをやろうとしている社会的なやりとりの流れの中でも新しい単語を学びます。そのような状況下では、子どもは積極的に大人の注意の対象が何であるか探り、それに自分の注意の焦点を合わせなければなりません。例えば、次のような実験がそのことを示しています。

　　大人が子どもに曲がった円筒を見せた。その中にモノを投げ込むと面白い動きをする。ある状況では、大人が1つの新しいモノを投げ込み、次に別のモノをまた投げ込み、それから3つ目の新しいモノを投げ込みながら「さあ、モディよ（Now, modi）」と宣言した。この状況で、子どもは「モディ」はその3つ目のモノの名前だと思った。別の状況では、大人が新しいモノを取り出して、まずそれを

使って何かをし，次に同じモノで何か別のことをして，その後でそれを円筒の中に投げ込みながら，「さぁ，モディよ」と宣言した。この状況で，子どもは「モディ」は物を円筒の中に投げ込む行為の名前だと思った。

(Tomasello & Akhtar, 1995)

　子どもは生後18〜24ヶ月になるまでには，他者が意図をもった存在だということを十分に理解しています。ですから上に述べた実験場面のような，新しい複雑なコミュニケーションの状況においても，それが共同注意場面だと理解すれば，大人の伝達意図（子どもの注意をどこに向けたいかという大人の意図）を上手に突き止めることができるのです。子どもは，共同注意場面で大人の伝達意図を識別するのが上手になるにつれて，変化に富んださまざまな社会的コミュニケーションの文脈においても，大人の注意の対象を識別してより積極的に共同注意を確立するようになります（Tomasello, 1999）。そして，子どもは大人とのあらゆるやりとりの中から言葉を吸収し，子どもの語彙は爆発的に増えていくのです。

　共同注意は，模倣学習において欠かすことのできない認知的基盤です。他者と注意の焦点を共有することによって，その対象に対する相手の情動的態度，道具としてのモノの使い方，言葉の意味を相手から学習することができます。幼い子どもは日常生活における共同注意場面から，さまざまな社会的行動を学習します。また模倣学習のような潜在的な教育場面に限らず，学校で何かを教わる時などの明示的な教育場面においても，学習者が教師の注意の焦点をうまく捉えることができなければ，正しい情報を得ることはできないでしょう。この意味で，共同注意は人間の学びのための前提条件であるといえます。

2. 共同注意のやりとりを通して子どもが大人から学ぶこと

世界を二重化して見る

　第1節では共同注意が乳児期早期にどのように発達するのか，そして共同注意の機能について述べてきました。第2節では少し視点を変えて，子どもが共同注意のやりとりを通して大人から言葉を学んだ結果，子どもにどのような変化が起きるのかを論じたいと思います。

　上にあげた言語学習の実験の例をもう一度見てみましょう。この実験状況の中で子どもは，「モディ」という新しい単語は，最初はある物体の名前を，次には円筒の中にモノを投げ込む行為を示しているのだと理解しました。この実験の後に子どもは「さあ，モディしよう！」と大人を誘うかもしれません。この子どもは，世界の中のある側面を「モディ」という言葉によって表現するようになったのです。

　「モディ」という単語と同様，どの言葉も特定の現象を示しています。そして，それらの言葉は社会的に他者と共有されており，そこにはその現象に対する特定の解釈が含まれています。子どもが共同注意のやりとりを通して言葉を知り，その言葉を使い始めるということは，世界のさまざまな解釈を他者から学習し内面化していく過程であるともいえます。言語という記号の使い方を身につけることは，子どもの中にまったく新しい認知的形式の形成を促し，子どもの世界観を変えていきます（Tomasello, 1999）。

　図2-3aと図2-3bは物理的にはまったく異なるものです。片方は絵本の中の絵で，もう片方はぬいぐるみです。色も大きさもまったく異なります。しかし子どもはこれをどちらも「うさちゃん」と呼び，「同じ」であると言います。視覚的にはまったく異なる対象が，

(a)(香山美子作／柿本幸造絵『どうぞのいす』ひさかたチャイルド)
(b) ぬいぐるみ

図2-3　どちらも「同じ」うさちゃん

言葉の世界においてはある基準を満たしているという理由で同じカテゴリーに入れられます。子どもは言葉を身につけることによって，対象をその物理的特徴と社会的意味というように二重化して見る見方を学習したのだといえます。

他者と世界を共有する

　一般的に1歳半をすぎて子どもが言葉を比較的自由に使い始めるようになるのと同時期から，子どもの遊び方も変わるといわれています。モノをぶつけたり，たたいたり，落としてみたりといった感覚的な遊び方（第三次循環反応；Piaget, 1936）は減り，コップでお茶を飲むマネをするなどのみたて・つもりあそびが多くなってきます。言葉の使い始めの時期とみたて・つもりあそびが盛んになる時期が重なるのは偶然ではありません。なぜなら，みたて・つもりあそびは，何かが何かを表す表象的なあそびだからです。

　「おなべ」「コップ」「スプーン」などの言葉を覚えると，子どもは，ままごとの道具を鍋やコップ，スプーンとして扱うようになり

ます。言葉にはその対象に関する解釈の仕方が含まれていますから，「おなべ」と呼ばれるものを頭にかぶせたり，その上に座ってしまったりするのは，(たとえ物理的には可能でも) "おかしい" のです。幼児期になると，このおかしさを利用してふざけて遊ぶ姿もみられるのですが，1歳半～2歳くらいでは「おなべ＝ぐつぐつ煮るもの」という表象関係はかなり強固です。大人がわざと違うことをすると，子どもは「ちがう。ぐつぐつするの」と鍋を大人から取り上げ自分が正しく使って見せるなど，確実に使い方を "指導" してくれます。この時期の子どもにとって，みたて・つもりあそびは，学んだばかりの表象関係を実践する場なのだともいえるでしょう。そして言葉はその表象関係を強力にサポートする道具になります。このように子どもは，言葉を媒体にして，みたて・つもりという形で自分の思い描いた表象世界を表現するようになっていきます。言語記号の使い方を身につけること自体が他者と世界を共有することにほかなりませんが，言葉で自分の思いを表現することを通して，その思考をも他者と共有するようになったといえるでしょう。

　共同注意のやりとりを通して言葉を学ぶ以前の子どもたちは，自分の身体を使って自分なりのやり方で世界を確かめようとします。テーブルからコップを落としてみたり，ティッシュペーパーをボックスから全部出してみたり，携帯電話をなめてみたりして，いったいそれがどんなものなのかを知っていきます。しかし，そこで得られる感覚は他者と共有されることはありません。子どもはどこにも向かわず今ここにとどまり，そこで感じられる自分の感覚を純粋に味わうだけです。他者と注意の対象を共有する力は，個人が自分自身の感覚の内にとどまることを阻害します。共同注意は圧倒的な力で個人を他者へとつなげ，他者と世界を共有し互いに学び合うことを可能にする認知的形式なのです。

目には見えない「心の世界」を生きる

　他者と注意の対象を共有することは，他者を意図的存在として捉え始めることでもあります（Tomasello, 1995）。他者は他のものではない特定の対象に意図的に注意を向けているのだということ，また他者は自分に，他のものではない特定の対象に意図的に注意を向けさせようとしているのだということを子どもは理解します。共同注意のやりとりを通して，子どもは他者の行動の背後に目には見えない「意図」あるいは「心の状態」があることを知っていくのです。

　言葉が，対象を物理的特徴からだけでなく常に社会的意味の側面からも捉えることを強いるように，共同注意には，他者の行動を常に心的状態という視点から見るよう促す働きがあります。メルツォフ（Meltzoff, 1995）は，18ヶ月の子どもが他者の失敗した行為（行為が完了していない状態）を見せられただけでも，他者が何をやろうとしているのかという観点から他者の行為を捉えて，他者の"正しい"行為を模倣することを実験的に示しました。第1節で述べたように，その対象に対する相手の情動的態度，道具としてのモノの使い方，言葉の意味を相手から学習することができるのも，いいかえれば，他者の行動を意図や心の状態という観点から捉えることを通して可能になるのだといえます。

　このように他者の行動の背後に「心の状態」を想定することは，正確に他者から何かを学びとることを可能にします。その一方で，常に他者の行動の「本当の意味」は何だったのだろうと考え続けてしまったり，相手の顔色が気になってなかなか思ったとおりに行動できなかったり，と新たな悩みも私たちにもたらします。

3. 児童期から青年期にかけての共同注意

これまでみてきたように，二者が同じ対象に注意を向け合いその対象に関連して心の交流を行う共同注意の"形式"は，通常生後9〜10ヶ月頃に確立します。一方，共同注意の"対象"は乳児期から幼児期にかけて外的対象物からその場で感じられる情動状態へと変化し，さらに言葉で表現される表象的対象へと変化していくと考えられます。では，このあと児童期から青年期にかけて共同注意はどのように発達していくのでしょうか。ブルーナー（Bruner, 1995）は，最も洗練されたレベルの共同注意とは「心の出逢い」であると述べています。それは共有された注意の焦点だけでなく，共有された文脈や前提に依拠したものです。

ある双子の会話を想像してみましょう。彼らは生まれてから青年期に至る現在までずっと一緒に暮らしてきました。同じものを食べ，同じ学校へ通い，数えられないくらいの数の同じ経験をしてきました。そんな彼らの片方が「例のアレのことなんだけどね……」と言う時，もう片方がその「アレ」の意味するところを素早く理解できることは言うまでもないでしょう。また「例のアレ」と言い出した方も，相手がその言葉によってある特定の出来事を思い出し，その事件にまつわるさまざまな感情的経験を心に思い浮かべることを期待しているのです。彼らは互いの共同注意の焦点の周りに膨大な暗黙の背景的知識を喚起できることによって成立するある種の「共同体」を構築しているといえます（Bruner, 1995）。

青年期になると，他者と注意の焦点を共有するためには主に言葉が使われ，視線を含む身体的動作はそれほど重要ではなくなるでしょう。また，同じ経験や知識を共有している相手に対しては，そうした経験や知識からつくられる「共同体」を前提として，簡単なサ

インで共同注意を成立させることができると考えられます。一方，初めて出会う外国人に道を教える例などを考えてみると，経験や知識を共有していないと思われる相手に対しては，言葉を補ったり場合によっては身振りや手振りを加えるなど，共同注意を成立させるためのサポートが行われるはずです。このことは，私たちが生まれたばかりの赤ちゃんとコミュニケーションをとろうとする時にも同様です。この世界についてまだ何も知らない赤ちゃんに対して，私たち大人はさまざまな形で注意に関するサポートをします。そして，その大人による注意のサポートのもとで赤ちゃんは他者と注意の対象を共有するやり方を学んでいくのです。

　児童期から青年期にかけて，子どもは日常の対面的やりとりの中で共同注意成立のために相手の状態を認識・評価し相手に合わせる形で行動を調整する仕方を洗練させていくと考えられます。このような行動調整は，子育てにおいて不可欠な能力であり，また人間コミュニケーションの基礎であるといえるでしょう。

引用文献

ブルーナー, J.(大神英裕監訳, 山野留美子訳)　1999　共同注意から心の出逢いへ　ジョイント・アテンション：心の起源とその発達を探る　ナカニシヤ出版　pp.1-14.（Bruner, J.　1995　Current themes in research on joint attention. In C. Moore, & P. J. Dunham (Eds.), *Joint attention: Its origins and role in development*. Hillsdale, NJ: Lawrence Erlbaum Associates. pp.1-14.）

陳　省仁　2004　行動発達における生成と転移のメカニズムを求めて　三宅和夫・陳　省仁・氏家達夫（編）　「個の理解」をめざす発達研究　有斐閣　pp.139-163.

Fantz, R. L.　1961　The origin of form perception. *Scientific American*, **204**, 66-72.

メレール, J., & デュプー, E.(加藤晴久・増茂和男訳)　2003　赤ちゃんは知っている：認知科学のフロンティア　藤原書店．（Mehler, J., & Dupous, E. 1990　*Naître humain*. Paris: O. Jacob.）

Meltzoff, A. N.　1995　Understanding the intention of others: Re-enactment of intended acts by 18-month-old children. *Developmental Psychology*, **31**, 838-

850.

スターン, D. N.(小此木啓吾・丸太俊彦監訳) 1989 乳児の対人世界：理論編 岩崎学術出版社. (Stern, D. N. 1985 *The interpersonal world of the infant: A view from psychoanalysis and developmental psychology.* New York: Basic Books.)

トマセロ, M.(大神英裕監訳, 山野留美子訳) 1999 社会的認知としての共同注意 ジョイント・アテンション：心の起源とその発達を探る ナカニシヤ出版 pp.93-118. (Tomasello, M. 1995 Joint attention as social cognition. In C. Moore, & P. J. Dunham (Eds.), *Joint attention: Its origins and role in development.* Hillsdale, NJ: Lawrence Erlbaum Associates. pp.103-130.)

トマセロ, M.(大堀壽夫・中澤恒子・西村義樹・本多 啓訳) 2006 心とことばの起源を探る：文化と認知 シリーズ認知と文化4 勁草書房. (Tomasello, M. 1999 *The cultural origins of human cognition.* Cambridge, MA: Harvard University Press.)

Tomasello, M., & Akhtar, N. 1995 Two-year-olds use pragmatic cues to differentiate reference to objects and actions. *Cognitive Development,* **10,** 201-224.

Tomasello, M., & Call, J. 1997 *Primate cognition.* New York: Oxford University Press.

Tomonaga, M., Tanaka, M., Matsuzawa, T., Myowa-Yamakoshi, M., Kosugi, D., Mizuno, Y., Okamoto, S., Yamaguchi, M., & Bard, K. 2004 Development of social cognition in infant chimpanzees (*Pan troglodytes*): Face recognition, smiling, gaze, and the lack of triadic interactions. *Japanese psychological research,* **46**(3), 227-235.

Tsuneda, M. 2005 Significance of "Periods of difficulty in interaction" in the development of joint attention during infancy. *Annual report. Research and clinical center for child development,* **28,** 23-28.

常田美穂 2007 乳児期の共同注意の発達における母親の支持的行動の役割 発達心理学研究, **18**(2), 97-108.

ピアジェ, J.(谷村 覚・浜田寿美男訳) 1978 知能の誕生 ミネルヴァ書房. (Piaget, J. 1936 *La naissance de l'intelligence chez l'enfant.* Neuchâtel: Delachaux et Niestlé.)

読書案内

◆やまだようこ　1987　ことばの前のことば　新曜社.
　共同注意のことを直接的に扱った本ではないが，子ども‐モノ‐大人の三項関係が乳児初期にいかに形成されていくかについて，著者自身の子どもの観察事例をもとに述べられている。

第 3 章
道具使用の世界が始まる乳児期

　本章では，道具を使うことがヒトや動物の「知性」を表す重要な特徴であることや「道具」として用いられる物の種類を整理し，道具使用が乳児期におけるどのような発達的前提のもとに成り立つのかを検討しています。そして，食事道具としてのスプーンの使用の発達プロセスについて3つの視点から明らかにしています。1つ目は，食べるための手段として道具（スプーン）を選択すること，2つ目は，スプーンを道具として知覚すること，3つ目は，スプーン使用のために腕や手を制御することです。さらに，道具使用が他者との関係で促進されたり，抑制されたりする事例から道具が「文化・社会的様式」を知るメディアであることを論じています。

1. 道具と道具使用

道具を使うのはヒトだけではない

　道具を使うということは，一般に，進歩した「知性」を表すものと考えられてきました（Goodall, 1988）。ケーラー（Köhler, 1917）は，類人猿の道具使用についての古典的実験を行ったことでよく知られています。その実験で，チンパンジーは手の届かないところにあるりんごやバナナといった目標物を棒や踏み台などの物を使って手に入れることが要求されました。その課題の達成，つまり道具使用が可能であることから，チンパンジー（類人猿）にも「知性」があることが明らかにされました。ケーラーが対象にしたのはヒトに飼育されたチンパンジーでしたが，野生のチンパンジーにも道具使用がみられることが，その後グドール（Goodall, 1988）によって発見されました。シロアリの巣穴に棒を差し込んで，棒に付いたシロアリを食べるというシロアリ釣り行動や葉っぱをスポンジのように用いてそれに水を含ませて飲む行動，さらに，台石とハンマーとしてのもう一つの石を使ってヤシの種子を割りその実を食べるといった複雑な道具使用までさまざまな行動が報告されています（Goodall, 1988; 井上ら, 1996）。

　このように，道具使用はヒトに限られたものではありません。ヒトに最も近いチンパンジーについては，特にたくさんの道具使用の例が知られています（松沢, 1991; Nagell et al., 1993; 竹下, 1999）。道具使用というトピックは，人間の知性がどのように発展してきたのか，その進化の過程を知るうえで非常に重要な手がかりを与えてくれるものと考えられているのです（友永ら, 2003）。

道具とは何か

では、これまでどのようなものが「道具」として考えられてきたのでしょうか？「道具」について、研究者によってさまざまな定義がされています。そのいくつかについてみてみましょう。

本吉（1995）は、「ある目的を遂行するための手段として使用するもののうち、身体の外にあるものを道具と呼ぶ」と述べています。また、ヒトだけでなく動物も含めた広い対象を視野に入れた定義として、糸魚川（1995）は「道具とは、個体あるいは個体の集まりが外界や他個体に働きかける時に手段として用いる身体外のものであって、個体や複数個体が自然界にある状態から何らかの選択をなして取り出し、変化を加えた物」としています。

これらの定義から、「道具」とは何らかの目的を遂行するための手段として用いられ、身体の外に存在する、選択・加工された物であると捉えることができます。

また、発達心理学における認知発達の視点から、ピアジェ（Piaget, 1948）は、ケーラーが行った古典的実験と同様の行動を道具使用の例としてあげています。つまり、手の届かないところにある目標物を、棒を使って手に入れるという行動です。ピアジェは、この行動において、目標物を手に入れるために、それに直接働きかけるのではなく、そのための手段として目標物とは異なる物（棒）に働きかける（棒を持つ）ことが、道具使用が成立する重要な要因であるとしています。ベイツら（Bates et al., 1980）も、道具使用の実験として、ある目標物を手に入れるために、その手段として布やひも、輪など7タイプの物を用いる行動に注目しています。また、先に紹介した、チンパンジーの道具使用として報告されている「道具」も、シロアリ釣りのための草本の茎や小枝、水飲みのための葉っぱ、台石やハンマーのための石などでした。つまり、道具使用で用いられている「道具」は、棒、布、ひも、葉っぱ、石など、それ

自体は多様な用途をもっているということです。

　それに対し，ザポロージェツ（Zaporozhets, 1960）によれば，ガリペリン（Gal'perin, 1936）は手段と道具には機能的な違いがあり，「手段は，手の単なる延長であり，手の操作の助けによって用いられるけれども，道具は手の運動が，道具の運動の法則に従うような特殊な道具操作を必要とする」としています。子どもは2歳をすぎると，スプーン，茶碗，皿，タオルなどを扱い始めますが，これらは，最初は子どもにとって単なる手の延長でしかないとザポロージェツはいいます。つまり，道具の正しい使い方を習得することによってはじめて「道具」としての使用ができるようになるのです（Zaporozhets, 1960）。このように，道具は単なる物とは違って，人間の長い歴史において文化・社会的に形成された用途や形状があり，それに応じた扱いが必要であると捉えられています。

　また，生態心理学的視点では，「道具」をダイナミックなものとして捉えています。ギブソン（Gibson, 1979）は，道具とは，使う時には手の延長であり，使用者の身体の一部であって，環境の一部ではないと述べています。しかし，また，使っていない時には，道具は環境から遊離した対象であり，把握可能な，運搬可能なもので観察者の外にある，ともいっています。つまり，道具という環境にある物が行為をする人にとって一時的に身体化するという考え方です（佐々木, 1990）。それだけでなく，佐々木（1990）は，「身体の道具化」の方向もあると述べ，その例として，西アフリカの内陸で幼児から老人まで年齢を問わず観察される「ヘアピン姿勢」（次頁図3-1）をあげています。この背中をピンとまっすぐに保ち前傾した姿勢は，作物の収穫や鍬による雑草取りなどの作業時に広くみられているそうです。西アフリカという地域の気候とそれに基づく農業の特殊性から，この姿勢をとることが農耕器具の使用やさまざまな作業にとって合理的なのです。つまり，道具使用のために「身体」

が最適化されたのではないかといわれています（川田, 1988; 佐々木, 1990）。このように，環境にある物が道具になるかどうかは使用する人との関係において決定され，また道具は物だけでなく，身体そのものも道具使用のために最適化されうるということです。

図3-1　ヘアピン姿勢
（真家, 1989, p.65 より）

以上の視点から，これまで考えられてきた「道具」は次の3つに分類することができると考えられます。1つ目は，棒，石，ひも，といった多様な用途と扱い方（操作）および形状をもつ物（Köhler, 1917; Parker & Gibson, 1977; 松沢, 1991; 井上ら, 1996; 竹下, 1999 ほか），2つ目は，スプーン，茶碗，皿など特定の用途と扱い方（操作）および形状を有する物（Connolly & Dalgleish, 1989; Nagell, Olguin & Tomasello, 1993 ほか），3つ目には，それが道具化されるという意味での「身体」です（佐々木, 1990）。

道具使用を成り立たせるもの

これまでみてきたように，「道具」と一言でいってもその種類はさまざまで扱い方や形状もそれぞれ異なります。ピアジェは，道具使用を成り立たせるものとして，目標物とは異なる物（棒）への働きかけ（棒を持つ）が起こることをあげていました（Piaget, 1948）。それは，ピアジェの認知発達理論では，感覚運動的段階の第5段階，1歳から1歳半ば頃に位置づけられています。そのための前提として，第4段階，生後9, 10ヶ月頃にみられる，「台」の上にのった目標物を手に入れるために「台」を引き寄せることや，「紐」とつ

ながった目標物を手に入れるために「紐」をひっぱるといった行動が重要であるとされています。これができるということは，目的を達成するための手段を認識していることを意味しています。同様に，手の届かないところにある目標物を手に入れるというベイツらの道具使用の実験も，手段 - 目的関係の理解という特徴をもっており，それは生後 9, 10 ヶ月頃可能になるとされています（Bates et al., 1980）。これらの行動は，ガリペリンのいう，「手段としての物の利用」でもあります。また，目的を達成することに応じた特定の運動（操作）を必要とする道具操作も，手段 - 目的関係の理解を前提に成立していくものと考えられます。

さらに，これらの理解や行動を支えている重要な特徴の一つとして，アフォーダンスの知覚があげられます。ギブソンは，「生体の活動を誘発し方向付ける性質」を「アフォーダンス」（affordance）と呼んでいます（Gibson, 1979）。これは，英語の「アフォード」（afford），すなわち「与える，提供する」という意味の動詞を名詞化した造語です（三嶋，2000）。例えば，ドアについた取っ手を「押す」時，その「押す」という行為を支えている環境側の「押させる」性質がアフォーダンスであり，ドアと取っ手は「押す」ことをアフォードします。このように人間や動物は，「アフォーダンス」を環境の中で知覚し，それによって自分の行動を調整していると考えられています（三嶋，2000）。そして，これらのアフォーダンスの知覚は発達的に変化するものなのです（清水・根ヶ山, 2003）

以上のことから，道具使用が成り立つためには，生後 9, 10 ヶ月頃の手段 - 目的関係の理解が発達的前提の一つとなるでしょう。そのうえで，ある特定の形状をもつ物のアフォーダンスが知覚され，身体が調整されることによって，さまざまな道具使用が展開されていくものと思われます。

2. 食事道具としてのスプーン使用

ここでは，先に述べた3つの種類の道具のうち，特定の用途と扱い方および形状をもつ物として，スプーンに注目し，その用い方の発達プロセスについて詳しくみてみます。食事道具としてのスプーンは乳児にとって非常に身近な道具の一つであり，乳児がその習得に最も駆られる場面が，食事場面であるといえます。食事場面は，達成すべき目的が遊び場面よりも明確であるだけでなく，スプーンの使用によって食事がより効率的に達成されるなど，道具使用をみるうえで非常に重要な場面といえるでしょう。

手からスプーンへ

乳児がみずからはじめて食べ物を口に入れる時，たいていはスプーンでなく手を使います。それがだんだんと，手ではなくスプーンを選択するようになっていくのですが，その発達プロセスには興味深い特徴があります。図3-2は，保育園の給食場面で6人の子どもたちが食べ物を口に入れた全回数のうち，スプーンを使った比率と手もスプーンも含め自分で食べた比率（＝自食率）を示したものです（河原，2006）。ここからわかることは，スプーンを使う比率が生後18，19ヶ月にかけて増大し，最も多くなった後，たびたび減少するという特徴がみられることです。これは，6人中5人の子どもたちに共通しています。しかも，スプーン使用率が減少しても，自食率がほとんど変わらず高い値を示しています。

このスプーン使用率が低下する時に何が起こっていたのか，子どもの食べる行動を詳細に調べてみました。すると，子どもは混ぜご飯の具（ちりめんじゃこ）やひじき煮に入っている大豆，おつゆの具など，特定のものを手でつまんで食べていました。つまり，自分

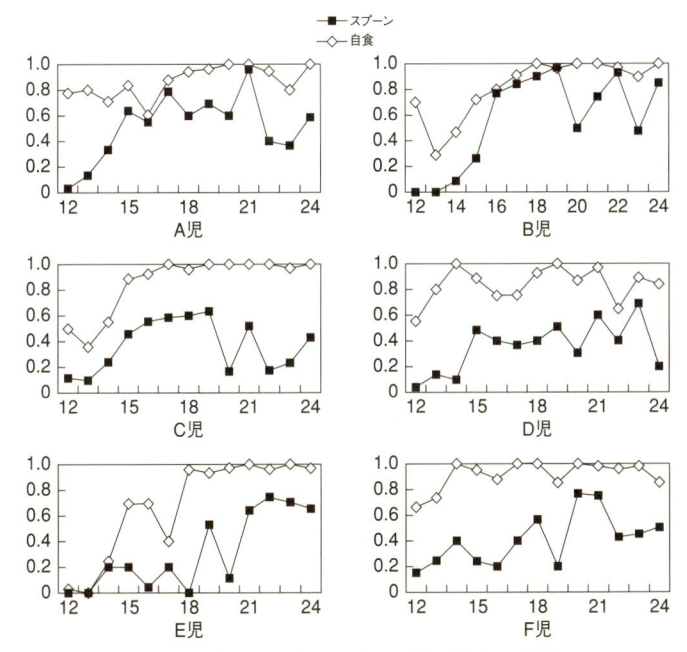

図3-2 スプーン使用率と自食率の変化（数字は月齢）

で食べたい物を選ぶために，スプーンではなく再び手を使っていたのです。これは，一見後戻りするような現象ですが，そこには自分が食べたい物を食べるために手段を変えるという新たな発達の姿が感じられます。手からスプーンへという道具使用の発達プロセスは，このように直線的な変化でないことがわかります。

道具としてのスプーンの知覚

　乳児が食べ物を食べる時に，何をきっかけに手から道具へと移行していくのでしょうか？　その一つとして，スプーンという物のアフォーダンス知覚の発達があげられます。スプーンには，柄とくぼみの部分があり，さらにくぼみの形状は凹凸になっています。その

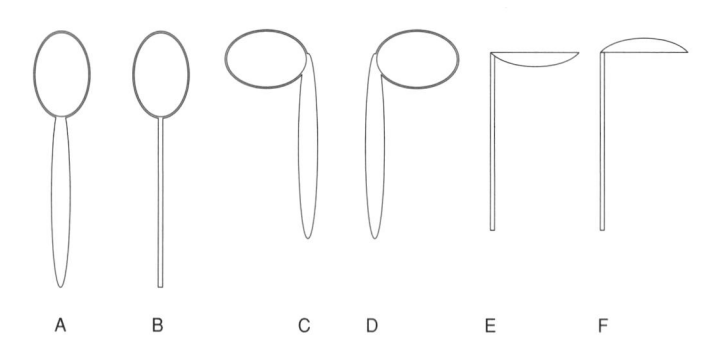

図 3-3 スミッツマンの実験で用いられたスプーン
(Smitsman, 1997, p.318 より。A以外はすべて柄とくぼみの関係が変形されている)

ため,でたらめな位置や方向で持っていたのでは,食べ物をすくったり,それを口へ入れたりといったスプーンの機能を十分に果たすことができません。

そういったことを子どもが理解し,自分の行動を調整しているかをみるために,スミッツマン (Smitsman, 1997) は,図3-3のようなスプーンの柄とくぼみを通常とは異なる向きに変形させた複数のスプーンを用意しました。それを使って米飯をすくうという課題を,生後21ヶ月から47ヶ月までの子どもたちに与えたところ,すべての子どもたちがスプーンのくぼみを適切な向き(凹向き)になるよう腕,姿勢を調整したのでした。

また,マッカーティーら (McCarty et al., 1999) は,スプーンと柄のついた複数のおもちゃ(ベル,ガラガラなど)を子どもの正面に呈示しました。その際,利き手に柄がくる場合と,その反対になる場合とで,生後9ヶ月,14ヶ月,19ヶ月の各月齢の子どもたちが柄とそうでない方のいずれを把握するかを調べました。その結果,柄の部分をつかむ傾向は,おもちゃよりもスプーンでより多くみられました。それに対し,柄でない方(スプーンであればくぼみ,ベ

ルの場合は鐘の部分など)をつかんでしまう傾向は、おもちゃではみられましたが、スプーンではあまりみられませんでした。特に、子どもの利き手でない側に柄がある場合、つまり子どもにとって柄を持つのにより困難な向きで呈示された時でも、きちんと柄をつかむことができるのは19ヶ月の子どもたちでした。さらに、呈示されたスプーンにはリンゴのソースがついていて、子どもがつかんだスプーンをどのように口に入れるかについてみてみると、9ヶ月ではぎこちない持ち方でスプーンの柄を口に入れてしまいますが、14ヶ月になると、たとえくぼみをつかんでしまっていても口に入れる前に修正するようになり、19ヶ月ではあらかじめスプーンの柄を持つようになるといった発達的変化がみられたということです。

　これらの研究は、いずれも実験的なものですが、自然観察の食事場面でも同様の傾向がみられます。1～2歳の子どもたちがスプーンをどの位置や向きで持っていたのかをみてみると、12～14ヶ月頃は、頻繁にスプーンのくぼみの部分を持ったり、くぼみの向きが反対になってしまっていました。それが、15ヶ月以降は、ほとんどの場合にくぼみを凹向きにして柄の部分を持つようになっていました(河原, 2006)。そこに至る過程では、くぼみの部分を持った後に、柄の部分に持ちかえたり、凸向きに持っていたのを凹向きに直したりと調整する様子がみられました。

　このように、1歳すぎ頃から、子どもたちはある「物」(スプーン)の機能を理解し始め、その「物」の向きや自分の身体をその機能に合わせて調整するという発達的変化を遂げるのです。

スプーンを使う手ともう一方の手

　スプーンの機能が理解されただけでは、実はまだスプーンを使って食べることはできません。スプーンに備わった機能を視覚的に捉

えることができても，スプーンを実際に操作する運動技能（スキル）はまた別の問題なのです。

コナリーとダルグレイッシュ（Connolly & Dalgleish, 1989）は，道具使用スキルについてさまざまな側面から非常に詳細な検討をしています。彼らは，スプーンで食べる行動が次の4つの操作から構成されるといっています。それは，①スプーンに食べ物をのせる，②スプーンを口へ運ぶ，③スプーン（の上の食べ物）を口に入れる，そして，④スプーンを口から出す，という4つです。これらの一連の操作は，1歳前半よりも1歳後半でより効果的なスキルへと変化していきます。例えば，スプーンに食べ物をのせるための操作として，1歳前半ではスプーンを「浸す」が多いのですが，1歳後半では「手首の回転」が多くなります。また，スプーン（の上の食べ物）を口に入れる場合，1歳前半では「頭を動かす」ことが多いのですが，1歳後半では「肘の屈曲」が多く用いられるようになるなどです。さらに，彼らはスプーンを使っている時，スプーンを持たないもう一方の手の動きにも注目しています。1歳前半では，もう一方の手の動きは「膝か机の上にある」「手が宙に浮いている」などが多いのですが，1歳後半では「皿の固定」や「スプーンに食べ物を押しつける」など，スプーンで食べることを補助するような動きが増えるということが顕著な変化でした。

コナリーとダルグレイッシュの研究では，4つの操作に必要なスキルに共通性がなく個別に検討されていたので，4つの操作の関連，例えば，「スプーンを口へ運ぶ」ことができた後に，「スプーンに食べ物をのせる」ことができるのか，あるいは4つは同時にできるようになるのか，さらにはスプーンを持たない手の動きとどのような関連があるのかなどがわかりませんでした。そこで，河原（2006）は，4つの操作に共通して必要な「腕・手首の制御」ができるかどうかを基準にして調べました。その結果，「スプーンを運

ぶ」時点での腕・手首の制御が容易で最も早く14ヶ月頃にできるようになり、その後15,16ヶ月頃からスプーンに「食べ物をのせる」時点でも制御ができるようになり、それと同時にあるいはその後「スプーン（の上の食べ物）を口に入れる」「スプーンを口から出す」時点での制御ができるようになりました。やはり、操作の種類によって可能になる時期や難易度が違っていたのです。

また、スプーンを持たない手については、「皿の固定」や「スプーンに食べ物を押しつける」などのスプーンで食べる行動を補助するような動きが1歳半ば頃から増加するという傾向はコナリーとダルグレイッシュとほぼ共通した結果でしたが、14ヶ月と相対的に早い時期からそれらの動きが現れる事例もみられました。

そこで、①スプーンに食べ物をのせる、②スプーンを口へ運ぶ、③スプーン（の上の食べ物）を口に入れる、そして、④スプーンを口から出す、という4つの時点で「腕・手首の制御」が可能になる時期と、スプーンを持たない手がスプーンで食べる行動を補助し始める最初の時期との関連をみてみました（図3-4）。その結果、腕・手首の制御が可能になった後に、もう一方の手で補助する事例（A児、B児、C児）と、腕・手首の制御が可能になる前からスプー

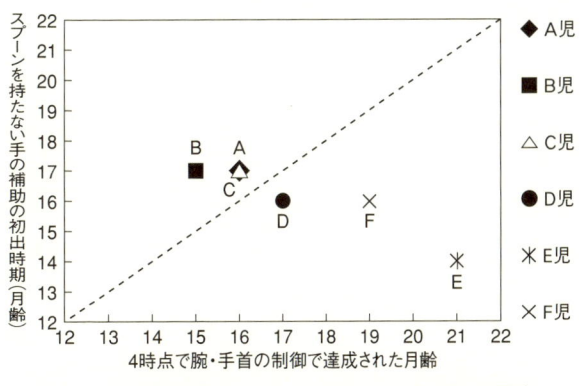

図3-4　腕・手首の制御とスプーンを持たない手の動きの関連

を持たない手が補助している事例（D児，E児，F児）とがみられることがわかりました。前者のタイプは，コナリーらの結果と一致したものでしたが，それ以外のタイプ，すなわち後者の例は新たに発見されたものでした。

この結果から2つのことが読み取れます。一つは，後者の子どもたちは，腕・手首の制御が可能になった時期が相対的に遅いので，うまく腕・手首の制御ができないという未熟さをスプーンを持たない手で補っているのではないかということです。もう一つは，後者の子どもたちがもう一方の手を早くから補助として使う背後には，子どもが道具を使いたいという意図があるのではないかということです。これは，子どもの行動から心を探ることができる非常に興味深い事実ではないでしょうか？

3. 道具使用を通して知る世界

スプーン使用の発達プロセス

以上みてきたことから，子どもがスプーンを道具として使えるようになるまでにはどのようなプロセスが考えられるでしょうか。まずは，生後14ヶ月頃にスプーンというモノのアフォーダンスを知覚し，その機能について理解し始めます。その次は子どもによって少なくとも2つのタイプに分かれると考えられます。一つは，スプーンを操作するための運動技能（腕・手首の制御）の発達が進み，次いでスプーンを持たない手で補助をするタイプです。もう一つは，運動技能よりもスプーンを使おうとする意図が先行して，スプーンを持たない手で補助しながらスプーンを使い始め，その後運動技能が伴っていくタイプです。さらにこのような手と道具との関係だけでなく，口（舌）と食べ物の関係の理解や行動の調整の発達も不可欠でしょう。このように，子どもがスプーンを道具として使えるよ

うになるプロセスには、複数の要因が相補的に関係していることがわかります。このようなプロセスを経てスプーン（道具）を使えるようになること、それは子どもが自分の身体と外界との新たな関係性を知る世界へと足を踏み入れたことを意味するのです。

「文化・社会的様式」を知るメディア

　スプーン使用の発達には、おそらくこれまでみてきた以外にもさまざまな要因が関連しているでしょう。その一つとして、子どものスプーンの使用を援助・促進する他者の役割があげられます。最後に、スプーン使用と他者との関係性についてみてみましょう。

　子どもがスプーンを使う場面には、たいていその扱いを援助したり促進したりする他者（親、保育者、あるいはきょうだいや友達）がいます。

　子どもが食器の中でスプーンを動かしていると、子ども自身はまだスプーンを使おうとしているのか、それで遊んでいるのかわからないような時でも、親や保育者らはそれを見てあたかも子どもが道具を使おうとしているかのように解釈し、「上手」などとほめながら積極的に援助します。そのようなやりとりを前提に、今度は子どもから保育者に"食べ物をのせてほしい"とスプーンをさしだすこともあります。また、保育園など複数の子どもたちが一緒に食事をしているような場面では、他の子どもたちがスプーンで食べていることがモデルになることもあるでしょう。

　しかし、一方で、道具使用の発達が進む時は、子ども自身の自己主張が顕著になる時でもあります。そのため、次頁に示した【エピソード1】のように、スプーンで食べることを促す保育者に対し、スプーンで食べられるにもかかわらず、「ナイ」と言って拒否し、手づかみで食べたりします。ここには、"自分の思うように食べたい"という自己主張とともに、道具で食べてほしいという保育者の

【エピソード1】 道具使用の促しを拒否するE児（20ヶ月）

　E児が手づかみでご飯を食べていると，保育者が「あら？　E，おさじさんは？」とE児の顔を覗き込む。E児はそっぽを向くように保育者の方は見ずに「ナイ」と言う。保育者は「あるで」と茶碗に入ったスプーンを指さし，「ナイナイやって，あるやんかここに，おさじさんあるで，おさじさんで食べてや」と言って他児の世話に移る。E児はそのまま手づかみで食べる。

期待をはぐらかす様子がうかがえます。また，同じような時期に，スプーンを正しい向きで把握できるにもかかわらず，わざとスプーンを反対向き（凸向き）にして笑いながら食べ物をすくうといったこともみられます。ここにも，保育者から期待されることをあえてしないという反抗の要素があるでしょう。その一方で，うまく食べ物をすくえたスプーンを保育者にさしだし，「見てて」といって得意げに食べて見せたりもします。この時期の子どもは，道具を使って食べるという他者からの期待や社会・文化的様式（ルール）にあえて背くことで自己主張したり，それを積極的に行うことで賞賛を求めたりするのです。

　このように，他者との関係で道具使用が促進されることもあれば，逆に抑制されることもあります。つまり，道具は行動を効率的にするだけでなく，「文化・社会的様式」を知るメディアとして機能し，コミュニケーションを媒介しているといえるでしょう。乳児期はそのような世界が始まる最初の時期なのです。

引用文献

Bates, E., Carlson-Luden, V., & Bretherton, I.　1980　Perceptual aspect of tool using in infancy. *Infant Behavior and Development*, **3**, 127-140.

Connolly, K., & Dalgleish, M.　1989　The emergence of a tool-using skill in infancy. *Developmental Psychology*, **25**, 894-912.

Gibson, J. J. 1979 *The ecological approach to visual perception*. Boston: Houghton Mifflin.（古崎　敬・古崎愛子・辻　敬一郎・村瀬　旻訳　1985　生態学的視覚論―ヒトの知覚世界を探る―　サイエンス社）.

Goodall, J. 1988 *In the shadow of man*. Boston, MA: Houghton Mifflin.（河合雅雄訳　1996　森の隣人―チンパンジーと私　朝日新聞社）.

井上徳之・外岡利香子・松沢哲郎　1996　チンパンジー乳幼児におけるヤシの種子割り行動の発達　発達心理学研究, **7**, 148-158.

糸魚川直祐　1995　動物の道具　本吉良治（編著）　心と道具　培風館　pp.5-13.

河原紀子　2006　食事場面におけるスプーンで食べる行動の発達過程　応用心理学研究, **31**, 98-112.

川田順二　1988　身体技法の技術的側面―予備的考察―　社会人類学年報, **14**, 1-43.

Köhler, W. 1917 *Intelligenzprüfungen an Menschenaffen*. Berlin: Spinger.（宮孝一訳　1962　類人猿の智恵試験　岩波書店）.

真家和生　1989　文化としての姿勢・動作　季刊民俗学, **13**, 63-68.

松沢哲郎　1991　チンパンジーマインド　岩波書店.

McCarty, M. E., Clifton, R. K., & Collard, R. R. 1999 Problem solving in infancy: The emergence of an action plan. *Developmental Psychology*, **35**, 1091-1101.

三嶋博之　2000　エコロジカル・マインド　日本放送出版協会.

本吉良治　1995　心の表現としての道具　本吉良治（編著）　心と道具　培風館　pp.1-5.

Nagell, K., Olguin, R. S., & Tomasello, M. 1993 Processes of social learning in the tool use of chimpanzees, *Pan troglodytes* and human children *Homo sapiens*. *Journal of comparative Psychology*, **107**, 174-186.

Parker, S. T., & Gibson, K. R. 1977 Object manipulation, tool use and sensorimotor intelligence as feeding adaptations in cebus monkeys and great apes. *Journal of Human Evolution*, **6**, 623-641.

Piaget, J. 1948 *La naissance de l'intelligence chez l'enfant* 2nd ed. Neuchâtel: Delachaux et Niestlé.（谷村　覚・浜田寿美男訳　1978　知能の誕生　ミネルヴァ書房）.

佐々木正人　1990　姿勢が変わるとき　佐伯　胖・佐々木正人（編）　アクティブ・マインド：人間は動きの中で考える　東京大学出版会　pp.87-109.

清水　武・根ヶ山光一　2003　棒の長さ知覚課題におけるダイナミックタッチの発達的研究　発達心理学研究, **14**, 113-123.

Smitsman, A. W. 1997 The development of tool use: Changing boundaries between organism and environment. In C. Dent-Read, & P. Zukow-Goldring (Eds.), *Evolving explanations of development: Ecological approaches to organ-*

ism-environment systems. Washington, DC: APA. pp.301-329.

竹下秀子　1999　心とことばの初期発達―霊長類の比較行動発達学―　東京大学出版会.

友永雅巳・田中正之・松沢哲郎　2003　チンパンジーの認知と行動の発達　京都大学学術出版会.

Zaporozhets, A. V.　1960　西牟田久雄(訳)　1965　随意運動の発達―認識と行為の形成―　世界書院.

☙ 読書案内 ❧

◆ W. ケーラー(宮　孝一訳)　1962　類人猿の智恵試験　岩波書店.

　　人類と類人猿の知性はどこまで近似したものかという問いを追求するために，道具の使用や道具の製作などについての詳細な実験・観察がまとめられています。

◆ 竹下秀子　1999　心とことばの初期発達―霊長類の比較行動発達学―　東京大学出版会.

　　ヒトとチンパンジーやボノボなどの姿勢・運動型や対象操作，道具使用の異同が豊富な資料に基づいて論じられ，霊長類としての知性の発達モデルが提起されています。

第4章
いないいないばあ遊び
―対面的なやりとりによる世界の広がり―

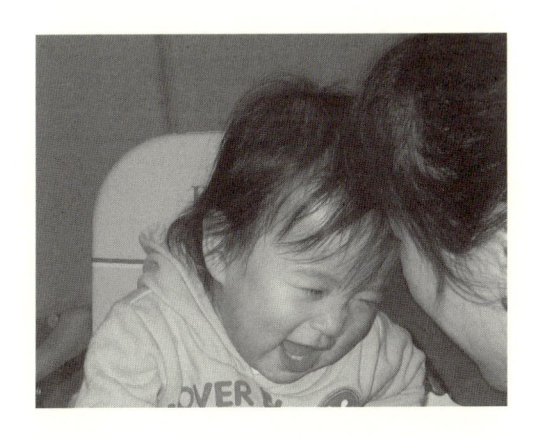

　乳児と大人とが向かい合ってやりとりを楽しむことは，乳児の発達のさまざまな側面にプラスの影響を与えるといわれています。本章では，そのようなやりとりの一つであるいないいないばあ遊びを中心的に取り上げながら，乳児と大人とのあいだで対面的なやりとりがどのように成立し発展していくのか，また，保育所という集団保育の場ではそのやりとりにどのようなふくらみが生じるのかをみていきます。乳児期に大人や仲間との楽しいやりとりをたくさん経験することは，その時期の発達にとって重要であるばかりではなく，以後の発達の土台を築くという意味でも大切なことなのです。

1. 乳児と大人との対面的なやりとり

向かい合うことのなりたち

　赤ちゃんとお母さんが遊んでいる場面を思い浮かべてみてください。お母さんが赤ちゃんを抱いてあやす姿や，あおむけになった赤ちゃんにお母さんがおもちゃを見せている姿などをイメージする人が多いのではないでしょうか。このように乳児と母親とが向かい合う様子は，私たちの生活の中でごく自然に目に映る光景です。しかしそれは，実はヒトという霊長類に特徴的なことであり，コミュニケーション発達の重要な基盤であることがわかってきています。

　竹下（2001）は，ヒトとヒト以外の霊長類を比較することを通して，ヒトの乳児のあおむけ姿勢がもつ意味を考察しました。ニホンザルもチンパンジーもオランウータンも，乳児は母親の身体にしがみつく行動を身につけて生まれます。しかし，生まれたばかりのヒトの乳児には自分からしがみつく力がないため，母親は両手・両腕を使って抱きかかえなければなりません。しかし，自分の方からしがみつく力のない乳児を四六時中抱いてすごすわけにはいかず，母親は乳児を自分の傍らに置くようになりました。母親は乳児をあおむけにすることによって，抱き続けるために必要なエネルギーを，笑顔や声かけ，そしておもちゃなども取り入れたやりとりにふりむけることができたのです。ヒト以外の霊長類の乳児は，しがみつくものがない状態であおむけにされると，手足をばたつかせてじっとしてはいられません。しかしヒトの場合，母親の働きかけやそれに応えるやりとりの心地よさが，霊長類として本来は不安定で不快な姿勢であったあおむけを乳児に甘受させ発達させる一つの要因になったと考えられています。

対面的なやりとりによって育つもの

　第1章で紹介されているように，乳児は赤ちゃん図式（ベビーシェーマ）や新生児模倣など，かわいらしさ・愛らしさを感じさせる特徴を備え，また，他者を指向する心をもって生まれてきます。大人の側も，乳児が備えている生得的な特徴を自分に向けられた社会的メッセージとして受け止め，積極的に応答をしていきます。

　乳児は生後2ヶ月頃から，あやされた時などに，大人の顔を見つめながら手足をばたばたさせたり笑ったりして喜びを全身で表現するようになります。「おはしゃぎ反応」と呼ばれるこの反応は，エリコニン（1964）によって，新生児期の終了と乳児期の開始を告げるものであると指摘されています。エリコニンは，おはしゃぎ反応が生じるような情動的な交流活動，すなわち，乳児と大人とが向かい合って楽しくやりとりすることを，コミュニケーション発達の土台として重視しました。現在の乳児保育の現場においても，このようなやりとりはコミュニケーションや情動の発達を促すだけではなく，乳児の活動意欲を育て，全体的な発達を保障していくうえでも大切な活動であると認識されています（大阪保育研究所年齢別保育研究委員会「0－2歳児の保育」研究グループ，2005）。

　近年の研究によって，おはしゃぎ反応でみられるような手や足をばたばたと動かす運動は，乳児の音声発達と関連があることが明らかにされてきました。乳児が発する喃語のうち，[baba]，[dada]のように子音＋母音構造を含み，かつ複数音節から構成されるものを規準喃語といいます。通常生後6ヶ月頃から出現するこの喃語の開始を予測する指標としては，乳児のリズミカルな運動の発達が注目されてきました。リズミカルな運動とは，ある身体部位において同じ運動が3回以上続けて，しかも各回1秒以上の間隔をあけない速さで行われる動作と定義されています（Thelen, 1979）。

　図4-1は，手や足のリズミカルな運動と規準喃語出現期との関連

を示したものです。規準喃語出現1ヶ月前から規準喃語出現期にかけてリズミカルな運動が最も頻繁に生じていることがわかります（江尻, 1998a）。また，特に音を産出しないリズミカルな運動が乳児の音声と同期する割合が高いこと，リズミカルな運動と同期して生じた音声は，そうでない音声に比べて，各音節が短く切れ，音にリズムがあることなどが明らかにされてきました。こうしたことから，乳児の発声とリズミカルな運動との同期現象は，喃語の発達を促す働きをしていると考えられています（江尻, 1998a, 1998b; 江尻・正高, 1999）。

このような研究は，乳児と大人とが向かい合って楽しくやりとりすることの大切さを伝えるとともに，例えば身体運動と音声発達のように，一見直接的なつながりがないように思われるものが，実は連関性をもって乳児の発達をおし進めているのだということを教えてくれます。

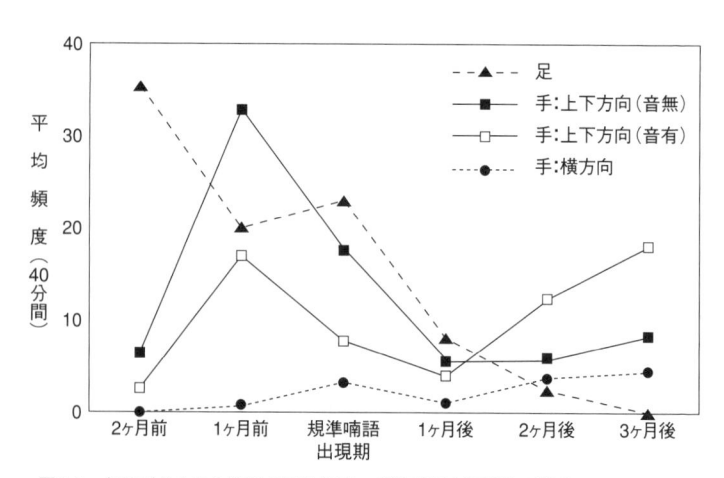

図4-1　各リズミカルな運動の平均頻度─規準喃語出現期との関連 （江尻, 1998a）

対面的なやりとりに物が加わること

 乳児と大人とのあいだで対面的なやりとりが成り立つようになると、大人は乳児と視線を交わしながらその視線上に対象物を取り込み、積極的に乳児の注意を対象物に誘導しようとするようになります(大藪, 2004)。やりとりの中に物が介在する状況は、まだ乳児が対象物に対して自発的に手を伸ばしたり把握したりすることが難しい時期から準備されていくのです。

 物が介在した状況での乳児と大人とのやりとり遊びには、生後9ヶ月頃から大きな変化が訪れます。

> 【エピソード1】 保育園のベランダで0歳児クラスの子どもたちが遊んでいます。バスケットの中には、動物の形のおもちゃがたくさん入っています。保育者がその中の一つを取り、正面に座っているKちゃん(11ヶ月)に「Kちゃん、はいどうぞ」と手渡します。にっこりと笑いながら受け取ったKちゃんは、おもちゃと保育者の顔を2、3回見くらべた後、保育者の顔を見ながら「ンッ」と言っておもちゃをさしだします。保育者は「ありがとう」とおじぎをして受け取り、再び「はい、Kちゃんどうぞ」とさしだします。Kちゃんはにっこりと笑いながら受け取り、またおもちゃを保育者にさしだします。

 このエピソードは、Kちゃんが対象物との関わり合い(自己 - 対象物)と、他者との関わり合い(自己 - 他者)を協調させ、対象物と他者との両方に注意を向けた「自己 - 対象物 - 他者」という三項配置の相互交渉を行うようになっていることを示しています。

 他者が注意を向けている対象に自分も注意を向けたり、自分が注意を向けている対象に他者の注意を向けさせたりすることによって、他者と同じ対象に注意を向けることは、共同注意と呼ばれてい

ます。前頁に示した【エピソード1】のようなやりとりは，保育者とKちゃんが共におもちゃに注意を向けることがなければ成り立ちません。また，Kちゃんは，保育者がおもちゃに注意を向けていることを知っているからこそ，手にしたおもちゃを保育者にさしだすことができたのでしょう。共同注意行動は，他者が自分と同じように意図をもつ主体であるという理解ができ始めていることを示すと考えられ，多様な共同注意行動が9～12ヶ月の時期に発現してくることから，この時期の変化は9ヶ月革命とも名付けられています（Tomasello, 1999）。

さて，Kちゃんは，おもちゃをさしだすことによって，どのような内容をもった注意を保育者と共有しようとしていたのでしょうか。マンディら（Mundy et al., 1992）は，1歳児を対象とした実験によって，子どもは要求行動を行う場合よりも共同注意行動を行う場合の方がポジティブな情動（喜び，驚きなど）をより強く表出することを示しました。このように「誰と」「何を」共有するのかという側面を重視し，別府（1998）は，共同注意行動が，①共同注意行動を行う相手が，対象へのポジティブな情動や興味・関心といった，自分とは独立した心理的状態を有した主体であるという他者認識と，②その他者が自分がある対象に対して抱いているポジティブな情動や興味・関心を共有できることの理解を必要とする行動であることを示唆しています。

Kちゃんは，"私は先生からおもちゃをもらってうれしかった。私がこのおもちゃをさしだしたら，先生もきっと「ありがとう」って喜んでくれるだろう"と思っていたのではないでしょうか。このように，他者の心の動きを期待して行動できるということは，遊びの中でのやりとりを成り立たせるために特に大切なことであると考えられます。

第2節では，このような共同注意の発達が関わった乳児と他者と

の対面的なやりとりを含む遊びとして，いないいないばあ遊びを取り上げたいと思います。

2. いないいないばあ遊び

いないいないばあ遊びの構造

　いないいないばあ遊びは，乳児との遊びの一つとしてよく知られています。今この本を読んでいる人に，「目の前に赤ちゃんがいると思って，いないいないばあをしてください」とお願いしたら，「いないいない」と両手で顔を隠した後，「ばあ！」とその手を顔から離すというやり方をする人が一番多いのではないでしょうか。日本ではこのようなやり方が一般的ですが，やり方が少しずつ異なる類似の遊びは世界中にあるといわれています（Sroufe & Waters, 1976）。

　いないいないばあ遊びとして分類される遊びには一つの共通点があります。ブルーナー（Bruner, 1983）は，言葉のやりとりを含む乳児期の遊びと言語の構造との関連を示すなかで，いないいないばあ遊びの深層構造は対象の視覚的消失（disappearance）と視覚的再現（reappearance）にあることを指摘しました。つまり，いないいないばあ遊びには"物や人の見え隠れ"がつきものということです。そして，遊びに使用する物，視覚的消失と視覚的再現のあいだの時間や動作，発話，消失する対象といった，深層構造を実現するための具体的要素を表層構造としました。ブルーナー（1983）では，2組の母子の遊び場面の縦断的な観察結果から，表層構造がさまざまに変化しても深層構造が保持される様子が示され，遊びのような社会的文脈は乳児の言語獲得のための支えを提供するものであると述べられています。

いないいないばあ遊びにみられる発達的変化

　いないいないばあ遊びに参加する乳児の行動は，月齢が上がると共に変化していきます。生後4ヶ月頃から，乳児は大人によるいないいないばあに対して微笑，発声，手足の発揚などによって反応し始めます（Greenfield, 1972）。そして，前述のブルーナー（1983）の観察では，大人がしてくれるのを見て喜ぶという受動的段階，次に乳児の側からいないいないばあをするという能動的段階を経て，役割交替のある遊びへと発展していくことが示されています。

　松田（1994）は，1名の乳児に対して，大人が布を用いていないいないばあをして見せた場合の反応と，その後，乳児にその布を提示していないいないばあをするように促した場合の反応を縦断的に調べました。その結果，いないいないばあをされることに微笑反応が多く生起する段階（6〜9ヶ月頃）から，提示された布でみずからいないいないばあをする段階（10ヶ月頃から）へ，そして，みずからいないいないばあをした後で「今度はまたあなたがして」というかのようにその布を実験者にさしだす段階（10ヶ月末から）へと変化がみられることがわかりました。

　いないいないばあ遊びでは，"物や人の見え隠れ"という深層構造の特徴ゆえに，対象の永続性の理解が発達プロセスに密接に関わっています。対象の永続性とは，ある対象が何かに隠されて視界から消えてしまってもその対象は存在し続けているという概念です。乳児が対象の永続性を理解する時期については，実験の方法によって結果が異なる部分があります。しかし，布などで隠された物体を発見させる課題での乳児の反応といないいないばあ遊びでの様子を対応させた場合，対象の永続性理解の発達に伴っていないいないばあ遊びに対する参加の仕方や喜び方が変化することが示されています（伊藤, 1991）。

保育場面でのいないいないばあ遊び

　日本では今，年間約109万人の子どもが誕生しています。2006年現在，0歳児の7.4％，1歳児の21.8％が保育所に在籍しており，少子化が進行するなかでも保育所で育つ乳児の割合は年々増加しています（原田，2007）。保育所では，児童福祉施設最低基準によって，乳児の人数に対する保育者の人数が，0歳児3人につき1人以上，1歳児6人につき1人以上と定められています。したがって，保育所の0歳児クラスには，ほとんどの場合，複数の乳児と複数の保育者が存在することになります。このような集団保育の場面では，いないいないばあ遊びはどのように展開されているのでしょうか。

　私は，0歳児クラスの保育に参加しながら遊びの様子を観察するうちに，不思議だなと思うことに出会いました。前述したように，日本でのいないいないばあ遊びは手を使って行われることが多いようです。しかし保育の中では，「ばあ！」という言葉を聞く機会はたくさんあるのに，手で顔を隠すいないいないばあ遊びを目にすることはとても少なかったのです。そのかわり，もっといろいろなやり方で遊びが展開されていることを知るなかで，この遊びの魅力や意義を再発見することができました。そこでここでは，0歳児クラスの自由遊び場面で生起するいないいないばあ遊びを自然観察した松田（2006）の研究の一部を紹介したいと思います。

　この研究では，いないいないばあ遊びを「対象の視覚的消失と視覚的再現が生起し，かつ，視覚的再現にほぼ同期した発声が行われること」と定義しました。また，その1回を1ラウンド，30秒以内の間隔で連続して生起した場合にはそれらを合わせて1エピソードとし，連続した生起がない場合には1ラウンドのみで1エピソードとしました。

　まず，視覚的消失がどうやって生み出されているのかを調べてみました。表4-1を見ると，何らかの物が使われる割合が高いという

こと，特に，保育者によって準備された遊具類の使用が多いということがわかります。手で顔を隠すというやり方は「不使用」というカテゴリーに含まれていますが，私の受けた印象どおり，やはり全体に占める割合は低かったのです。また，物の使い方は大きく二つに分けられることがわかりました。一つは，次の【エピソード2】のように「人が物を動かすのではなく自身の身体の位置を変える」というやり方，もう一つは，【エピソード3】のように「人がその物を手指で操作する」というやり方です。

【エピソード2】 大型遊具のトンネルの入り口近くに，保育者とAちゃん（8ヶ月），Cちゃん（10ヶ月）がいます。保育者がトンネルをくぐり抜け，出口から「おーい！」と呼びます。「ほら，おいで！」との呼びかけにCちゃんもトンネルをくぐり，出口で保育者と顔を合わせます。Cちゃんは保育者から「ばー！」と言われてにっこり。……（後略）……

【エピソード3】 保育者の周りに3人の乳児が座っています。保育者はハンカチのような布を5～6枚用意しています。保育者がSちゃん（13ヶ月）の顔に布をかけて「いないいなーい」と言うと，Sちゃんは布を取ってにっこり。「ばー！　じょうずー！」と保育者が拍手をすると，Sちゃんは，今度は自分で布を顔に当ててぱっとはなします。保育者がタイミングを合わせて「ばー！」と言うと，ますます得意そうな顔。……（中略）……やりとりを見ていたKちゃん（13ヶ月）が「ンッ」と布を保育者にさしだします。「Kちゃんも？　ほら，いないいなーい」と保育者がKちゃんの顔に布をかけます。かけられた布をさっと取ったKちゃんは，"私もやったよ"と自慢げな顔。

表 4-1　視覚的消失を生起するために使用された物の種類と使用率（松田, 2006）

	布(小)	布(大)	家	大型遊具	小型遊具	カーテン	戸	衣類	不使用	計
ラウンド数	85	79	52	48	41	34	20	26	38	423
(％)	(20.1)	(18.7)	(12.3)	(11.3)	(9.7)	(8.0)	(4.7)	(6.1)	(9.0)	(100)
エピソード数	14	3	19	25	8	12	6	3	15	105
(％)	(13.3)	(2.9)	(18.1)	(23.8)	(7.6)	(11.4)	(5.7)	(2.9)	(14.3)	(100)

注）布(小)：ハンカチ程度の大きさの布
　　布(大)：3m × 3m 程度の大きさの布
　　家：直方体の木箱を伏せた形状で，対向面に乳児が出入りできる穴が開けられた手作りの遊具
　　小型遊具：しゃもじ人形，フェルト積木，いたずらBOX（商品名）などの遊具
　　衣類：乳児の布おむつ，シャツなど
　　不使用：物を使用せず，手で顔を覆う，顔の向きを変えるなどの方法で視覚的消失を生起する

　このように物を使った遊び方には，観察対象となった6〜15ヶ月児の移動運動や手指による対象物操作の発達的な特徴が発揮され，この時期に大人の援助を受けながら成立してくる共同注意行動がさまざまな形で発現している様子がうかがえます。

　次に，誰がどのように遊びに参加しているのかを調べてみました。一つのエピソードへの参加者数は，全105エピソードのうち約7割で2名，約3割で3名以上（最高は13名）となっていました。乳児は6ヶ月から「再現行為者」（"ばあ"をする人）または「再現行為の受け手」（"ばあ"を見せられる人）として遊びに参加していました。しかし，「消失行為者」（"いないいない"をする人）としての参加は9ヶ月以上の乳児にしかみられませんでした。

　ところで，消失行為者と再現行為者は必ずしも同じ人であるとは限りません。もう一度，【エピソード3】をみてみましょう。

　【エピソード3】の中で，保育者が乳児の顔に布をかける場面がありますが，その布を取っているのは保育者ではなく乳児です。いないいないばあ遊びで物が使われる場合にみられやすい現象なのですが，このように消失行為者と再現行為者が別の人になる場合があるのです。そこで表4-2には，消失行為者と再現行為者が同じ人である場合（変化なし）と，別の人である場合（変化あり）とに分け

表 4-2　消失行為者と再現行為者の組み合わせ別のラウンド数 (松田, 2006)

	消失行為者 ― 再現行為者		
変化なし	保育者（単数）― 保育者（単数）	197	
	乳　児（単数）― 乳　児（単数）	131	343 (81.8%)
	保育者（複数）― 保育者（複数）	15	
変化あり	保育者（単数）― 乳　児（単数）	76	
	保育者（単数）― 乳　児（複数）	1	
	保育者（複数）― 乳　児（単数）	1	80 (18.9%)
	保育者（単数）― 保育者（複数）	1	
	乳　児（単数）― 保育者（単数）	1	

て，組み合わせ別のラウンド数を示しました。これをみると，行為者の変化は，消失行為者が保育者である場合に多くみられるということがわかります。保育者は，自分が"いないいない"をした後，敢えて自分では"ばあ"をせずに，その役割を乳児に譲っているのではないでしょうか。

前述のように，乳児自身がみずから"いないいない"をするのは9ヶ月を越えてからになります。しかしそれ以前の時期，乳児はただ受け身的にいないいないばあ遊びを見せてもらっているわけではありません。"いないいない"はできなくても"ばあ"だけはやってみるというように，いくらかの主体的な行動をとりながら遊びに参加しているのです。そしてそのような参加の仕方は，乳児が自分で布を取るための間をとったり，「"ばあ"ってしてごらん」と促したりといった保育者の援助的な働きかけによって支えられていることがうかがえます。

保育者が遊びで使う物を準備したり，乳児への援助的な働きかけを行ったりすることについては，意図的に行われている部分も大きいと考えられます。保育者は，「こんな保育がしたい」「子どもにこんなふうになってほしい」といった教育的な意図をもち，保育室が乳児の生活と遊びにとって最良のものとなるように環境を構成し

ていきます。その際には，一つの遊びに複数の乳児が楽しく参加できるようにするという集団保育ならではの配慮も行われます。その点，いないいないばあ遊びは，乳児の発達に伴って遊び方を変えながら乳児期全体を通して楽しめる遊びであるため，月齢の異なる乳児が複数いても共有されやすいテーマであるといえるでしょう。遊びに物を用いることは，子どもたちの注意を遊びに焦点化しやすくするという効果もあると思われます。

　また，家庭における母親とは異なり，保育者は乳児に対して適切な働きかけをすることを「仕事」として求められる存在です。遊びの中で乳児の主体的な関わりを促したり，遊びを望ましい方向へと導いたりすることは，発達支援に関わる保育者の専門性として向上が目指されている点でもあります。保育場面でみられるいないいないばあ遊びは，このような保育者の存在によってその展開が支えられているといえるでしょう。

　「所変われば品変わる」ということわざがあるように，いないいないばあ遊びも，それが行われる場面や状況によって新しい様相を見せるということをここでは紹介してきました。しかし，場面や状況が異なっても変化しないものも存在します。いないいないばあ遊びの場合，それは"物や人の見え隠れ"という深層構造だけではなく，乳児と他者とが向かい合い視線を合わせながらやりとりを楽しむということです。その楽しさがあるからこそ，いないいないばあ遊びには，乳児をひきつける魅力があるのです。そして，乳児が"自分も楽しい遊びに加わりたい"と願う時に発揮される能動性や主体性は，乳児の発達を全体としておし進めるとともに，乳児期以降の発達の土台としても重要な意味をもっていると考えられます。このように場面や状況が変わっても変化しえないものの中にこそ，ヒトが人間として発達していくために欠くことのできない大切なものがあるのではないでしょうか。

引用文献

別府 哲 1998 まなざしを共有することと自閉症 秦野悦子・やまだようこ(編) コミュニケーションという謎 ミネルヴァ書房 pp.32-51.

Bruner, J. S. 1983 *Child's talk: Learning to use language*. New York: Norton. (寺田 晃・本郷一夫訳 1988 乳幼児の話しことば―コミュニケーションの学習― 新曜社).

江尻桂子 1998a 乳児における規準喃語の出現とリズミカルな運動の発達的関連 発達心理学研究, **9**(3), 232-241.

江尻桂子 1998b 乳児における喃語と身体運動の同期現象Ⅰ―その発達的変化― 心理学研究, **68**(6), 433-440.

江尻桂子・正高信男 1999 乳児における喃語と身体運動の同期現象Ⅱ―音響分析による同期性の機能の検討― 心理学研究, **69**(6), 433-440.

エリコニン, D. B.(駒林邦男訳) 1964 ソビエト・児童心理学 明治図書.

Greenfield, P. M. 1972 Playing peekaboo with a four-month-old: A study of the role of speech and nonspeech sounds in the formation of a visual schema. *The Journal of Psychology*, **82**, 287-298.

原田真紀子 2007 保育行政の動向と課題 平成19年度全国保育士養成セミナー講演資料.

伊藤良子 1991 「いないいないばあ」はなぜ面白いのか 山崎愛世・心理科学研究会編著 遊びの発達心理学―保育実践と発達研究をむすぶ― 萌文社 pp.11-28.

大藪 泰 2004 共同注意―新生児から2歳6カ月までの発達過程― 川島書店.

松田千都 1994 6か月から12か月までの乳児のイナイイナイバーの発達に関する縦断的研究 乳幼児保育研究, **18**, 1-18.

松田千都 2006 乳児の保育場面におけるいないいないばあ遊び 聖母女学院短期大学研究紀要, **35**, 28-38.

Mundy, P., Kasari, C., & Sigman, M. 1992 Nonverbal communication, affective sharing, and intersubjectivity. *Infant Behavior and Development*, **15**, 377-381.

大阪保育研究所年齢別保育研究委員会「0－2歳児の保育」研究グループ 2005 0歳児の保育 ルック.

Sroufe, L. A., & Waters, E. 1976 The ontogenesis of smiling and laughter: A perspective on the organization of development in infancy. *Psychological Review*, **83**, 173-189.

竹下秀子 2001 赤ちゃんの手とまなざし―ことばを生みだす進化の道すじ― 岩波書店.

Thelen, E. 1979 Rhythmical stereotypies in normal human infants. *Animal Behaviour*, **27**, 699-715.

Tomasello, M. 1999 *The cultural origins of human cognition*. Cambridge, MA: Harvard University Press.（大堀壽夫・中澤恒子・西村義樹・本多　啓訳　2006　心とことばの起源を探る―文化と認知―　勁草書房）.

❧ 読書案内 ❧

◆竹下秀子　2001　赤ちゃんの手とまなざし―ことばを生みだす進化の道すじ―　岩波書店.

　　ヒト以外の霊長類との比較を通して，ヒトの乳児の生物進化学的な特徴が明らかにされる。ヒトという種の面白さを示してくれる1冊。

◆山崎愛世・心理科学研究会　1991　遊びの発達心理学―保育実践と発達研究をむすぶ―　萌文社.

　　いないいないばあ遊び，ごっこ遊び，劇遊びなどについて，科学的なデータを提示しながら，子どもの内面世界に迫る試みがなされている。

第Ⅱ部

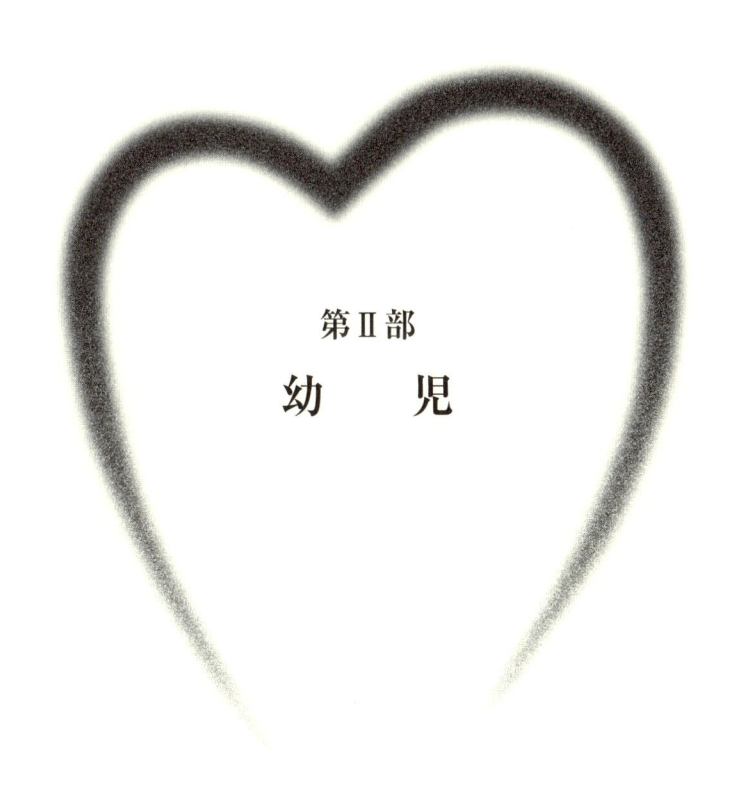

幼　　児

第5章
人間関係へのチャレンジ―思いやり行動―

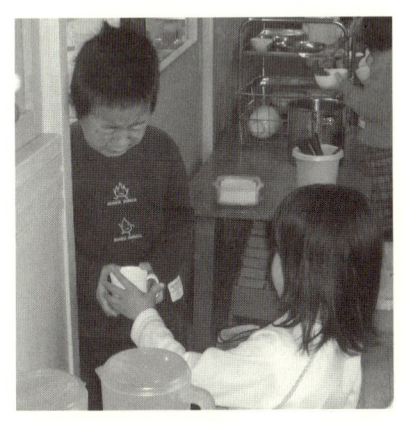

Rちゃん「大丈夫？ お茶飲む？」 Tくん「うん」

「あの人に優しくしてあげたい」そんな気持ちは、いつから・何のためにわいてくるものなのでしょうか？ 私たち大人であったならば、時には自分の利益のため、時には純粋に友達のため、さまざまな理由に折り合いをつけながら優しさを示すことでしょう。もちろん子どもたちにも理由はあります。しかし子どもたちは、不器用な表現で誤解されケンカになろうとも、乱暴になってしまい先生に怒られようとも、説明できない何かに突き動かされて、"優しくしよう"と行動します。子どもの世界では、他者志向的に"優しくすること"と、一見すると自己中心的にみえる"乱暴をすること"は決して相反するものではなく、「人と関わろう」という気持ちへの純粋なチャレンジなのです。本章では、「人と関わろう」と果敢に挑戦する幼児の姿を取り上げます。

1. 思いやりの入口

「あなたの気持ち」を感じること

　園庭で転び，膝をすりむいて泣いている友達を見つけた時，子どもたちは友達の気持ちをどのように感じるのでしょうか。「かわいそう」「痛そう」などとさまざまな気持ちをめぐらせることでしょう。

　私は，ビデオカメラを抱え保育園に長い間観察に行っているのですが，観察に夢中になっているため，おもちゃ箱に足の小指をぶつけて痛がっていることがよくあります。そうすると周りにいる子どもたちは，「カメラ先生（カメラを持っているのでこう呼ばれています），痛いん？　かわいそう」となでてくれたりします。子どもたちは，カメラ先生はきっと痛いに違いない！　かわいそうだ！と確信をもって近づいてきてくれます。このように他者の感情や状況を共有する反応を共感（empathy）といいます（Hoffman, 1982）。困っている他者を目の前にしても，その人の気持ちを共有できなければ実際に思いやり（向社会的行動：prosocial behavior）を示すことはできません。当然のことながら，共感は他者に思いやりを示すための入口としての動機となります。それではこの共感の気持ちはいつ頃から芽生え，どのように発達するものなのでしょうか。

　私に対して「カメラ先生かわいそう」と言ってくれた子どもたちは，4歳〜5歳の子どもたちです。セージとホフマン（Sagi & Hoffman, 1976）は，それよりもずっと前から共感の芽生えはあるといいました。彼らは，生まれて間もない赤ちゃんに同じ年頃の赤ちゃんの泣き声と作られた機械音の泣き声を聞かせ，その反応をみました。その結果，赤ちゃんは同じ年頃の赤ちゃんの声だけに反応したといいます。つまり，"人"そのものに対する関心が生得的に

備わっていることを意味します。ホフマンは，このような感情状態を共感的苦痛（empathic distress）として，赤ちゃんは他者の苦痛を自分の苦痛として経験し，自己中心的に軽減しようと反応すると述べました（第1章の「擬似酸味反応」「伝染泣き」も合わせて参照）。

生まれながらに，自己中心的ながらも他者の感情を敏感に感じていた赤ちゃんは，やがて2歳〜3歳になると，苦しんでいるのは自分とは別な他者であるということを理解し，他者の感情をあらためて感じるようになります。ただしこの時期は，感情を理解する際，顔の表情に影響をうけることが多いため，直接目に見える苦痛状態を軽減しようと考えます（例えば，本を読んで感動して泣いているママを見て，「おなかが痛いのかな？！」とおなかをなでる）。もちろん，その反応によって他者を助けることはできないかもしれませんが，素直に他者の涙に反応する姿は私たち大人を和ませてくれます。

その後，4歳〜5歳，まさに「カメラ先生かわいそう」と言ってくれた子どもたちの年齢に達すると，直接目には見えない状態に対しても想像を膨らませ，共感を抱くことができるようになります（例えば，私が足の小指をぶつけた後，みんなに心配をかけないように笑っていたとしても，悲しいだろうなと想像します）。

このように，共感には自分と他者の区別や感情理解の能力が備わることが必要となります。多くの研究によれば，それらの能力が備わるのは3歳半から5歳にかけてであるといわれています。さらに，これらの能力が高まり共感が高まる際には，母親の共感の高さが影響するといわれています（渡辺・滝口, 1986）。この時期における周囲の大人は，単にしつけをする存在というだけでなく，モデルとしても大きな存在であるといえるでしょう。

また，同情（sympathy）という感情も共感と同じように重要な

動機となります。先ほど「カメラ先生かわいそう」と言ってくれた子どもたちは，その後「大丈夫？　なでなでしようか？」と言ってくれます。この「かわいそう」の後に出てくる「大丈夫？」が同情です。同情とは，他者の感情や状況に反応した気遣いや心配の感情のことをいいます（Eisenberg, 1986）。共感と同じように幼児期に高まる感情ですが，共感よりも後に出現するという見方もあります。アイゼンバーグの4歳から19歳までを追った縦断研究では，この同情こそ，幼児期から青年期まで，時間を越えて思いやりの重要な要因になることがわかっています（Eisenberg et al., 1999）。

　それでは，赤ちゃんの頃から備わっている共感的苦痛，幼児期から備わる共感や同情，これら3つの動機の中で，共感的苦痛や共感がなくなったとしても，同情さえあれば，人々は子ども時代から大人になるまでずっと思いやりを示し続けていけるのでしょうか。そんなことはありません。例えば，夜の公園で，失恋によって泣き崩れる友人を横に，「大丈夫？　心配だわ」といった同情だけで長い間関わり続けることができるでしょうか。少し重すぎてお互い疲れてしまいます。「仕方ないよ，泣いてるの見てるとこっちまでつらくなってくるし，とりあえず酒でも飲もうよ……」このような少し自己中心的とも思える共感的苦痛のような軽い気持ちも持ち合わせるからこそ，思いやりを長い間示し続けていけるのです。

　人々は自己中心的な気持ちと他者志向的な気持ちの複雑な絡み合いの中で，整理のつかない葛藤や説明できない感情を味わいながら，関わり続け助け合っていきます。すべての動機が整い始める幼児期において，子どもたちは素直に他者の気持ちを感じながら，これからの長い人生における複雑な人間関係への全てのエンジンをつくっているのです。

「あなたの状態」を理解すること

思いやりの入口として動機を紹介しましたが、もう一つ思いやりを示すために大切な能力として役割取得能力（role taking ability）を紹介しましょう。

先ほどから登場しているカメラ先生と子どもたちの関わりですが、足の小指をぶつけたカメラ先生に対してなぜ子どもたちは痛そう、かわいそうと思えたのでしょうか。そこには、足の小指をぶつけたことで、カメラ先生がどのような状況におかれているのかを推測する能力が関係しています。このように他者の感情や状況を推論し理解する能力を役割取得能力といいます（例えば、Selman, 1971）。

セルマンとバーン（Selman & Byrne, 1974）は例話を用いた面接において、役割取得能力がいつ頃から獲得されるのかを考えました（表5-1）。

【役割取得能力測定の例話】

ホーリーは木登りの好きな女の子。彼女は近所で一番木登りが上手でした。ある日高い木からおりる時、木から落ちてしまいました。ホーリーのお父さんはそれを見ていました。ホーリーにケガはなかったのですが、お父さんは心配しホーリーに「木登りをしないと約束しなさい」と言いました。何日かしてホーリーは友達の子猫が木に挟まれているところを見ました。早く助けなければ子猫は落ちてしまいます。子猫をおろすことができるのはホーリーしかいません。しかしホーリーはお父さんとの約束を思い出していました。

セルマンらは、例話の後、子どもに「ホーリーは友達や子猫、そしてお父さんのことをどう思っているか」をたずねました。その結果、表5-1のように、4歳までは約80％の子どもが「私は子猫が大

表5-1 役割取得能力の発達段階 (Selman & Byrne, 1974)

(%)

発達段階	4歳	5歳	8歳	10歳
0	80	10	0	0
1	20	90	40	20
2	0	0	50	60
3	0	0	10	20

発達段階0：他者の単純な感情を理解，自分と他者を混同
発達段階1：自他の区別が可能，他者の感情を主観的に判断
発達段階2：他者の視点にたてる，自分と他者を関係づけられない
発達段階3：自分と他者そして第三者の視点から判断が可能

好きだから，ホーリーも子猫のことかわいいと思ってるよ」などと自分と登場人物を混同させる回答をしていました。5歳になると約90％の子どもが「私は子猫が大好きだから助けにいくけどホーリーはお父さんがこわいから登らないと思うよ」などと自分と他者を区別した役割取得が可能になります。

足の小指をぶつけたカメラ先生に対しても，3歳児クラスでは私の足にテープを貼ろうとした子（おそらく，自分がケガをした時には血が出て絆創膏を貼ってもらった）がいましたが，5歳児クラスでは「カメラ先生どこぶつけたん？　なでなでしようか？」と自分とは違う気持ちをもったカメラ先生が，今何を求めているのかを推測しようとしている姿がありました。子どもたちは，"自分と他者は別である"ということを認識する4歳後半から，あらためて他者のことを理解しようと挑戦し始めます。

なぜ子どもは他者を助けようとするのか？

観察に夢中になるあまり，おもちゃ箱に足の小指をぶつけてしまうカメラ先生に，子どもたちは「かわいそう」という気持ちを向け，「痛いのかな？」と推論し，「なでなで」までしてくれます。では，なぜ子どもたちはカメラ先生を助けようとしたのでしょう。

子どもを対象に「なぜ他者を助けるのか」を問う研究をしたアイ

ゼンバーグは，6つのレベルをもつ道徳的理由づけ（prosocial moral reasoning）を考えました（Eisenberg, 1979）。彼女は，次のような例話について登場人物が何をすべきかを子どもにたずね，発達的な変化を調べています（Eisenberg & Hand, 1979）。

【道徳的理由づけ測定の例話】
　メアリーは友達の誕生会に行こうとしていました。その途中，転んで足をケガした女の子に出会いました。その子はメアリーに「私の家に行って，病院に行くためにお母さんを呼んできて」と頼みました。その子のお母さんを呼びに行くと，メアリーは誕生会に遅れてアイスやケーキを食べられないかもしれません。

この例話からもわかるように，他者を助ける理由において，自己中心的に自分の利益（誕生日のケーキ）を優先するのか，他者志向的に他者の利益（女の子が病院に行く）を優先するのかといったことが大きな問題となります。

　ここで，日本の子どもたちの道徳的理由づけの発達的な変化を図5-1からみてみましょう（宗方・二宮，1985）。年中の幼児のグラフをみてみると，他者の価値などに目を向けること（レベルⅣb以上）は困難ですが，自分の快楽（レベルⅠ）だけでなく，他者の要求（レベルⅡ）や他者からの承認（レベルⅢ），罪責感（レベルⅣa）に目を向けた理由で他者を助けようとしていることがわかります。そして，中学1年生，中学3年生といった青年期に入ってもなお，自分の快楽（レベルⅠ）や他者からの承認（レベルⅢ）を理由にすることがなくなっていないことにも注目すべきです。

　アイゼンバーグをはじめ道徳的理由づけを調べた研究者たちは，自分と他者の区別がついていない幼児はほとんどが自己中心的なレベルⅠを選択し，そして加齢とともにレベルⅡ以降の他者志向的な

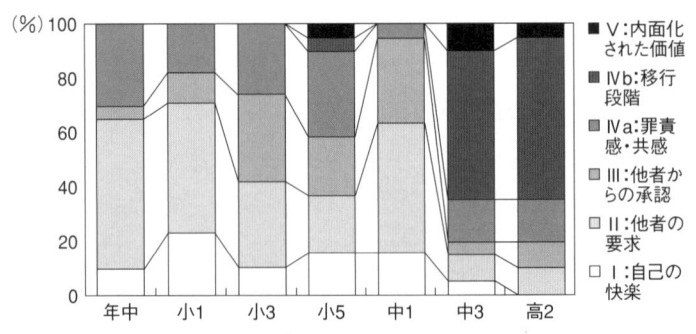

図5-1 道徳的理由づけの発達 (宗方・二宮, 1985のデータをもとに作成)

凡例:
- Ⅴ:内面化された価値
- Ⅳb:移行段階
- Ⅳa:罪責感・共感
- Ⅲ:他者からの承認
- Ⅱ:他者の要求
- Ⅰ:自己の快楽

横軸: 年中, 小1, 小3, 小5, 中1, 中3, 高2

理由を選択するようになるだろうと予測していました。しかし図5-1の結果のとおり，自己中心的な理由や他者志向的な理由は加齢とともにどちらか一方だけが選択されるようになるということはありませんでした。カメラ先生を助けようとした4歳児は「助けたらカメラ先生にほめてもらえる」という理由と，「カメラ先生は痛いのがつらいだろうから」という理由のどちらか一方，もしくは両方によって助けてくれたのかもしれません。もし中学生が近くにいたとしても同じ理由で助けてくれる可能性があります。

3歳頃まで自己中心的な世界に生きていた子どもたちは，他者志向的な視点の広がりをみせる4歳頃から，思いやりの動機，役割取得，他者を助けるさまざまな理由のほとんどを学び，自己中心的な自分と他者志向的な自分との狭間での葛藤をスタートさせます。動機のところでも述べたように，おそらく他者志向的な気持ちだけでは援助関係で背負い込むものが重すぎて，互いに思いやりを示し続けることは難しいでしょう。私たちは時には自己中心的に，時には本当に他者のことだけを思って思いやりを示すことで，青年や大人になってもなお，迷いや葛藤を繰り返しながら人間関係のバランスをとり続けるのです。幼児は，自己中心的な自分と他者志向的な自分とのジレンマをはじめて経験しながら，生まれながらにもつ他者

2. 思いやりの迷路

他者を助ける力

　私は、第1節でも登場したように、カメラ先生として保育園に長い間観察に行っています。それと同時に、観察対象の子どもたちに『折り紙を折ることができずに困っている友達が登場するパネルシアター』を用いて面接をしています。5歳の子どもたちは、面接中、次のようなことを言ってきます。「できんで（できなくて）泣いてる子そのまま（放っておく）にしたらいけん（ダメ）よ！」。そして次から次へと助けるための方略を打ち出してきます。他者を助ける行動をたくさん知っており、それを困っている人のためにしなくてはならないと思っているようです。それでは、子どもたちはその気持ちをどの程度行動として示しているのでしょうか。

　他者の役に立とうとする行動は、2歳前後で既にみられる姿です。例えば、掃除機をかけているお母さんのそばで一生懸命タオルで机をふいてみたり、泣いている友達の頭に保育士の手を持っていってなでさせようとしたりする姿があります。しかし、その行動は他者を助けようとして行われているのか、動機が定かではありません。

　3歳をすぎた頃になるとようやく役割取得能力が発達し、子どもたちは確実に「困っている人がかわいそうだから助けたい」という動機をもとに働きかけるようになります（Underwood & Moore, 1982）。積み木の家を作っている友達の積み木が足りなくなれば自分の積み木を分けてあげたり（分与）、一人で机を持てない友達がいれば一緒に持ってあげたり（援助‐協力）、分与・援助といった行動は日常の保育場面において多くみられるようになります。もち

ろん泣いている友達を「よしよし」と慰める行動もみられるようになりますが，保育場面では主に分与や援助といった行動の方が多くみられるようです (Eisenberg & Hand, 1979)。子どもたちは，物を分け合ったり，一緒に物を運ぶことを楽しみ，遊びの延長の中でわざと必要のない机を繰り返し一緒に運び，笑い合ったりします。人と関わり助け合うことを楽しむさまは保育現場をより一層明るくしてくれます。

ところで，他者志向的に思いやり行動をする回数は，加齢とともに増加すると思いますか？　研究の中でもまだまだ議論の余地を残している問題ではありますが，加齢とともに必ずしも他者志向的な思いやり行動が増えるということはありません。多くの研究で，1時間に1回～3回程度ともいわれる幼児の思いやり行動ですが，時にはまったく同じように共感の気持ちを抱いたとしても，それをうまく表現できる子とできない子がいたり (祐宗ら, 1983)，時には自分の信念によって援助をしない子がいたりします (Caplan & Hay, 1989)。子どもたちなりのやり方をもって仲間に思いやり行動を示したり示さなかったりしているのです。

思わず助けてしまう力⁉ ―4歳における葛藤―

この子どもたちなりのやり方は，大人からみて理解できる場合もあれば，理解できずに誤解してしまう場合もあります。理解できる場合は，「あの子さっき意地悪したから助けてあげない」といった互恵的な他者との関係が背景にある行動です。大人であっても，社会的責任や互恵的関係，コストや傍観者の存在などによって援助をしたりしなかったりしますので，理解の範囲内といえます。ところが，4歳頃になると，他者志向的に「あの子が求めていることは何かな？」と考えながらも，自己中心的に「とりあえず何かしてあげればいいや」と手を出してしまい，乱暴になったり，トラブルのも

とになってしまうことがあります。

それではここでIちゃん（4歳）の事例を紹介しましょう。

　　　仲良しの友達のチューリップの鉢を保育室の棚の奥に隠し，みんなに責められているIちゃん（4歳）。よくよく話を聞いてみると，朝お母さんが「今日は風が強い」と言っていたのでとばされないように隠したと泣きながら理由を話しました。

Iちゃんは意地悪だったのか，優しかったのか，話を聞いてみないと理解に苦しむ行動です。さらにSくん（4歳）の事例もみてみましょう。

　　　折り紙で兜を作っている友達のそばでじっと見ているSくん（4歳）。友達がうまく折れない様子を見て，横から折り紙を取り上げました。折り紙の取り合いになった二人はケンカになり，先生の仲裁が入りました。Sくんはしばらくじっと黙っていましたが，「できないから代わりに折ってあげようと思った」と話し始めました。

Sくんもまた乱暴で意地悪なのか優しいのか理解に苦しみますし，じっくりと話を聞いてもおせっかいでトラブルのもとになっているとしか考えることができないかもしれません。

4歳後半に行われた面接場面において，Sくんは次のようなことを言っています。「この子折り紙折れないんなら，作り方の本貸してあげようか，折り方教えてあげようか」。彼らは，さまざまな助け方があることや，友達の状況に合わせて助けていかなくてはならないことをわかっていました。しかし，その一方でいかなる状況であっても直接自分が手を出すことがよいと思っている傾向もありました（有馬・相川, 1983; 若林, 2005）。"他者の状態に合わせて助け

方を考えなくてはならない"ことはわかっている,けれど"思わず自己流で助けたい方法で手を出してしまう",4歳児は他者の都合と自分の都合に挟まれてもどかしい状態におかれているのです。

さらに,幼児におけるいざこざの原因と解決を調べた木下ら(1986)の研究から4歳児の特徴が垣間見られます。この研究によれば,3歳では「不快な働きかけ」が原因でいざこざが起こることがほとんどでしたが,4歳から「遊び決定の不一致」といった相互のやりとりによるいざこざが増加し,さらにケンカが長引くようになるといいます。つまり4歳児は,自分と他者との違いを体験しながら,他者との関わり方を試行錯誤している時期といえます。思いやりを示そうとした時,他者の都合と自分の都合が違うものであることはわかっています。けれど,なぜか直接手を出して試してみたい,彼らはどのような関わり方がいいのか学習している状態なのかもしれません。

助けない力！?

他者との関わり方を学習する過程として,子どもたちは4歳から5歳にかけて,他者との距離感を考える大切な時期をむかえます。この時期にみられるのが"助けない力"です。

カメラ先生をしながら私は5歳になった子どもたちに不思議な雰囲気を感じました。ある5歳女児は,転んで泣いている子のほんの3メートルほど先でその子を助けず,事の成行きをじっと見ていました。また,ある5歳男児は,製作の時間に折り紙で兜を作れずに泣きべそをかいている友達の横で,もじもじしながら自分以外の誰かが助けに来るのを待っていました。それはまるで「手を出すな,手を出すな,待て待て」と自分に言い聞かせているような雰囲気でした。「助ければいいのに,なんで何もしないの！」と,そばにいる大人からすればもどかしくてたまらない状況でした。しかし,私

は，この"助けない"で見ていることが大切であることを後で思い知らされました。

1970年代後半から1990年にかけて，思いやりの研究の中ではモデリングが注目を集めていました。そのなかで多くの研究者たち（例えば，Grusec et al., 1978；Staub, 1971）が，思いやりをもつ他者をモデルにモデリング学習をすることで，思いやりの気持ちが育成されることを示唆しました。

ここで，日常生活の中で思いやり行動の回数が減った5歳児が，その後面接場面で友達の助け方について話している様子をみてみましょう。

> 折り紙を折ることができないお友達がいました。
> 子ども：「代わりに折ってあげようか」。
> 面接者：「そんなことしてもダメみたいだよ，まだ泣いてるし」。
> 子ども：「じゃあ見とってあげようか（見ててあげようか）。先生もね，折り紙できんからってすぐに助けたりはせんよ。自分でやるんを見とってあげるんよ」。

この様子は，まさにモデルを観察し，「自分の思いだけで直接手を出すことだけが良いことではない」ということを学んでいる姿でした（若林, 2007）。共感性について述べた第1節において，母親の共感が高ければ子どもの共感も高くなることを述べました。4歳の子どもたちにとって，困っている人を誰かが助ける様子をじっと見ていること，大人が困っている人とどのように関わるのかを観察することは，たとえ思いやり行動の回数が減ったとしても，決して思いやりの気持ちが軽減している状態ではありません。"助けない"ことは，折り紙を折ることができない子が折れるようになること（他者の都合）と，何かしてあげたいという自分の気持ち（自分の

都合）に折り合いをつけ，他者とのバランスの取れた距離感を学習するための大切な力だったのです。

他者を助けることへの自信

　最後に，思いやりに関する"自信"について少し述べておきましょう。先に述べたように，子どもたちは，さまざまな理由によって不器用な思いやりになってしまったり，思いやりを示さなかったりします。このことは大人にもありえることです。1964年アメリカでキティ・ジェノヴィーズという女性が殺された事件において，多くの人々が目撃していたにもかかわらず誰も助けようとしなかった出来事は，大人であっても（もしくは大人だからこそ）困っている人を助けないことがあることを示しています。そこには，子どもとはまた違ったさまざまな要因が複雑に絡み合っていることはいうまでもありません。しかし，もしも「私ならば助けられる」という自信をもつ人々が多数存在したならば，複雑な要因は払拭され，事件は大きく変わっていたかもしれません。

　伊藤（2004）によれば，9歳児において，「向社会的にふるまえる（思いやりを示せる）」といった自信は助ける動機を高めるといいます。そして勉強や運動などの他の能力もそうであるように，思いやりに関する自信は，思いやり行動に対する周囲の評価の積み重ねが影響します（Mills & Grusec, 1989）。私は観察をする中で次のような事例に出会いました。

　　赤い折り紙をTくんに取られ泣いているUちゃん。それを見ていたRちゃんはいきなりTくんに殴りかかりました。RちゃんとTくんは殴りあいの大騒ぎ。先生が駆けつけた時，Tくんは真っ先に「RがグーでどんってしてきたI」と訴えました。先生は「Rちゃん何で叩くの！　口で言って！」と叱りました。Rちゃんは後ろを向

いて黙ってしまいました。 (若林, 2003)

　大人は目に付かない試行錯誤の姿を無視し，目に見える優しさをほめ，乱暴さや無関心さを戒めてしまうことがあります。Uちゃんを助けようとしたRちゃんのように，優しい気持ちとは裏腹な姿を責められた幼児は，他者と関わり思いやりを示すことへの自信を失い，人間関係に挑むことをやめてしまう可能性もあります。

　自我の芽生えの時期（乳児期）と複雑な人間関係の構築時期（児童期・青年期）の架け橋として，ぶつかり合い助け合いながら自他の違いや共存のための距離感を学ぶ幼児期……「私にも何かできるかもしれない」「関わってみよう」そんな人間関係への挑戦と自信を私たち大人がどのように支えていくべきなのか，今の時代あらためて問われているといえるでしょう。

引用文献
有馬道久・相川　充　1983　効果的援助におけるメタ認知的知識について　広島大学教育学部紀要　第一部（心理学), **31**, 213-220.
Caplan, Z., & Hay, F.　1989　Preschoolers' responses to peers' distress and beliefs about bystander intervention. *Journal of Child Psychology and Psychiatry*, **30**, 231-242.
Eisenberg, N.　1979　Development of prosocial moral judgment. *Developmental Psychology*, **15**, 128-137.
Eisenberg, N., & Hand, M.　1979　The relationship of preschoolers' reasoning about prosocial moral conflicts to prosocial behavior. *Child Development*, **50**, 356-363.
Eisenberg, N.　1986　*Altruistic emotion, cognition, and behavior*. Hillsdale, NJ: Lawrence Erlbaum Associates.
Eisenberg, N., Guthrie, I. K., Murphy, B. C., Shepard, S. A., Cumberland, A., & Carlo, G.　1999　Consistency and development of prosocial dispositions: A longitudinal study. *Child Development*, **70**, 1360-1372.
Gurusec, J., Kuczynski, L., Rushton, J., & Simutis, Z.　1978　Modeling, direct instruction, and attributions: Effects on altruism. *Developmental Psychology*, **14**, 51-57.

Hoffman, M. L. 1982 Development of prosocial motivation: Empathy and guilt. In N. Eisenberg (Ed.), *The development of prosocial behavior*. New York: Academic Press.

伊藤順子 2004 向社会性についての認知はいかに行動に影響を与えるか―価値観と効力感の観点から― 発達心理学研究, **15**, 162-171.

木下芳子・朝生あけみ・斎藤こずゑ 1986 幼児期の仲間同士の相互交渉と社会的能力の発達―3歳児におけるいざこざの発生と解決― 埼玉大学教育学部紀要, **35**, 1-15.

Mills, R., & Grusec, J. 1989 Cognitive, affective, and behavioral consequences of praising altruism. *Merrill-Palmer Quarterly*, **35**, 299-326.

宗方比佐子・二宮克美 1985 プロソーシャルな道徳的判断の発達 教育心理学研究, **33**, 157-164.

Sagi, A., & Hoffman, M. L. 1976 Empathic distress in the newborn. *Developmental Psychology*, **12**, 1-21.

Selman, R. 1971 The relation of role taking to the development of moral judgment in children. *Child Development*, **42**, 79-91.

Selman, R., & Byrne, D. 1974 A structural-developmental analysis of levels of role taking in middle childhood. *Child Development*, **45**, 803-806.

Staub, E. 1971 The use of role playing and induction in children's learning of helping and sharing behavior. *Child Development*, **42**, 805-816.

祐宗省三・堂野恵子・松崎 学 1983 思いやりの心を育てる―幼児期からの人間教育― 有斐閣.

Underwood, B., & Moore, B. 1982 Perspective-taking and altruism. *Psychological Bulletin*, **91**, 143-173.

若林紀乃 2003 思いやりを上手く表現できない幼児―思いやりの表現方法の分析から― 幼年教育研究年報, **25**, 55-61.

若林紀乃 2005 幼児の向社会的行動と社会的情報処理過程(3)―方略検索に関する発達過程について― 日本教育心理学会第47回総会発表論文集, 50.

若林紀乃 2007 幼児の向社会的行動と社会的情報処理過程(5)―4歳時点における向社会的場面への観察学習の意味について― 日本教育心理学会第49回総会発表論文集, 426.

渡辺弥生・滝口ちひろ 1986 幼児の共感と母親の共感との関係 教育心理学研究, **29**, 261-265.

🌿 読書案内 🌿

◆ N. アイゼンバーグ（二宮克美・首藤敏元・宗方比佐子訳）　1995　思いやりのある子どもたち―向社会的行動の発達心理―　北大路書房.
　思いやりの発達や思いやりのある子どもの特徴など，子どもの思いやりについて網羅的に論じられている。

◆ 祐宗省三・堂野恵子・松崎　学　1983　思いやりの心を育てる―幼児期からの人間教育―　有斐閣.
　20年以上も前に出版された本であるにもかかわらず，子どもを取り巻く大人のあり方が今の時代に通じるほど鋭く記されている。

第 6 章
ワタシの方が大きい！
─数量概念と配分行動の発達─

おままごと遊びの中で……
年中の男の子が二人の友達と何やら作っています。三人に同じようになるように、ピンク色のコップにお水を分けています。

「4歳になったから、大きいんだよ」「もっと長いテープ、ちょうだい」など、幼児期の子どもたちは、比べることをよくしています。このように「比べる」ことの背景の一つには、数量感覚の発達が考えられます。そしておもちゃやおやつを「同じように分ける」という行動は、「同じかどうか」を照合する行為、基準となる何かと「比べる」行為にも関係していると思われます。では、このような均等配分行動はいつ頃からどのように発達していくのでしょうか。本章では数量概念と配分行動の発達について述べていきます。

1. 幼児の数量感覚

「〜より大きい」「〜より多い」という理解

これはある年中児の会話です。二人とも，年中児の他の男の子と比べると，ちっちゃい男の子なのですが，どちらが大きいかという話題になっていました。そして話題は，Bくんよりちっちゃくて形勢不利だったAくんの家の赤ちゃんに移りました。

A：「あのね，ぼくの赤ちゃん，大きくなったんだよ」
B：「でも赤ちゃんは小さいでしょ」
A：「でも，大きくなったんだもん」
B：「でも赤ちゃんだったら，大きくない！」

みなさんは，この会話をどう思われますか。赤ちゃんだって大きくなるし，でも赤ちゃんは小さいから赤ちゃんだし……。どちらの言い分も正しいように思えませんか。

このような「大きい−小さい」，あるいは「多い−少ない」「長い−短い」という概念は，実はとてもあいまいで，抽象度が高い概念です。何か別のものと比べることによって，「〜より大きい」「〜より小さい」という比較が可能になります。しかしその基準は子どもたちにとってはまちまちです。特に幼児期の子どもたちは，自分のものが一番大きい，あるいは一番多いと思いたがるものです。

幼児期の子どもたちは，自分の身体や身近な人との関わりから，さまざまな数量の感覚をはぐくんでいます。大人からすると，一見おかしく思える会話や基準でも，子どもなりの理屈があります。この会話の例のように「赤ちゃんの大きさ」には，赤ちゃんの年齢，

赤ちゃんの大きさ，大人に比べて小さいという意味での赤ちゃんという一般的な概念，さまざまなことが想像できます。そしてこの会話からは二人の年中児のイメージがそれぞれ異なっていることがわかると思います。

このような数量感覚は，大人からみて正しい‐正しくないという認識を獲得することが重要なのではありません。大きさの比較やその感覚についてのさまざまな体験をしたり，経験をしたりすることが幼児期には非常に重要になってきます。

幼稚園教育要領解説（文部省, 1999）にも，幼児期における数量概念の教育について，以下のように述べられています。

> 数量や図形についての知識だけを単に教えるのではなく，生活の中で幼児が必要感を感じて数えたり，量を比べたり，様々な形を組み合わせて遊んだり，積木やボールなどの様々な立体に触れたりするなど，多様な体験を積み重ねながら数量や図形等に関心をもつようにすることが大切である（p.100）。

算数教育の領域では，このように日常生活の中で獲得する知識のことをインフォーマル算数（informal mathematics）といいます。インフォーマル算数とは，小学校で学ぶ正式な，あるいは公式的な算数（formal mathematics）を学習する前に，既に何らかのレベルの算数に関する知識を子どもたちはもっている，というものです。学校での教科教育においては，各教科の内容に関する知識体系が一定のカリキュラムに従ってフォーマル（公式的・形式的）に教えられるので，学校教育において獲得される知識はフォーマルな知識と呼ぶことができます。しかしながら，子どもたちは就学前にも（もちろん就学後でも），学校外での日々の活動を通して教科内容に関連する知識を獲得しています（藤村, 1997）。そして幼児期では特

に遊びを通して、さまざまな数量の感覚をはぐくんでいます。

ところで一般に数量は、分離量と連続量の2つに大別することができます。分離量（discrete quantity）とは、例えばアメや積木のように「1つ、2つ……」と数えられ、それぞれが分離した数のことを指します。それに対して連続量（continuous quantity）とはそれ自体を「1つ、2つ……」と数えられない量、例えば、ジュースのような液体、あるいは切れ目を入れていないピザや大きなケーキなど、全体があってその中身は数えることができないような量のことをいいます。

また分離量と連続量の理解の発達の過程は異なっていることが明らかになっています（Miller, 1984）。ピアジェ（Piaget, 1941/1962）の保存課題でも、分離量の保存（いわゆる数の保存）の方が連続量の保存（質量の保存や液量の保存）に比べて獲得が早い傾向にあります。

それでは幼児期に獲得される分離量の理解の発達の中でも、特に、序数と基数を中心にみていきます。

序数と基数の違い

序数（cardinal number）とは、そのユニットの中の数を順序で表す数のことで、基数（ordinal number）とは、最後の数がそのユニットを表す数というものです。日本語ではあまり意識して区別しながら使われていない概念ですが、英語では「1番目の、第1の」を「first」、「1」を「one」というように序数と基数を明確に区別して使用します。例えば図6-1のような積木が5つあったとしましょう。「左から3つ目の積木はどんな形？」というのは、序数的理解を必要とします。「黒い積木はいくつある？」というのは基数的理解を必要とします。この区別は小学校1年生に入っても、難しい概念の一つとされていますが、幼児期にまったく獲得されていない

○ ■ ♡ ▲ ☆

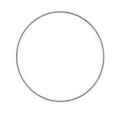

「左から3つ目の積木はどんな形？」というのは序数的理解，「黒い積木はいくつある？」というのは基数的理解に対応する。

図6-1　序数的理解と基数的理解

かというと，そうではありません。

　話は少しかわりますが，ある幼稚園での出来事です。年中の男の子と女の子が，園庭にあるミニトマトをそれぞれ採って手に隠してやってきました。「ほらっ」と一緒に手を広げて見せてくれたのです。私は「いくつずつ採ってきたの」とわざと聞いてみました。すると女の子はすぐ「2個！」と元気よく答えました。男の子は「いっぱい」といって少し間があいた後，そしてまた手を握りしめた後に「やっぱり4個」と答えたのです。女の子は2個，男の子は4個，確かにミニトマトを握っていました。

　数の理解というのは，大人が思っているほど簡単なものではありません。中沢・丸山（1998）は子どもが集合数3を理解し，4を理解できるようになるのは4歳から5歳前後になってからであり，1年前後の長い時間を要すると述べています。この男の子もちょうど「4」という理解を獲得しはじめているため，「少し間があいた後」で「4」と答えたのだと思います。

　さてケイス（Case, 1996）は，序数と基数が統合される理論を次のように考えています（図6-2, 図6-3）。図6-2の（A）の基数的な理解（全体量のスキーマ）で示されている「〜より多い」「〜より少ない」という理解は，図のように「2」と「6」という数が理解できていなくても，「どちらが多いか」「どちらが少ないか」という理解ができるようになることを示しています。図6-2の（B）の序数的な理解（計数のスキーマ）とは，ある集合の中にいくつ含

1. 幼児の数量感覚　93

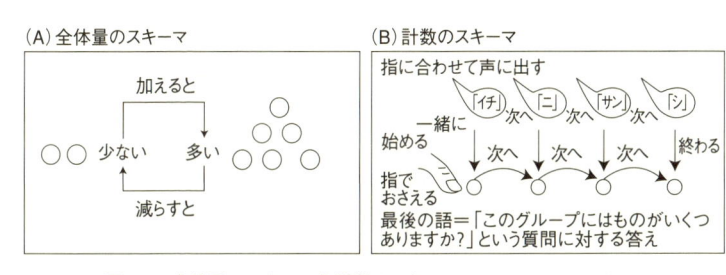

(A) 全体量のスキーマ

加えると
○○　少ない　多い　○○○○
減らすと

(B) 計数のスキーマ

指に合わせて声に出す
「イチ」次へ「ニ」次へ「サン」次へ「シ」
一緒に始める　次へ　次へ　次へ　終わる
指でおさえる　○　○　○　○
最後の語＝「このグループにはものがいくつありますか？」という質問に対する答え

図6-2　全体量のスキーマと計数のスキーマ　(菅, 2002より引用)

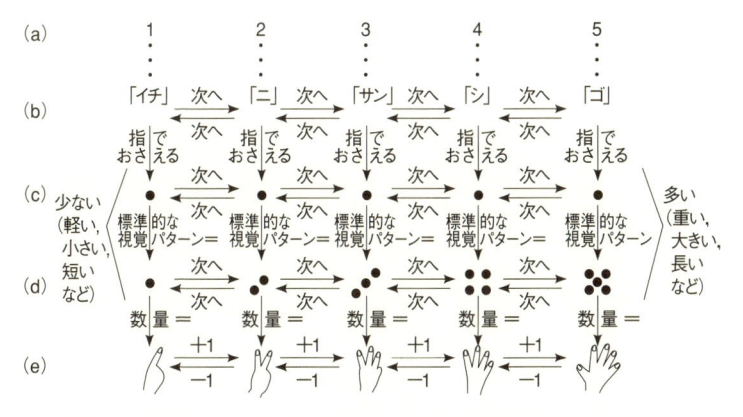

(a)　　　1　　　2　　　3　　　4　　　5

(b)　「イチ」次へ「ニ」次へ「サン」次へ「シ」次へ「ゴ」
　　　　　　次へ　　　次へ　　　次へ　　　次へ
　　　指で　　　指で　　　指で　　　指で　　　指で
　　　おさえる　おさえる　おさえる　おさえる　おさえる
　　　　　　次へ　　　次へ　　　次へ　　　次へ
(c) 少ない　　　　　　　　次へ　　　次へ　　　　　　多い
　（軽い,　標準的な　標準的な　標準的な　標準的な　標準的な　（重い,
　小さい,　視覚的　視覚的　視覚的　視覚的　視覚的　大きい,
　短い　パターン＝パターン＝パターン＝パターン＝パターン＝長い
　など）　　　　　　次へ　　　次へ　　　　　　　など）
(d)　　●　　　●●　　●●●　●●●●　●●●●●
　　　　　　次へ　　　次へ　　　次へ　　　次へ
　　　数量＝　数量＝　数量＝　数量＝　数量＝
　　　　　+1　　+1　　+1　　+1
(e)　　　　　-1　　-1　　-1　　-1
　　　✋　　✋　　✋　　✋　　✋

図6-3　図6-2の2つのスキーマが統合されて心的数直線を構成する模式図
(菅, 2002より引用)

まれているかを数えることによって理解できるようになることを示しています。これらの理解は，4歳頃までに別々に獲得されていきます。

そして6歳頃になると図6-2の2つのスキーマが図6-3のように統合されていき，「～より多い」「～より少ない」という理解が，「2」と「6」を比較して「6の方が多い」というような数字と結びつくように，具体物と抽象的な数字を結びつけることができるようになったり，簡単な計算ができるようになることを，ケイスは理論化しています。

2. 「同じように分ける」という行動

それでは、数量の感覚と配分行動、特に「同じように分ける」という均等配分とはどのようにつながるのでしょうか。均等配分は、おそらく人類の長い歴史にとっても必要なことでした。共同で狩猟生活をしていた時代には、協力して獲物を捕り、それを「公平に・公正に」分けることが必要だったと思います。そして何をもって「同じ」と判断するかということが、当然、重要になってきます。

道徳性の現れとしての分配[1]行動

分配行動は、社会心理学や道徳性の発達の中で取り上げられることが多いのです。ピアジェ (1965)、コールバーグ (Kohlberg, 1976)、デーモン (Damon, 1975) らに代表されるような分配規範と分配行動の関係などがあります。例えば、自分により多く分ける「利己的分配」、みんな同じように分ける「平等分配（均等分配）」、あるいは仕事量に見合うだけ、つまり貢献度に応じた分け方である「公平分配（貢献度に応じた分配）」など、「どうしてそのように分けたのか」という理由づけから、分配する人の道徳観を明らかにする研究です。日本では全ての人に、同じように分配することが公正であると捉えるのに対し、アメリカの研究では、仕事量などに応じて分配することが公正であると認識するというような傾向もみられます。その後デーモンの研究をふまえ渡辺 (1992) は幼児期と児童期における分配の公正概念の発達的変化を明らかにしており、また田中 (1991) は報酬分配を規定する要因等を検討しています。

もしかすると、このような研究それ自体にも文化差が反映されて

---

[1] 利益が発生する場合には"配分"ではなく、"分配"を使用しています。

いるのかもしれません。

数量の認識と配分行動

　もう一つの研究の流れとして，わり算のインフォーマル算数としての均等配分があります。わり算の基礎概念は「同じように分ける」ことですが，均等配分がわり算にどのように結びついていくのかは，まだわかっていないことが少なくありません。そこで，幼児期から行われている均等配分のさまざまな側面を紹介し，均等配分がわり算のインフォーマル算数となるためには，どのようなことが重要になってくるのか，また第1節で述べてきた数量の発達とどのようにつながるのか，ということについて述べていきます。

分離量の配分行動

　わり算のインフォーマル算数に関わる課題として，12枚のクッキーを3体の人形に公平に配る課題（Hunting, 1981; Hunting & Sharpley, 1988）があります。この課題では3歳10ヶ月から4歳10ヶ月までの幼児22名のうちの多くが，クッキーがなくなるまで各人形に配分し続ける方法（「トランプ配り」という意味で「dealing-out strategy」と呼ばれている）をとることが明らかになっています（Hunting & Sharpley, 1988）。そして「分ける」という点からこの課題の解決の方法がわり算のインフォーマル算数の知識として取り上げられています（Baroody, 1993; 丸山・無藤, 1997）。

　しかしこの課題では，「分けること」と「数量の理解」がどのように結びついているのかあまり明確ではありませんでした。

　フライドマンとブライアント（Frydman & Bryant, 1988）は，「ひとつはあなたに，ひとつは私に」という教示を使用して配分行動を検討しました。4歳児と5歳児は，ひとかたまりのお菓子を2体の人形に最終的に同じ数になるように配分することを求められる

のですが，子どもたちはこれには答えることができます。しかしその後，いずれかの人形について，いくつのお菓子が配られたかをたずねられると，5歳児は配分した後の基数は全ての人形で同じであると自発的に答えることができますが，4歳児はもう一度数え直します。つまり，4歳児は人形1体分のお菓子の数を基数として理解してはいなかったのです。

ブライアントとヌネス（Bryant & Nunes, 2002）は，実際に分けることができていたとしても，分けることや割ることによって，子どもたちが同じ量にしたと考えているかどうかが問題であると指摘しています。

山名（2002）は，幼児期の子どもたちが「同じように配分する」手がかりとして「何を」同じにするから同じと判断しているのかということを，3種類の教示を用いて検討しました。3歳から6歳までの幼児288名に12枚のチップを2，3，4枚のお皿に配分する課題を行いました。その際に，「同じように分けてね」「同じ数ずつ分けてね」「〇枚（配分先の皿の枚数を呈示）のお皿に同じように分けてね」という3種類の教示で配分を促したところ，「同じように分けてね」という教示の正答率が最も高く，「同じ数ずつ分けてね」という教示の正答率が低いことが明らかになりました。特に4歳から5歳にかけて，「同じ数ずつ」と促した場合，正答率が低かったのです。これは4歳から5歳にかけて「数」を意識しだすことによって，教示の理解が難しくなるということを示したことになります。

少し条件は違いますが，幼児114名を対象に，上記のような配分課題を行った後，「どうして同じになると思ったの」とたずねてみました（山名，2003）。聞けばわかるというものでもないのですが，子どもが「同じ」と判断しているのはどういう基準なのかを発話から検討しました。発話がなかったり「わからない」と答えた幼児が

42名，お皿を指す，チップをお皿に入れるような行動のみをした幼児が12名いました。また「（お皿の中にチップを入れる動作を伴いながら）こうやって，こうやって，こうやった」と動作の説明をした幼児が15名，発話があった幼児は45名でした。その発話では「1個ずつやっていった」「2個ずつにした」というような皿1枚当たりのチップの数に言及するものや，「心の中で数えた」「1，2，3って数えた」と，数えたからできたと言及する幼児，あるいは漠然と「頭つかったから」「見てわかった」というような発話もありました。年齢が上がるにつれて，発話をする幼児も増え，正答率も上がるのですが，発話の内容もさまざまなことに気づかれると思います。また，皿1枚当たりのチップに言及する幼児は年中児が多く（年少児4名，年中児9名，年長児7名），数えたことに言及するのは年長児が多い傾向にありました（年少児1名，年中児2名，年長児7名）。つまり数というものを考えて分けるということを発話できるようになるのは，年中（5歳前後）から年長（6歳前後）にかけて，それ以前は，分け方を行動で示すような過程であることがわかりました。

さらにハンティングとシャープレイ（Hunting & Sharpley, 1988）が示した配分の仕方以外にも，ユニット方略という配分を行う幼児がいることが明らかになっています（山名，2002）。これは配分を行う前に，配分後の皿1枚当たりのチップの数を把握し，配分するというものです。例えば，12個のチップを4枚のお皿に配分する場合，一度にチップを3個ずつ，1回（1巡）で配分していくというものです。これはハンティングとシャープレイ（Hunting & Sharpley, 1988）が示した方略が1個ずつ配分していくのに対して，何らかのレベルで，分ける量を基数的に理解しているということになります。

スクイアとブライアント（Squire & Bryant, 2002）は，5歳から7

歳の子ども89名に対して、ある量のもの（例えば12個のアメ）を、配分先の数が等しくなるように分ける（例えば4体の人形）という問題を与えました。この実験では条件が2つ設定してあり、一つは除数によるグルーピング条件（Grouping-by-divisor condition）、もう一つは商によるグルーピング条件（Grouping-by-Quotient condition）でした（図6-4参照）。その結果、配分先の数だけ箱を呈示して、その中にキャンディに見立てたブロックが置かれた場合（図のa；除数によるグルーピング条件）では、子どもたちは正確に配分についての判断ができることが示されました。しかし呈示される箱の数が配分される対象物の数と等しい場合（図のb；商によるグルーピング条件）には、子どもたちの配分についての判断には、より多くの間違いがみられました。この反応の違いに対する見解は、わり算に対する子どもたちの理解の本質が違うからであると結論づけています（Squire & Bryant, 2002）。

この研究は、分けることがわり算についての子どもたちの最初の思考に対する基本である、ということを示していますが、数学的には、2つの条件は等価であるにもかかわらず、なぜどちらか一方が別より難しいのかという本質についての理由は、まだじゅうぶんにはわかっていません（Squire & Bryant, 2002）。

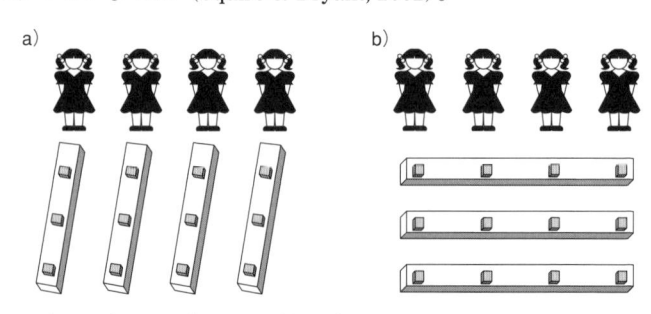

a) は除数によるグルーピング条件（The Grouping-by-Divisor condition）
b) は商によるグルーピング条件（The Grouping-by-Quotient condition）

図6-4 「12÷4」の実験試行（Squire & Bryant, 2002より引用）

連続量の配分行動

　連続量については子どもの配分行動に関する研究として，例えばケーキのような大きな一つのかたまりを分ける実験などが行われています。ポティエとサワダ（Pothier & Sawada, 1983）は，幼稚園，小学校1年から3年までの43名の子どもが，発砲スチロールで作ったさまざまな形と大きさの「ケーキ」をどのように均等に分割するのかという観察を行っています。そして分割能力の5つのレベルを提案しています。レベルⅠは，一つのかたまりを半分（分数1/2）に分けることができる，レベルⅡは分母が2の累乗（例えば1/4，1/8，1/16）に分ける，レベルⅢは分母が偶数の分数（例えば1/6，1/10）に分ける，レベルⅣは分母が奇数の分数（1/3，1/5），レベルⅤは，9や15のような奇数×奇数のように，奇数を合成した数（composite number）を分母にもつ分数（1/9や1/15）に分けることができることなどが報告されています（Pothier & Sawada, 1983）。

　また山名（2004）では，連続量としての「砂」を均等に配分する課題を実施しています。この実験では，透明のコップに入れた青色の砂[2]を少し小さめの透明のコップに配分します。3歳から6歳までの幼児144名を対象にした実験では，分離量の実験とは違い，少し発達的に遅く，5歳から6歳にかけて正答率が上がることや，配分のされ方が違うことが示されました。これは分離量と連続量の概念が違うことを示唆しているものです。そして，連続量の配分のやり方で一番多かったのが，コップの横から砂の高さを見て配分するというものでした。それもユニット方略で一度に入れ分けることが多かったのです。

　さて，本章の最初に示した，年中の男の子がおままごとをしている写真を思いだしてみてください。彼はおままごとの中で，お水を

2　実験をする際，水の使用を断られたので青い色のついた砂を使用しました。

3つのピンク色のコップに配分していました。しかし，このピンク色のコップは透明ではなく，横から高さを比較して，同じかどうかを判断することはできません。それでは何を基準に同じにしていたのでしょうか？　彼は上からのぞき込んで，水面の高さを確認していました。それも何度も何度も……。日常の生活や遊びの場面では山名（2004）で使用したような透明のコップに分けることの方が不自然だと思います。だからといって，均等配分ができないことはありません。子どもたちなりの視点で，そして考えで同じように配分することは行われています。

　それでは，日常の生活や遊びの場面のような文脈のある具体的な場面と，少し抽象化されている実験場面，さらにはもっと抽象的である，わり算の理解とでは，いったいどのようなことが違ってくるのでしょうか。

「同じように分ける」ことの難しさ―具体的な場面と抽象的な場面での違い―

　今までみてきたような配分行動について，ブライアントとヌネス（Bryant & Nunes, 2002）は，子どもたちは分けることの経験やそこから得られた知識をもとにして，わり算の初歩的な問題を理解していくと考察しています。しかし，除数，商，そして被除数の関係については，より後に学習し始めることが指摘されています。

　例えば，東京書籍より出版されている3年生の教科書（杉山ら，2005）では，わり算の導入場面で「分けたことがあるかな？」という問いかけとともに，ビンに入ったジュースを4つのコップに分けている場面，15個のクッキーを3人の子どもそれぞれのお皿に分けている場面などがカラーのイラストで描かれています。そして「同じ数ずつ分けるときには，どんな計算になるのか考えていこう」というような導入の文章が，配分場面を描いたイラストの近くに記

載されています。このような傾向は他の教科書でも同様にみられます。

　日本の算数教育の中では，導入部分では分ける経験をもとにわり算の授業が展開することが多いのですが，計算練習になると「わり算はかけ算の逆」というような教え方がされることがあります。もちろん，分けるという概念を理解したうえで，演算が行われているのであればよいのですが，必ずしもそうではない場合があります。コリアら（Correa et al., 1998）が述べているように，わり算に関しての子どもたちの理解の本質は，分ける経験にあり，そしてそれはわり算のいくつかの側面によって分けることを通して導かれるものであり，除数 - 商の逆の関係についての知識によるものではありません。

　均等配分には数量に関する知識が必要になってきますが，もしかしたら，それだけではないかもしれません。均等配分したくない感情や，大好きなお友達だったら同じように分けたいという思いもあるかもしれません。日常生活や遊びの中での配分行動には感情の揺れ動きや，わりきれない思いがたくさん入っています。そのような思いがつまった配分が，認知能力としての均等配分や数量の感覚とどのようにつながってくるのか，さらには抽象的な世界へどのように関わるようになるのかなど，これから明らかにすべき課題も残っています。

引用文献

Baroody, A. J. 1993 Fostering the mathematical learning of young children. In B. Spodel (Ed.), *Handbook of research on the education of young children*. NY:Macnillan. pp.151-175.

Bryant, P., & Nunes, T. 2002 Children's understanding of mathematics. In U. Goswami (Ed.), *Blackwell handbook of childhood cognitive development*. Oxford: Blackwell. pp.421-439.

Case, R. 1998 The development of conceptual structures. In W. Damon (Ed.-in-chief), *Handbook of child psychology* (5th ed.) D. Kuhn, & R. S. Siegler (Eds.), Vol.2. *Cognition, perception, and language*. Wiley. pp.745-800.

Correa, J., Nunes, T., & Bryant, P. 1998 Young children's understanding of division: The relationship between division terms in a noncomputational task. *Journal of Educational Psychology*, **90**, 321-329.

Damon, W. 1975 Early conceptions of positive justices as related to the development of logical operation. *Child Development*, **46**, 301-312.

Frydman, F., & Bryant, P. 1988 Sharing and the understanding of number equivalence by young children. *Cognition Development*, **3**, 323-339.

藤村宣之 1997 児童の数学的概念の理解に関する発達的研究 風間書房.

Hunting, R. P. 1981 The role of discrete quantity partition knowledge in the child's construction of fractional number. (Doctoral Dissertation, University of Georgia, 1980).

Hunting, R. P., & Sharpley, C. F. 1988 Fraction knowledge in preschool children. *Journal for Research in Mathematics Education*, **19**, 175-180.

Kohlberg, L. 1976 Moral stages and moralization. In T.Lickona (Ed.), *Moral development and behavior*. New York: Holt.

丸山良平・無藤 隆 1997 幼児のインフォーマル算数について 発達心理学研究, **8**, 98-110.

Miller, K. 1984 Child as the measure of all things: Measurement procedures and the development of quantitative concepts. In C. Sophian (Ed.), *Origins of cognitive skills*. Hillsdale, NJ: Erlbaum. pp.193-228.

文部科学省 1999 幼稚園教育要領解説 フレーベル館.

中沢和子・丸山良平 1998 保育内容 環境の探求 相川書房.

Piaget, J. 1965 *The moral judgement of the child*. New York: Free Press.

Piaget, J., & Szeminska, A. 1941 *La genèse du nomber chez l'enfant*. Neuchâtel: Delachaux et Niestlê.（遠山 啓・銀林 浩・滝沢武久訳 1962 数の発達心理学 国土社).

Pothier, Y., & Sawada, D. 1983 Partitioning: The emergence of rational number ideas in young children. *Journal for Research in Mathematics Education*, **14**, 307-317.

Squire, S., & Bryant, P. 2002 The influence sharing on children's initial concept of division. *Journal of Experimental Child Psychology*, **81**, 1-43.

菅 眞佐子 2002 概念発達のメカニズム 落合正行・土居道栄（編） 認知発達心理学：表象と知識の起源と発達 培風館 pp.183-210.

杉山吉茂・飯高 茂・伊藤説朗ほか39名 2005 新編新しい算数3上 東京書籍.

田中堅一郎 1991 報酬分配行動に関する研究動向 心理学評論, **34**, 500-523.

渡辺弥生　1992　幼児・児童における分配の公正さに関する研究　風間書房.
山名裕子　2002　幼児における均等配分方略の発達的変化　教育心理学研究, **50**, 446-455.
山名裕子　2003　幼児における配分行動―理由づけ発話に着目して―　発達・療育（京都国際社会福祉センター紀要）, **19**, 17-23.
山名裕子　2004　幼児における連続量の配分行動―分離量を用いた実験結果との比較―　教育心理学研究, **52**, 255-263.

❧ 読書案内 ❧

◆吉田　甫　1991　子どもは数をどのように理解しているのか　新曜社.
　幼児期の特徴だけではなく，乳児期の特徴や文化的な視点からも数を捉えており，数概念について重要なことが書かれています。また子どもの視点からの学校教育への指摘なども興味深い本です。

◆安野光雅（作／絵）　1975　かぞえてみよう　講談社.
　季節の移り変わりと数を対応づけている絵本です。0から12までの数字を絵の中に巧妙に取り入れています。

第7章
なぜ子どもは読み書きできるようになるのか？
―読み書き習得からみえるもの―

　この本を手にしているみなさんと私は、私の"書いた"この文章を、みなさんが"読む"というかたちでつながっているといえます。このように読み書きは、今まで一度も出会ったことのない、そしてこれからも出会うことのないかもしれない人と人のあいだを、時間と空間を超えて結びつける働きをもっています。生まれた時にはなかったはずのこの力は、学童期における学校教育に先立って幼児期から習得が開始され、今、私たちが手にしている水準へと至るものと考えられます。本章では、私たちにとって身近な力である読み書き習得が成り立つ背景を分析することで、それは何を原動力としていかに身につけられていくのかを考え、幼児期の読み書きを理解する手がかりを探りたいと思います。

1. 幼児期の読み書き習得を捉える

　私たちが読み書きを体系的に学び始めたのは，小学校での「国語」の授業においてでしょう。そこから考えると，読み書きに関する事項は，主に学童期の問題として議論されていいはずです。しかしながら本書では，幼児期の問題としてこの章が設定されています。ここでは，幼児期の読み書きの特徴を，学童期とは異なるものとしていかに捉えることができるか，読み書き指導についての議論から考えたいと思います。

「読み書き指導」は幼児期に必要？

　みなさんは，自分が文字を読み始めた頃，もしくは書き始めた頃のことを覚えているでしょうか。そして，子どもたちが幼児期に読み書き指導を受けることについてどのように考えるでしょうか。

　みなさんの中には，幼稚園や保育園などで読み書きを教えられた経験のある方がいると思います。一方で，そのような経験を幼児期にはまったくしてこなかった方もいるでしょう。読み書きの指導について，明示的な教授活動が教科教育という枠の中で始まる学童期以降には，その必要性を否定する方はほとんどいないでしょう。しかしながら，幼児期におけるそれについての考え方は，おおむね次の二つの立場へと分かれるように思われます。

　一つは，読み書きの積極的な教授を肯定する立場です。例えば雑誌『アエラ』（2007年3月26日号）の記事『子どもの脳退化、「主犯」を探せ　40年の実験でわかった新事実』には，掲示物や名札が漢字で書かれていたり，年長（5歳児）クラスの子どもたちが漢字かな交じり文で書かれた百人一首に取り組んだりする幼稚園の様子が紹介されています。また，『朝日新聞』（2007年9月15日号生

活面)に掲載された記事『幼児に書き方教える？ 知能・手指の発達にあわせて』では，幼児を対象に書き方指導を長年続ける二つの教室の様子が紹介され，指導のコツが述べられています。その他幼児教室等の実践を含め，幼児期の子どもに対する読み書き指導は，多様なやり方で行われているという現実があるようです。

しかし，早期教育研究会（2001）が2000年に東京都ならびに愛知県において1歳半および3歳の子どもをもつ保護者約20,000人を対象に行った調査によれば，幼児期における読み書き指導の必要性を主張する保護者は必ずしも多いとはいえません。「言葉や文字を学ぶのは，なるべく早いほうがよい」「小学校に入るまでに系統立てて，文字を教えた方がよい」という問いに対し，「よく当てはまる」「やや当てはまる」という肯定的な答えの割合は半数を下回っています。さらに，幼稚園や保育所に期待することとして「文字（ひらがな）を読み書きする」という問いに対しては，「期待する」「少し期待する」を合わせると6割弱の回答が得られているものの，「期待する」だけに限ればわずか2割弱です。これは「のびのびと遊ぶ」（「期待する」割合は9割以上），「友だちと仲良くする」（同9割弱）などと比べると大きな差があります。読み書き指導を積極的に肯定する立場がある一方で，多くの保護者は，幼児期においては読み書き指導以上に友だち同士でのびのび遊ぶことや，自立心を育てることが必要だと考えているようです。それに加えて，幼児教育に学術的な観点から関わる専門家の多くは，幼児期に読み書きの積極的な指導が行われることにそれほど肯定的ではありません（例えば内田（1999）など）。

本書では，幼児期に芽生える力として思いやり行動（第5章）や空想・想像力（第8章）が取り上げられています。これらの場合，それを幼児期に育てるべきか，教授の是非そのものが議論の対象になることはまずないように思われます。これに対し幼児期の読み書

き指導に関しては，そもそもそれをこの時期に扱うべきかどうかについて対照的な立場があること自体が特徴だといえるでしょう。では，なぜ幼児期における読み書き指導は，このような論争の対象になるのでしょうか。それを考えるために，次項では幼児はどの程度読み書きができ，その習得にはいかなる特徴があるのかという現状を整理してみます。

幼児期における読み書き習得の現状

小学校では教科書が用いられてどの子どもにも読み書きが教えられます。では現在の子どもは，それより以前にはどの程度，文字を読み書きすることが可能なのでしょうか。

はじめは，読みに関する資料です。図7-1は，子どものひらがな読みについての大規模調査の中で比較的最近行われたものである，

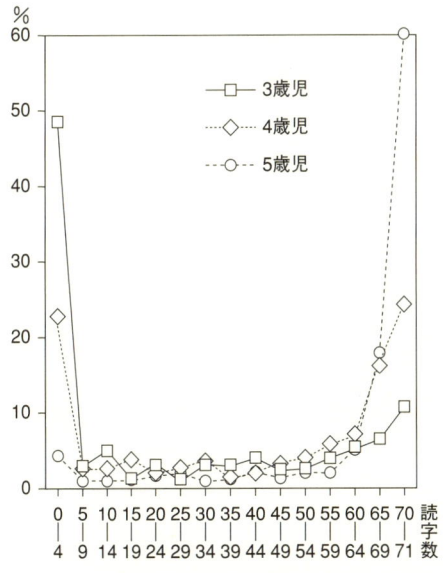

図7-1 3-5歳児のひらがな読字数分布（東ら，1995）

1992年から1994年にかけて東京都, 福島県, 徳島県で1,400名強の3〜5歳児を対象とした調査結果を示したものです（東ら, 1995）。横軸にひらがな全71文字のうち読めた文字数, 縦軸にそれを達成した人数の割合が年齢別に記されています。ここからは, 5歳児では合わせて8割近くの子どもが65文字以上のひらがなを読めていることがわかります。また, 3歳児でも2割弱の子どもが同様の力をもっており, うち1割の子どもは71文字全てを読むことができています。したがって「文字を読む」という行為は, 幼児期において進行していることがわかります。

さらにこの結果を, 国立国語研究所が1967年に, 東北・東京・近畿地方の2,400名弱の4〜5歳児を対象に行った同様の調査結果と比べてみましょう（村石・天野, 1972）。図7-2は, 図7-1と同じ手法で結果を示したものです。東ら（1995）よりは少ないものの, 65文字以上読める子どもが5歳で5割以上, 60文字以上とすれば合わせて6割を越える5歳児がその水準まで至っています。1967年

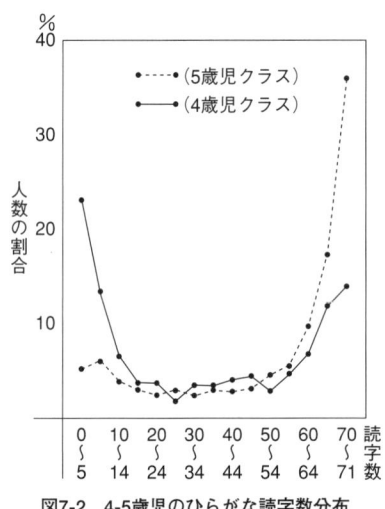

図7-2　4-5歳児のひらがな読字数分布
（村石・天野, 1972）

からおよそ四半世紀の変化をどのように捉えるかは意見の分かれるところかと思いますが，近年の早期教育熱の高まりによって文字習得が幼児期の課題となったのではなく，以前からそれは幼児期の課題であったことは明らかです。

　一方，書きについてはどうでしょうか。私たちにとって「読めるが書けない」文字があっても，「書けるが読めない」字はほとんどない（例えば「薔薇」「憂鬱」を正確に書ける人より，読める人の方がずっと多いはずです）ように，幼児においても読みは書きに先行して発達することが考えられます。大規模な読み書き調査のうち，比較的新しいものの一つである島村・三神（1994）は，子どもが読める文字について絵カードを示し，例えば「『うま』の『う』」のように絵の名前の最初の音節に相当する文字を書かせる，という方法で書きについて調べました。その結果によれば，3歳児は71文字中10文字未満しか書けない子どもが8割以上であったのに対し，4歳児はその割合が4割以下に減少し，5歳児においてはほぼ5割が50文字以上書けた，ということでした。つまり，3歳児ではほとんどが自分の名前プラスマイナス数文字が書ける程度なのが，5歳児ではかなりの割合で「書き」を自分のものとしつつあることがわかります。

　これらのデータから示されているのは，日本語における文字の読み書き習得は基本的に幼児期に開始されるということです。読みに関していえば，それは早ければ3歳頃から始まり，就学前には8割以上の子どもがほとんどのひらがなを読める，つまり拾い読みのようなかたちであっても何とか「文」を読む力を身につけていることが考えられます。これに対し，東ら（1995）の保護者・幼稚園教諭を対象としたアンケートによれば，子どもが文字を覚えるために母親が具体的に実践していることとして，「積極的に指導する」「ドリルを使用する」「文字を指導する幼児教室・塾等に行かせる」

を合わせた積極的指導を回答した割合は14％弱しかありませんでした。また，幼稚園でドリル等により指導されている子どもの割合も7％弱でした。これらの結果と，先述の意識調査（早期教育研究会，2001）の結果とを合わせると，幼児期における読み書き習得は，大人の側が子どもに読み書き習得を期待するかどうか，また実際に積極的な指導をするかどうかに関係なく開始されるという現実があるように思われます。

読み書き習得は子どもから始まる

このように，幼児期においていずれの配慮や環境のもとでも一定水準の学習が成立していくことは，今の日本の子どもが育つ生活世界に，それを支える物的・人的環境が既に準備され，子ども自身の興味・関心が支えられている可能性を示しています。次に，このような読み書き習得の現状は，幼児教育の主な担い手である幼稚園や保育所での具体的な配慮とどのようなつながりがあるのかを検討してみます。

小学校などの学習指導要領に相当する「幼稚園教育要領」には，文字に関する配慮として「日常生活の中で，文字などで伝える楽しさを味わう」「幼児が日常生活の中で，文字などを使いながら思ったことや考えたことを伝える喜びや楽しさを味わい，文字に対する興味や関心をもつようにする」と記されています。また，内容的に幼稚園教育要領と連動する「保育所保育指針」には，5歳児の内容として「生活に必要な簡単な文字や記号について関心を持つ」，配慮事項として「文字や記号については，日常生活や遊びの中で興味を持つよう，用具，遊具，視聴覚教材などの準備に配慮する」ことが，また6歳児には「身近にある文字や記号などに興味や関心を持ち，それを使おうとする」，「本を見ることや身近な様々な文字を読む喜びを大切にし，言葉の感覚が豊かになるように配慮する」こ

とが明示されています。これをふまえて各園で教育課程・保育計画が実際につくられるうえでも，読み書きに関する事項が「日常生活の中で必要な簡単な文字や記号に関心を示し，それらを使ってあそぶ」のように具体的に組み込まれるのは，いわゆる年長クラスである5歳児以降のことがほとんどのようです（松本, 2003）。

図7-1, 2からも読み取れるように，4～5歳にかけて読み習得が一挙に進行するという事実は，幼児教育・保育の現場におけるこのような配慮が一定の成果をあげていることの反映だと考えることができるでしょう。幼稚園・保育所では，通常は「教科」は存在しません。そこでは遊びを中心とした生活を通じてさまざまな力を伸ばすことが期待され，保育者の意図は「環境構成」というかたちで具体化されます。一般に幼児期における学びは，このような場を介し，学びの内容が明示されずに，いわゆる「インフォーマル学習」として展開することにその特徴があります。読み書きもその例外ではありません。

ただし，データから示されているのは，一定数の子どもはそのような「暗黙の配慮」をもかいくぐって，読み書き習得を開始させていく現実です。東ら（1995）にあるように，3歳台でも既に2割を超える子どもが清音全ての読みを習得し，濁音の読み習得に移行しているという結果は，仮に大人が「幼児期には読み書き指導は必要ない」と考えたとしても，子どもの興味・関心によって成り立つ学習を遮断するのが不可能であることを示しています。読み書き習得は，小学校のような明示的な指導カリキュラムや教科書が存在しない中で成立するという意味でインフォーマルであり，さらに幼稚園や保育所といった社会システムにおける「暗黙の配慮」をもかいくぐって成立するという意味で，いわば二重のインフォーマル性（松本, 2004）を帯びた学習活動であるといえるでしょう。つまりそれは，大人の指導の成果として開始され進行するわけではなく，逆に

大人の思いによって押しとどめられるわけでもなく，子ども自身の思いを原動力に展開していくことがわかります。

あらためて「幼児期の読み書き習得」を捉える

これらの事実をふまえたうえで，幼児期における読み書きの特徴について再度考えてみましょう。まずは，本節冒頭で提起した問題である，幼児期において芽生える力の中で，読み書きが特に論争の対象になりやすい理由を検討することから始めてみます。

一つ考えられるのは，読み書きは他の活動と比べて，「習得できた／できない」ということが大人の眼からみてはっきりわかる，またそれは小学校入学後には必ず扱われるということです。読み書きは文字という外的対象を介した活動であるがゆえに，活動の成果を記録に残すことが容易です。さらに，それに基づいて習得の程度を明確に示すことができるということは，本来学童期以降で始まる活動である「評価」へのつながりを連想させます。このことに関して早期教育研究会（2001）は，幼稚園や保育所に保護者が期待することを調べています。そこから明らかになったのは「簡単な漢字など，小学校で勉強する内容を幼児期に学習する」という項目に対する肯定的な答えが，「期待する」「少し期待する」を合わせても2割に満たず，「のびのびと，友だち同士で遊ぶ」など他の項目と比べて際だって低いということでした。子どもが実際に読み書きに関心を示しているかどうかはともかくとして，小学校に入って行われる活動を幼児期に実践する必要はない，という多くの保護者の思いがこの結果には表れているのかもしれません。

幼児期における指導を積極的に肯定しない論者は，幼児教育や保育には独自の役割があり，小学校でやるべきことをもち込んで幼児教育をゆがめる必要はない，というように，小学校で扱われるものが幼児期の課題になることへの違和感をもっているように思われま

す。これに対し、指導の必要性を強調する論者は、現実にかなりの数の子どもが幼児期に読み書きの習得をしているのだから、幼児期にそれを積極的に教えてもよいだろう、ということを主張の根拠にしているように思われます。いずれにせよ読み書きとは、習得の程度が顕在化する活動であるがゆえに、特に幼児期において「教えるべきか／そうでないか」という是非論の俎上にのせやすいことがいえるでしょう。

しかしながら、これらの観点から議論を進めることの問題点は、なぜ、子どもは幼児期に読み書きを開始するのか、それはどのように進行し、読み書きが成り立つことによって子どもに何がもたらされるのかという子どもの発達という観点から考察されるべき問題が、小学校教育と幼児教育の関係をどう考えるかという、指導における立場の問題へとすり替わっていることにあると思われます。幼児期の読み書き習得は、当然のことながらそれだけが独立して存在するわけでなく、話し言葉の発達や内言に支えられた思考の発達などの、言語・認識発達全体と連動しながら進行するものです。そう考えると、幼児期の言葉全体の問題から、そもそも読み書き指導だけを取り出して議論の対象とすること自体が、一面的な問題設定だといえるでしょう（村石・天野, 1972）。

幼児期の読み書き習得の問題を、子どもの発達における問題として議論するとは、それをこの時期に教えるべきかどうかということではなく、幼児期にそれが「二重のインフォーマル性」の中で実現されていることをふまえ、①読み書きの習得によって幼児にもたらされるものは何か、②読み書きを開始させる原動力をどう支えるか、という2点を主に検討することではないでしょうか。読み書きは通常、義務教育で行われるという発想があるからか、それを議論する際にはどうしても、教育論とのからみで語られることが多いように感じます。しかしながら幼児期の読み書き習得は「指導」から離れ

たところで開始される現実があるからこそ，私たちはそれをふまえたうえで，発達という観点から幼児にとっての読み書きについて考え，議論する必要があるのではないかと思います。

2. 発達の問題として「読み書き」を考える

では，大人の意図をかいくぐった子どもの思いから開始される読み書きによって，子ども自身にもたらされるものは何でしょうか。幼児期の子どもたちはどのような姿勢で読み書きと向き合い，それを身につけていくのかについて，改めて考えたいと思います。

読み書きによってもたらされるもの

幼児期に読み書きできるようになることは，子どもにどのような世界を可能にするのでしょうか。実習生として5歳児クラスの保育に参加した短期大学生のレポートから，次の例をみてみましょう。

> ……実習最終日に一人の女の子から手紙をもらいました。それはその子なりに精一杯書いたということが伝わってくる，私にとってとても嬉しい一枚の手紙となりました。関係のない人が読めば，ただの子どもの拙い字で書いてある一枚の紙切れにすぎないかもしれません。しかし私にとってはとても大切なものです。口に出して伝えることでも私には伝わったと思いますが，形に残る手紙にして伝えてくれたことで宝物になりました。

この例からは，文字を書いたことで子どもが自分の思いを「伝えて残す」ことができるようになったこと，そして（おそらく）両者の間には伝えて嬉しい，伝わって嬉しいという気持ちが生まれたのではないかということがわかります。このように，読み書きとはそ

れを身につけることにより,「今目の前で展開されている文脈」を時間的・空間的に越えるかたちで,以前起きたことや別の場面で起きたこと,空想の場面でのことを「今」に取り込んだり,「今」を未来や空想の中へ送り出したりするのを可能にするわけです。それは,本などを読む,作文・手紙などで文字を書く,ノートなどにメモをとるといった行為として具体化され,学童期以降,成人期に至るまでのあらゆる学びを下支えするものとなっていきます。つまり読み書きはこれからの「知るという働き」におけるいわば基礎的な「道具」として機能することが期待されているということです。よって今日のほとんどの社会では,識字教育が一般教育学校における最初期の段階に制度化されているのだと考えられます（波多野・稲垣, 1997）。

　私たち大人にとって,読み書きそのものを身につけることは学びの最終目標ではなく,何か別の情報を手に入れたり,学んだりするための知的な道具として役立てるためにあるというのは当然の常識であるように思います。では,このような理解は読み書きの入り口に入り始めたばかりの幼児にとっても同様だといえるでしょうか。次項では幼児の読み書きへの意識についてまとめ,私たちがそれをどのように理解し,支えていけるかを考えたいと思います。

読み書きへと誘う力—そこに文字があるから—

　先述の東ら（1995）は,「字を読める／書けると何かいいことがあるか」と子どもに直接問う方法で,幼稚園の5歳児を対象に,文字を読み書きできる利点として子どもが何を意識しているかについて調べています。この結果において興味深いのは,字を読める利点が「ある」「ない」「わからない」のうち,「ある」と答えた子どもが最も多い（256名中160名：62.5％）一方で,うち3割弱の子どもが,その理由として「わからない（もしくは無回答）」と答えた

ことです。これは，具体的な利点として「本を読める」や「勉強／学校」に言及する回答（ともに1割強）を大きく上回っています。この結果を「（字が読める利点は）ない」（40名：15.6％）「わからない」（56名：21.9％）と合わせて考えてみると，文字をほぼ習得している5歳児であっても，6割弱の子どもたちは読めることでどのような利点があるかを具体的に意識せず，読み書き習得と向き合っていることがわかります。「書き」についてもこれと同様に，「字を書ける利点はある（252名中154名：61.1％）と思うが理由についてはわからない（うち45名：27.1％）」「（利点は）ない（45名：17.9％）」「わからない（53名：23.1％）」を合わせて，全体の6割弱に達するという結果が示されています。

　一般に，乳幼児期の子どもが嬉しそうに読もう・書こうとする姿を眼にすることは珍しくありません。読み書き習得を開始する前の2歳頃の子どもでさえもこのような様子を頻繁に見せることからは，実際に正しく読み書きできているかという結果に関係なく，その姿が出現するものと理解してよいように思います。読み書きは指導の成果として開始されるわけでも，子どもの文字への興味に合わせた大人による意識的な配慮をもとに開始されるわけでもなく，さらには「相手に伝えるため」「本を読むため」「勉強のため」といった読み書きの価値や機能を子ども自身が意識したことで開始されるのでもないというデータからは，子どもが単に「そこに文字があるから」読み書きに心惹かれていく様子が連想されます。大人の世界においては，読み書きは新たな何かを知り，認識を深めるといった活動のための道具ですが，幼児の世界にとっては「読み書き」そのものがそれ自体を原動力とする一つの活動です。幼児は「……に役立つ」ことを理解したうえで，読み書きに向かうのではなく，それが何であるかを意識しないままに，日常的な遊びの一つとして読んだり，書いたりする活動に従事するなかで，先述した手紙のエピ

ソードのような場面を経験しつつ、徐々にその機能を実感していくのでしょう。

このことは、子どもの遊びはそもそも何か別の力を伸ばすための実践として成り立っているのではなく、遊びという心理状態そのものに意味があるという指摘と似ているように思います。このような考え方を立脚点とする遊び研究は、具体的な研究展開にあたって遊びそれ自体を対象として分析する必要性を指摘します（加用,1993）。これを参考に考えると、幼児の読み書きを理解し支える際には、少なくとも学童期以降の、私たち大人のような「手段としての読み書き」を意識して学ぶのと異なる世界を見てとる必要があるという結論が導かれるでしょう。読み書き習得を、それ自体を原動力とする遊びの一つとして成立していくものとして理解し支えるとは、小学校における「学習」とは異なるかたちで、子どもに「遊びとしての読み書き」の時間と空間を何らかのかたちで保障することによって、初めて具体化されるものと思われます。

一方でこのような「遊びとしての読み書き」は、子どもが小学生になり、読み書きの機能を実感するにつれて消えゆくでしょう。その時読み書きは「読み書きすること自体が楽しい」という活動の対象から離れ、情報を伝え、人間関係を広げるなどの手段として機能せざるをえなくなります。こうして学童期以降の読み書きは、幼児期までとはその性格をまったく異なったものにしながら、ヒトの生活の中に組み入れられていくのです。

引用文献

東　洋(代表)　1995　幼児期における文字の獲得過程とその環境的要因の影響に関する研究　平成4-6年度科学研究費補助金（総合研究A）研究成果報告書

波多野誼余夫・稲垣佳世子　1997　文化心理学入門　岩波書店.

加用文男　1993　遊び研究の方法論としての心理状態主義　発達, **55**, 1-15.

松本博雄　2003　保育所における幼児の文字活動の分析：日常の保育実践を通じて　日本教育心理学会第45回総会発表論文集, 730.

松本博雄　2004　幼児期における読み書き習得と「援助」との関係を考える　保育子育て研究所年報(名古屋短期大学), 創刊号(2003年度), 34-40.

村石昭三・天野　清　1972　幼児の読み書き能力　東京書籍.

島村直己・三神廣子　1994　幼児のひらがなの取得—国立国語研究所の1967年の調査との比較を通して—　教育心理学研究, **42**, 70-76.

早期教育研究会　2001　『早期教育』に対する保護者の意識調査　平成10〜12年度文部省委嘱研究「生涯教育活動の促進に関する研究開発」研究課題「『早期教育』の実態に関する総合的な調査研究」研究報告書(研究代表者：山田兼尚)

内田伸子　1999　発達心理学：ことばの獲得と教育　岩波書店.

読書案内

◆ポストマン, N. (小柴　一訳)　2001　子どもはもういない　新樹社.
　"The disappearance of childhood"(1982)の翻訳。印刷技術の発明によりつくられた「子ども期」と大人期とを区分する鍵の一つが文字の読みである。「読む」必要のないテレビとの比較から、読み書きの価値とその歴史的な変容についてふれられている。

◆加用文男　1990　子ども心と秋の空：保育の中の遊び論　ひとなる書房.
　○○を育てる遊び、ではなく、保育の中での遊びそのものを問題にし研究するとはどのようなことかを考えるのに最適な一冊。

第 8 章
子どもの「想像世界」のヒミツ

　児童文学の名作『ピーター・パン』（バリ原作）の中に，次のような場面があります。ピーター・パンを救おうと，フック船長が仕掛けた毒薬を代わりに飲み干してしまったティンカー・ベル。みるみる冷たくなっていくティンカー・ベルを前に，ピーター・パンが泣きながらこう訴えます。「妖精を信じるなら，みんな手をたたいて！」。妖精は世界中の子どもたちがその存在を信じる限り生き続ける。しかし，「妖精なんていない」と子どもがつぶやくたびに，この世界から妖精は一人また一人と消えてしまうのです。夢を信じる子どもの心こそが，死にかけたティンカー・ベルを救うことができる……。

　私たち大人はしばしば『ピーター・パン』の物語の中に，すぎ去った子ども時代の面影を重ねます。時間を忘れて夢中になった遊び，無限の広がりにめまいした想像や空想の世界，引き込まれた世界の不思議さに心躍ったあの日……。あの頃，私たちが出会った想像や空想の世界，そして胸の高鳴りとはいったい何だったのでしょう。

　本章ではその正体と真の意味について，発達心理学の視点から考察を試みたいと思います。

1. 子どもの世界観

別世界への扉

　もしもあの扉を開いたら，そこには型通りの窮屈な現実世界とは異なる，無限の可能性を秘めた別世界が広がっているのではないか？　大きな山と森と湖があり，山の頂上のお城には王子様とお姫様が住み，ふもとの森や湖には妖精やドラゴンや魔女が住んでいる。そんな魔法の世界がもしも本当に広がっているとしたら……。

　こんな空想にふけった覚えのある人は，一人や二人ではないはずです。それは夢見がちな乙女だけの特権でも，一人ぼっちで寂しく不安な日々をすごす"可哀相な"子どもだけの特権でもありません。ごく普通の健康な子どもがごく普通に経験することの一つなのです。

　ところで，このように空想している時の子どもの心理状態は，いったいどのようなものなのでしょうか。大人であれば，使い慣れた扉を目の前にして，「もしかしたら……」と空想を膨らますことはあっても，それが現実になるなどまったくといってよいほど思いはしません。でも，子どもだったら？　彼らは大人に比べて世界についての知識も未熟だし，妖精やドラゴンが住む魔法の世界もどこかに存在すると信じているかもしれません。何しろ，彼らが日常身近に接する絵本やテレビの世界では，それら魔法の生き物たちはあたかも実在するかのように描かれているのですから。

　これは子どもの"世界観"に関わる問題です。つまり，子どもは世界をどのように見て，どのように考えているのでしょうか？

子どもは小さな魔術師

　この問題に最初に真剣に取り組んだ心理学者はピアジェ（Piaget,

1. 子どもの世界観   *121*

1926）でした。彼は 1920 年代に，数人の子どもたちを対象に，思考や言語，夢，意識，生命，太陽と月，天候など，世界のあらゆる現象について質問を投げかけ，その回答を集めて分析しました。その結果，子どもの世界観について次のように特徴づけました。

「発達初期に見られる子どもの世界観は，非常に素朴で原始的なものである。彼らは例えば，思考や言語や夢といった抽象概念を，他の物体と同じように物理的な性質を備えたものと考えてしまっている（実念論）。そうかと思うと，動物や植物だけでなく世界のありとあらゆるものに対して"生きている"と判断してしまう（アニミズム）。さらには，太陽にしろ月にしろ，自然界のすべてのものは人間が作ったのだと信じてしまっているのである（人工論）。

もちろん，こうした考えはすべて誤りであり，この時点での子どもの生活経験の浅さや思考能力の未熟さ，周囲の環境が与えるさまざまな暗示がそうさせているといってよい。しかし，このように素朴で原始的な発達初期の世界観も，その後獲得し洗練されていく客観性や合理性によって，次第に誤った観念として脱ぎ捨てられていく。そしてついには，より正確で客観的で合理的な世界観へと取って替わられていくのである」。

ピアジェが描いた子どもの世界観は，その後広く支持されて，一般の人々にもわかりやすいかたちで紹介されていきました。例えば，精神分析学者のベテルハイム（Bettelheim, 1976）は，ピアジェが指摘した子どものアニミズム的思考を引用しながら，次のようなことを述べました。

「子どもにとって，太陽は光を与えてくれるから生きている。石は丘を転がり落ちるときに動くから生きている。太陽や石には人間

と同じような魂が宿っている。だから，それは人間と同じように感じ行動する。子どもはそう信じている。子どもにとって，生きているものとそうでないものとの間にははっきりとした一線が存在しない。そして，生きている以上，それはすべて人間と同じような生き方をしていると信じている。

　子どもはこうしたアニミズム的な考え方にもとづいて，すべてのものは同じような魂を持っていると考えているので，『美女と野獣』や『カエルの王さま』のように，動物が人間になり，人間が動物になったとしても，子どもは少しも不思議と感じない。また，生きているものと死んでいるものとの間にもはっきりとした一線がないので，死んだものも生き返ることができると信じている」。

　子どもにとって世界はただ一つ。不可能なことと可能なこと，想像のことと現実のこと，生きているものと生きていないもの，そうした線引きなどどこにもない。だから，大人からすれば不可能に映ることでも，魔法の力さえあれば可能になると信じられる。子どもは世界をそんなふうに見ているのではないか。こうして，ピアジェをはじめその主張を支持した多くの研究者たちによって，子どもは〈小さな魔術師〉として見なされるようになったのです。

子どもは小さな科学者

　でも，子どもは本当に〈小さな魔術師〉なのでしょうか？　保存（液量，固体量，数など），速さ・時間・距離，因果性の理解，クラス包含，対象物の永続性，自己中心性など，子どもの認知発達についてピアジェが残したことはたくさんありますが，1960年代から70年代にかけて，これらの偉業の再検討作業が続けられました。

　80年代になると，ピアジェの実念論，アニミズム，人工論に対しても再検討の手が及びました。中でも，ウェルマンとエステス

(Wellman & Estes, 1986) は, "子どもは想像と現実との間に明確な境界線をもたず, これらを同一視している" とする実念論について再検討を試みました。対象は3, 4, 5歳児。まず, お話を読み聞かせて, 次に質問をしました。「この男の子を見て下さい。彼はクッキーが大好きです。ちょうど今, 彼はおなかが空いていてクッキーのことを考えています。このもう一人の男の子もクッキーが大好きです。ちょうど彼も今お腹が空いていて, お母さんにクッキーをもらいました。さて, 問題です。クッキーをじかに見たり触ったりできるのはどちらの男の子だと思いますか?」。

研究の結果, 3, 4, 5歳児の正答率は72％, 86％, 92％と非常に高いものでした。クッキーを今まさに持っている子どもはクッキーをじかに見たり触ったりできるけれど, ただそのことを考えているにすぎない子どもは見ることも触ることもできない, ということを3歳児でさえも知っていたのです。これはつまり, 3歳児でさえも感覚的・行動的な接触が可能かどうかという点で, 境界線のアチラは想像の世界, コチラは現実の世界といった具合に分けているということを意味しています。同様の結果は, その後の研究でも繰り返されました (Estes et al., 1989)。

その他にも80年代には, いわゆる "心の理論" と呼ばれる研究分野で, これと似通った研究結果が数多く報告されました。例えば, ふりと現実との区別や, 見かけをよく似せた偽物と本物との区別, 間違って信じている状況と現実の状況との区別, 無生物と生物との区別など。従来の考え方では, いずれも幼児期の終わりの6・7歳頃にようやくその能力が開花すると考えられてきました。しかし実際には, 4歳頃という早い段階で既に開花していることが確認されたのです (Astington, 1993)。

子どもの認知発達に関するピアジェの主張は, 60年代から80年代にかけての研究の中で大筋正しかったことが認められました。し

かし一方で，乳幼児の能力についてはどうも過小評価しすぎていたとの指摘を受けました。子どもの世界観に関する部分もその一つです。ピアジェは幼児期の子どもを素朴で原始的な思考の持ち主で，いわば〈小さな魔術師〉と見なしていましたが，その後の研究の結果，幼児期の子どもはむしろずっと有能で，〈小さな科学者〉と呼べるほど進んだ思考の持ち主であることがわかってきたのです。

2. 揺れ動く子どもたち

真夜中は別の顔

　子どもは〈小さな魔術師〉ではなく，むしろ〈小さな科学者〉ではないか。なるほど，確かに子どもは思っていた以上に有能です。しかし，なんだか腑に落ちません。なぜでしょう。たぶん〈科学者〉という表現が，私たちに"クール"なイメージを連想させるからではないでしょうか。幼児のいったいどこがクールだというのでしょう。あの2歳から6歳の幼い子どものどこが。むしろ人間の一生の中で，この時代ほどホットな時代はないのではないでしょうか。

　実際，保育・幼児教育の現場からは，"ホット"な子どもたちの姿が数多く報告されています（岩附・河崎, 1987; 河崎, 1994, 1997; 加用, 1990, 1994; 斎藤・河崎, 1991）。例えば，ある保育園での出来事。架空の人物や生き物たちが登場するお話をクラスのみんなで聞いた後，誰かが「いつも散歩しているあの森の中に，お話に出てきたりゅうが実はひそかに住んでいるのではないか」などと言い始めます。すると，散歩の道中で出会うさまざまなものが，急に現実のそれとは異なる輝きを放ち始め，次第に"森の中にりゅうが住んでいる"ことが本当のことのように感じられていきます。そうして彼らは，ついには森のこもれびを「りゅうの目」と言い，穴ぼこを「りゅうの足跡」などと言い始めたのでした。

この時の子どもの顔は、外見的にはまさに〈魔術師〉の顔です。想像も現実も関係ない、すべての世界がゴチャマゼで、夢や願いは信じる強さによって実現する、そんなふうに考えている〈魔術師〉の顔。一方で、そのような外見は単なる見かけにすぎないのかもしれません。つまり、本当の中身は〈科学者〉の顔。想像と現実とをはっきり線引きして、魔法の力を信じない〈科学者〉の顔をもっているのだけれど、今は〈魔術師〉のふりをしているだけ。〈魔術師〉の顔は、仲間たちと魔法を信じたふりをして楽しみたい、そうした状況の影響力のもとで生じた姿かもしれないのです。

実践報告のみでは、これを確かめるすべはありません。しかし、実験状況であれば、これを確かめることは可能です。一人ひとりが遊びとは無縁の環境のもとで、静かに何かを想像させられる。そうした状況では、子どもはどのような反応を示すのでしょうか。

かいじゅうたちのいるところ

90年代に入って、ハリスら（Harris et al., 1991）は4歳と6歳の子どもを対象に次のような実験を行いました。まず、子どもを部屋に呼び、2つの箱の中身を確かめるように言います。箱の中は空っぽです。次に、目を閉じて頭の中に恐ろしい怪物を想像するように言います。そして、その怪物がどちらか一方の箱の中に今まさにいると想像するように言います。その後、実験者はたずねました。「箱の中には本当に怪物がいると思いますか？」。この時点でほとんどの子どもは「いない」と答えたのでした。

その後、実験者は急に用事を思い出したと言って、子どもを部屋に一人残して立ち去ります。その間の子どもの様子はビデオカメラで記録されました。2分ほどたって実験者は子どものもとに戻って来て、次のようにたずねました。「私がいないあいだ、箱の中を覗いたり、開けたりした？」「箱の中は空っぽだと思っていた？　そ

れとももしかしたら本当に怪物がいるかもしれないと思っていた？」。

実験の結果は図8-1のとおりです。子どもの約半数は「箱の中は空っぽである」という最初の主張に反して，部屋に一人で残されると箱を怪しんで近づいたり開けたりする行動を示し，その後戻ってきた実験者に「もしかしたら怪物がいるかもしれないと思った」と打ち明けました。「想像したことが現実になるなんて，そんなことありっこない」と〈科学者〉さながらの態度を示しておきながら，約半数の子どもはいつの間にか〈魔術師〉の顔を見せ始めたのです。

その実験状況下では，子どもたちは仲間たちとの遊びを楽しむために〈魔術師〉のふりをする必要はありません。子どもにわざわざ〈魔術師〉を演じさせる動機などどこにもなかったのです。にもかかわらず，子どもは〈科学者〉から〈魔術師〉へと変化しました。そして同様の結果は，その後の研究でもおおむね繰り返されたので

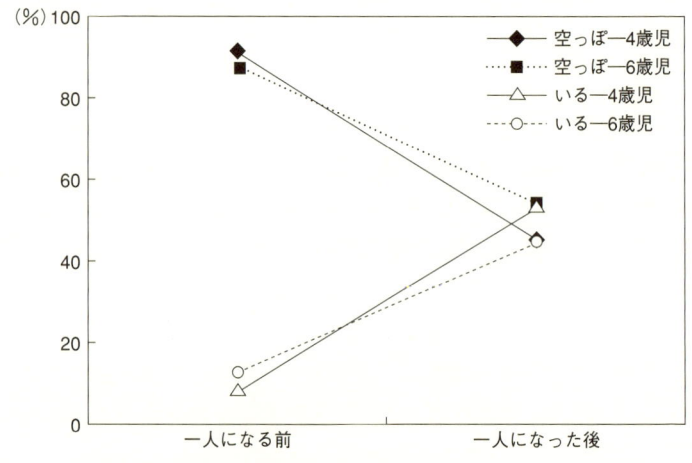

図8-1 箱の中に想像した怪物に対する幼児（4, 6歳）の回答の変化
(Harris et al., 1991)

す (Johnson & Harris, 1994; 富田ら, 2003; 富田, 2004)。

　この結果に対する現在最も有力な説明は次のようなものです。すなわち，子どもはもともとその内面に〈科学者〉の顔と〈魔術師〉の顔とを内包していて，それらが外側の世界との相互作用の中で，どちらか一方が強められたり弱められたりする。発達の力によって〈科学者〉の顔がより強められていくのは確かですが，だからといって〈魔術師〉の顔が永遠に消えてなくなるわけではありません。発達すれども残存し続けるのです。

別世界への扉をひらく鍵

　子どもたちは発達するにしたがって〈科学者〉の顔を見せ始め，ついには生活のほとんどをその顔ですごすようになります。しかし，それでもなお〈魔術師〉の顔は子どもの内部のどこかで生き続けます。それは大人になってからもずっと。冒頭で述べた別世界への扉は，誰の前にも本来的に存在していて，その人がその気になりさえすればいつでもそこに踏み込んでいける準備が整っているはずのものなのかもしれません。

　しかし，それでも周りを見回すと，大人たちの中でも頭ひとつ抜きん出て創造的で，柔軟性に富み，不可能と思えるようなことでも挑み続ける人々もいれば，そうでない人々もいます。これはいったいどういうわけでしょうか。子どもの遊びと想像力についての研究の第一人者であるシンガー夫妻（Singer & Singer, 1990）は，さまざまな人々の子ども時代の回想を収集し分析した結果，想像力豊かな大人たちの中には，子ども時代にある共通の因子が存在するとして，次のようなことを述べています。

> 「子どもの生活には，その子どもの遊びを刺激し，認め，そして尊敬と喜びをもって子どもの創意を受け入れる，鍵となる「人物」

が存在しなければならない。遊びのためには,たとえどんなに小さくても秘密の空間としての「場所」と自由で構造化されていない「時間」がなければならない。そして冒険へと駆り立てるシンプルなもの,あるいは「支え」が存在しなければならない。

子どもは生まれながらに探求的な生き物である。しかし,面倒をみてやる大人,秘密の場所や時間,いくらかの支えとなるものを加えてやるとき,それらが宇宙感覚とあいまって,子どもの想像力はさらに花開くのである」。

別世界への扉は誰の前にも開かれている。しかし,それが真の意味で開かれたものとなるためには,子ども時代が豊かな遊びや想像力と共にあることが不可欠なのかもしれません。

3. 想像世界からの贈り物

ごっこ遊び,サンタクロース,移行対象

子どもたちの日々の生活を眺めていて,子ども独自の想像や空想の広がりを感じる時といえばどんな時でしょうか。第一に,ごっこ遊びにひどく夢中になっている様子を見た時,第二に,サンタクロースの存在を真剣に信じている様子を見た時,第三に,お気に入りのタオルや毛布,ぬいぐるみをいつも大事そうに持ち歩いている様子を見た時,といったところでしょうか。

ごっこ遊びは,夢中になる程度に差はあれど,子どもが10人いれば10人が必ず一度は夢中になる遊びです。本当は積木なんだけど今は潜水艦のつもり。本当は小さな男の子なんだけど今は海賊船の船長のつもり。こうしたつもりを楽しむ遊びは1歳半頃からみられ始め,2歳から5歳頃にピークを迎えます。最初は何やら一人で楽しげに遊んでいたのが,いつの間にやら仲間を増やして,みんな

でワイワイとつもりの世界を楽しむようになります。そして，そのような遊びはおよそ8歳頃まで続けられていきます。

　サンタクロースもまた，子どもが10人いれば10人ほぼ全員が必ず一度はその存在を信じます。1歳半頃はさすがにサンタの格好をしたおじさんを目の当たりにしても，ただ呆然と見つめるだけです。2歳頃になると，おそらく真っ赤な衣装が怖いのでしょう。泣きながら必死で保育者のかげに隠れます。でも，それから半年も経つと，もうクリスマスの贈り物とサンタクロースとを結び付けて，冬に訪れるのを心待ちにするようになります。およそ8歳頃まで，大部分の子どもはサンタクロースの存在を信じ続けます（富田，2002a）。

　その間，サンタさんはたった一日でどうやって世界中の子どもにプレゼントを配るのかなど，いくつかの謎に直面しながら，その都度自説に修正を施し，サンタクロースはかろうじて子どもの心の中に生き続けるのです。しかし8歳すぎ頃になると，多くの子どもが急速にその存在を否定し始めます。この劇的な変化の中で，子どもはいくつか感情的な反応を示しますが，それを通過した時，サンタクロースとの関係は新しいステップへと進んでいくのです。

　お気に入りのタオルや毛布，ぬいぐるみへの愛着は，"移行対象"と呼ばれています。この言葉は精神分析学者のウィニコット（Winnicott, 1971）によるものですが，大まかに説明すると，子どもが日々の生活の中で母親からの分離独立を迫られた時，とてもじゃないけれど急には独立できないので，生活の支えとして母親に近い感覚を与えてくれる対象物を自分で見つけ出して，それを頼りにするという現象のことです。ちょうど母親からの分離独立という移行期に現れる対象なので，"移行対象"と呼ばれているわけです。この移行対象の発生率は国や地域によって違いがあるのですが，わが国では10人に3〜4人の子どもがそのような移行対象をもつといわれています（井原，1996）。早い子で生後6ヶ月頃からもち始め，

1歳半から3歳頃にピークを迎えます。

どこへでも持ち歩くので汗やよだれでシミだらけ。母親は見かねて洗ったり干したりしようとするのですが、それをすると嫌がります。どうやら肌触りや匂いが変わってしまうことが嫌なようなのです。子どもにとってそれは、いつも変わらず同じ状態でそこにあるということが大切なのでしょう。『ピーナッツ』のライナスや『クマのプーさん』のクリストファー・ロビンなどが有名ですが、多くの場合、5, 6歳頃までにそれとお別れすることがわかっています。

空想の友達

子どもはどうして想像や空想に夢中になるのでしょうか。そして想像や空想は、子どもにどのような恩恵をもたらすのでしょうか。その答えはいくつもありますが、ここでは"空想の友達"を例にとりながら、その問いに部分的に答えていくことにしましょう。

"空想の友達"とは、文字どおり、子どもがみずからの想像上でつくりだした現実には存在しない架空の友達のことを指します。当然それは目に見えないですし、当事者の子ども以外はその存在を確かめようがないというちょっぴり厄介な存在です。その子自身にとっては大変リアルな存在で、名前もあれば性格もあって、得意なことや苦手なこともあります。その姿は人間とは限らず、動物や怪獣の姿をしている時さえあります。その空想の友達のために寝る場所や食事の席を母親に要求する子どもも、たまにいるようです。

何はともあれ、一つ事例をお見せしましょう。以下は、5歳6ヶ月の男の子をもつ母親が報告してくれた事例です。

「息子には昨年の夏から、『ほばくん』『はばくん』『ひばくん』の3人の友達がよく遊びに来ます。特に『ほばくん』は毎日です。近頃は『じゅういちくん』『あやこちゃん』という友達もいます。『ほ

ばくん』は息子の等身大らしく,自分にできないことなど全て『ほばくん』はできるらしいです。たとえば,鉄棒の逆上がりとか……。心の親友のようです。優しくて,いつも助けてくれているようです。私は,この友達のことは否定しません。遊びにきたときは話しかけてやります」。

さて,このような空想の友達ですが,どの程度の子どもがそれをもつのかというと,国や地域によって違いがあるようです。アメリカでは10人に2〜3人の子どもがもちますが,日本では10人に1人程度が通常のようです(富田,2002b)。2歳半から4歳頃までがピークで,多くの場合5,6歳頃までにいなくなり,子どもの記憶の中からも消え去ってしまうことが多いようです。

想像や空想がもたらすもの
　子どもが空想の友達をつくりだす背景にはさまざまなものがありますが,ここでは主に3つを取り上げておきましょう。空想の友達がその子のために果たす役割もその背景によって異なっていますので,その点注意して読んでみてください。

　第一に,子どもは生活に孤独を感じたり,まわりの人たちからの無視や拒否を感じた時,その穴埋めとして空想の友達をつくりだします。両親の不在や遊び相手の不在,母親の妊娠や年下のきょうだいの誕生などがそれにあたります。これらの背景は一見するとネガティブなので,空想の友達の出現はあたかも不吉の前触れのように扱われることもあるようですが,そんなことはありません。もちろん,子どもが確かに孤独感からそれをつくりだしているのだとすれば,それは両親がもっとその子を気にかけてやるためのサインになりうるでしょうが,空想の友達がその子の救い手として現れ,一時的にせよその子の孤独感を癒してくれているのは確かなのです。そ

れさえ現れなかった時のことを考えれば，空想の友達がいかに大切な役割を果たしているかがわかるでしょう。

　第二に，子どもはうまくやれるはずと信じてしたことが失敗してしまったり，禁止されていたことを我慢できずについしてしまったりした時に，自分の身代わりとして空想の友達をつくりだします。例えば，ある2歳の女の子がつくりだしたヘンドロという名の空想の友達は，彼女が何か悪さをして親に叱られる時に限って，都合よく現れたのだそうです。「それは私じゃないの，ヘンドロがやったの」と言って，自分の罪をヘンドロにかぶせてしまうのです（立花, 1994）。これは見てのとおり"嘘"なので，親としては心配な場面ですが，2歳から3歳の子どもにはよくあることです。この時期は"自我の芽生え"の時期で，子どもはいろんなことができる"つもり"でいるので，実際にはできないという現実が悔しくって，なかなか受け入れられないのです。そんな時，空想の友達が一時的に身代わりになり，子どもができない自分を受け入れて，我慢を覚えるようになるまでの手助けをしてくれるのです（Fraiberg, 1959）。

　第三に，子どもは「こうだったらいいなぁ」，「こんな仲間がいたら楽しいだろうなぁ」といった憧れや願いを生じさせた時，その満足を充足させてくれる相手として空想の友達をつくりだします。例えば，映画『となりのトトロ』の中で4歳のメイがトトロと初めて出会う場面を覚えていますか？　自然豊かな森のなかで，一人ごっこ遊びをして楽しんでいると，庭にどんぐりがいくつも転がっているのを見つけます。何だか急に楽しくなってそれを拾い集めていると，その向こうにトトロが現れるのです。たぶんメイは「森に奇妙な動物がいたら楽しいだろうなぁ」と考えたはずです。もちろん，だからといってトトロが空想の友達であると言うつもりはありませんが，ふさわしい条件がそろっているのは確かです。つまり，空想

の友達は，子どものその時の憧れや願いの反映であり，彼らの描いた想像や空想をさらに広げる役割を果たしているのです。

現代の社会では，子ども時代は急速に子ども自身の手から離れ，単なる大人時代に向けての投資の時期と見なされつつあります。しかし，子ども時代は大人時代のためではなく，子ども時代のためにこそあるのです（宮崎, 1996）。本章では，子どもの想像世界の正体とその意味について概説してきましたが，子ども時代は想像や空想とともにあって初めて，真の意味で子ども時代となりうるのではないか。そんな気がするのですが，みなさんいかがでしょうか。

引用文献

Astington, J. W. 1993 *The child's discovery of the mind*. Cambridge, MA: Harvard University Press.（松村暢隆訳 1995 子供はどのように心を発見するか 新曜社）.

Bettelheim, B. 1976 *The uses of enchantment: Meaning and importance of fairy tales*. New York: Raines & Raines.（波多野完治・乾　侑美子訳 1978 昔話の魔力 評論社）.

Estes, D., Wellman, H. M., & Woolley, J. 1989 Children's understanding of mental phenomena. In H. Reese (Ed.), *Advances in child development and behavior*. New York: Academic Press. pp.41-86.

Fraiberg, S. 1959 *The magic years*. New York: Scribner and Sons.（詫摩武俊・高辻礼子訳 1992 小さな魔術師：幼児期の心の発達 金子書房）.

Harris, P. L., Brown, E., Marriott, C., Whittall, S., & Harmer, S. 1991 Monsters, ghosts, and witches: Testing the limits of the fantasy-reality distinction in young children. *British Journal of Developmental Psychology*, **9**, 105-123.

井原成男 1996 ぬいぐるみの心理学：子どもの発達と臨床心理学への招待 日本小児医事出版.

岩附啓子・河崎道夫 1987 エルマーになった子どもたち ひとなる書房.

Johnson, C., & Harris, P. L. 1994 Magic: Special but not excluded. *British Journal of Developmental Psychology*, **12**, 35-51.

河崎道夫 1994 あそびのひみつ ひとなる書房.

河崎道夫 1997 発達を見る目を豊かに ひとなる書房.

加用文男 1990 子ども心と秋の空 ひとなる書房.

加用文男 1994 忍者にであった子どもたち ミネルヴァ書房.

宮崎　駿　1996　出発点1979〜1996　徳間書店.

Piaget, J. 1926 *La representation du monde chez l'enfant.* Geneve: Institut J-J. Rousseau.（大伴　茂訳　1955　臨床児童心理学Ⅱ：児童の世界観　同文書院）.

斎藤桂子・河崎道夫　1991　ボクらはへなそうる探検隊　ひとなる書房.

Singer. D. G., & Singer, J. L. 1990 *The house of make-believe: Children's play and developing imagination.* Cambridge, MA: Harvard University Press（高橋たまき・無藤　隆・戸田須恵子・新谷和代訳　1997　遊びがひらく想像力：創造的人間への道筋　新曜社）.

立花　隆　1994　臨死体験　文芸春秋.

富田昌平　2002a　実在か非実在か：空想の存在に対する幼児・児童の認識　発達心理学研究, **13**, 121-134.

富田昌平　2002b　子どもの空想の友達に関する文献展望　山口芸術短期大学研究紀要, **34**, 19-36.

富田昌平　2004　幼児における想像の現実性判断と空想／現実の区別認識との関連　発達心理学研究, **15**, 230-240.

富田昌平・小坂圭子・古賀美幸・清水聡子　2003　幼児による想像の現実性判断における状況の迫真性，実在性認識，感情喚起の影響　発達心理学研究, **14**, 124-135.

Wellman, H. M., & Estes, D. 1986 Early understanding of mental entities: A reexamination of childhood realism. *Child Development,* **57**, 910-923.

Winnicott, D. W. 1971 *Playing and reality.* London: Tavistock Publications.（橋本雅雄訳　1979　遊ぶことと現実　岩崎学術出版社）.

読書案内

◆D. G. シンガー・J. L. シンガー（高橋たまき・無藤　隆・戸田須恵子・新谷和代訳）　1997　遊びがひらく想像力：創造的人間への道筋　新曜社.

遊びと想像力研究の第一人者による何はともあれの一冊。体系的な観察そして実験研究の幅広いレビューに，人間味あふれるエピソードの数々をちりばめた力作。

◆河崎道夫　1994　あそびのひみつ　ひとなる書房.
◆加用文男　1994　忍者にであった子どもたち　ミネルヴァ書房.

子どもとトコトン遊ぶ発達心理学者二人による抱腹絶倒の遊び実録書にして，最先端の遊び理論書。

第Ⅲ部

児　　童

第 9 章
心から尊敬できる大人に出会うことの大切さ

なかよしクラブを辞める時に子どもたちからもらった色紙

　児童期は大人との関係によって友人関係に違いのでる時期です。最初の頃は大人に支えてもらうことによって友人関係も安定したものになりましたが、後になると自分たちで友人関係を成り立たせるようになります。このような変化は9,10歳を境に起こりますが、この変化は、子どもに意識されるかどうかにかかわらず非常に意味の大きなものとして捉えられます。本章では9,10歳の変化に着目しながら、児童期の友人関係がどのように発達していくのか事例をみながら考えたいと思います。そして、子ども同士の友人関係について考える時にどうしても重要となるのが子どもの目の前に立つ大人のあり方であることについて確認したいと思います。

1. 児童期の友人関係にみられる9,10歳の節

年長への憧れから自己の力の発揮へ

　私は以前1年間なかよしクラブという学童保育で指導員をしていました。その時に生活を共にした子どもたちの姿から学んだことをいくつか事例から紹介したいと思います。

　私は，なかよしクラブでは「サニー」というニックネームで呼ばれていました。どこから見ても日本人そのものの私を皆は喜んでサニーと呼んでくれていたのです。その「サニー」という名前はいろいろな遊びに登場しました。例えば，ドッヂボールでは「サニーボンバー」という技に使用されました。私は男性ということもあり，どちらかといえば活動的な遊びを子どもたちと一緒にすることが多くありましたが，そのなかでもドッヂボールをよく子どもたちと一緒にやりました。ドッヂボールは1年生から6年生まで皆が楽しめる遊びでしたが，楽しみ方が低学年の子どもと高学年の子どもでは少し異なっていました。それに気づいたのは私と対決する子どもたちの姿を観察していた時のことです。私は，ソフトバレーボールを使用していたこともあり，子ども相手のドッヂボールでもあまり手加減はせず思いっきり投げることを心がけて（？）いましたが，それが逆に子どもたちを喜ばせていました。投げ方も少し工夫し，「くらえ！　サニーボンバー！！」などと必殺技名を叫びながら剛速球（小学生にとっては！？）を投げると，低学年の子どもにはなかなかとることができません。高学年の子どもはさすがに上手にキャッチする子どももでてきて，低学年はそれを見て感心することもありました。「サニーボンバー」に対しては，低学年の子どもは大きく分けて二つの反応を示しました。一つは「サニーボンバーやって」という技が見たいという欲求でした。もう一つは「俺もサニー

ボンバーやってみる！」という自分が成功させるのはなかなか困難なことに挑戦したいという欲求でした。これら二つの欲求はどちらも大人の力，または技術にあこがれてそれを自分に重ね合わせたいという気持ちの表れであったと考えられます。それに対して高学年の子どもになると明らかにサニーボンバーを意識はしているのですが，その大人の技術の威光は借りずに自分の力で大人にも勝ちたいという気持ちが前面にでてきます。そのため，サニーボンバーよりも威力のあるボールを投げようとしますし，サニーボンバーを落とさずにキャッチしようとするのです。

　このような低学年と高学年の子どもたちの大人に対する心理的距離感の違いは，身体的距離にも同様に表れていました。それを最も強く実感したのは，皆でかくれんぼをした時のことです。なかよしクラブの建物は学校の敷地内に建てられていたため，かくれんぼは学校の敷地全体が範囲となります。広い敷地内でかくれんぼをするのは本当に興奮するものですが，実は隠れる時に面白いくらい低学年と高学年の子どもで行動がくっきり分かれるのです。低学年の子どもは男女問わず，必ずといっていいほど，大人である指導員と一緒に逃げたがります。指導員の手を握ったり，背中にしがみついたりしながら，内緒声で「ドキドキするねっ！」と話しかけてきます。そして，早くなった息遣いや心臓の鼓動が伝わってくるくらい体をぴったりと寄せてきます。とにかく大人との距離が近いのです。それが，高学年になると，確かに緊張感は高まっているのですが，身体的に大人と離れます。低学年の子どもたちのように手を握ってくることはほとんどなくなり，指導員の私が近づきすぎると「オマエ，大きくて見つかりやすいからあっちに行けよ！」などと叱られてしまう始末です。ただし，オニの姿が見え，緊張感がさらに高まり，それと同時に不安もこみ上げてくるようになると，「ちょっと，一緒に隠れようぜ」と逆に近寄ってくることもあるところがかわいい

のですが。ともかく，身体的に距離が離れるのが高学年なのです。

　以上ドッヂボールとかくれんぼにみられる子どもの姿を見てきましたが，低学年の子どもは自分より年上の人（特に大人）にあこがれを抱き，その人に近づきたいと考えて行動しますが，高学年になるとより年上の人にあこがれや親しみは抱きつつもその人とは少し距離をとりながら，自分の力を発揮しようとするようになることがわかります。このように児童期は低学年と高学年の間，つまり9，10歳を境に変化が見られますが，この変化をもう少し詳しくみていきましょう。

9，10歳以前の子どもの友人関係

　前述のなかよしクラブで働き始めた4月頃，低学年でも特に1，2年生の間の遊びでは一輪車が流行っていました。入学して間もない1年生は一輪車に乗ったことなどまったくない子ばかりですが，2年生が乗っているのを見て自分もしてみようと挑戦し始めます。特に女の子たちが熱心に練習していました。1年生の仲良し三人組は特に熱心に練習していましたが，その練習風景は本当にほほえましいものでした。お互いに励ましあい，ほめあい，かばいあいながら練習しているのです。まず，3人のうち誰かが先に挑戦するのですが，誰かが挑戦する前に必ず残りの2人は「頑張ってぇ～」と声援を送ります。そして，少しでも誰かが前進すると，自分はまだできないのに「やったねぇ，すごいすごい」と自分のことのように喜び，途中で誰かがこけると駆け寄っていって「大丈夫？」と心配します。しかし，やはり3人の中で他の子より遠くまで行きたいという一心で練習に毎日打ち込んでいました。このような信頼関係の中で3人はメキメキと上達し，すぐに一輪車で遠くまで行くことができるようになりました。しかし，この3人組の信頼関係の背景には指導員の見守りがありました。3人は一輪車をする時，必ず指導員

を連れていき,「後ろで見とって」といって一輪車に乗ります。指導員が近くにいないと一輪車はすぐに終わってしまうのです。

　また,ケンカをする時も必ず指導員に「報告」が入ります。ケンカは,学校が終わりなかよしクラブに帰ってくる時によく起こるのですが,3人は一緒のクラスではなかったため学校が終わる時間が少しずれることがよくありました。そのとき通常は3人が集まるまで待ち3人そろってなかよしクラブに帰ってくるのですが,時折2人や1人で帰ってくることがありました。そのような時にはきまって残された誰かが指導員のところに「皆が待っとってくれんかったぁ〜」と泣きながら帰ってくるのです。それから3人で口ゲンカになるのです。しかし,このケンカも指導員の仲裁によりすぐに終息し,また3人での遊びが始まります。

　これは当然小学校の休憩時間でも同じような状況です。以前私が小学校で非常勤講師をしていた時,低学年の子どもたちは先生が遊びに参加すると張り切って遊ぶのです。「告げ口」もよくみられますが,それだけ大人に頼りたいという姿がでていると考えられます。9, 10歳以前の子どもは,大人がいなければ遊びが成り立たないというわけではありませんが,大人のまなざしが大きく影響するといえます。

9, 10歳以後の子どもの友人関係

　9, 10歳以後の高学年になると,「自分たち」という意識が非常に強くなり,自分たちだけで集まりたがります。学童保育でも大人の指導員を遊びの中に入れはしますが,それは大人としての指導員を参加させているのではなく,自分たちの仲間(または相手)として参加を認めているのです。そのため,大人に対して一人前に指図をしたりするようになるのです。

　「自分たち」という意識が強くなるとその集団内における連帯と

その集団外に対する排他性がみられるようになります。このことが特に強く意識されたのは，私が5年生の時，休憩時間に6年生と雪合戦で勝負した日のことです。私たちはあまり6年生と仲が良くはなく，6年生と勝負することになったのも6年生を打ち負かしてやりたかったからです。ですが，勝負そのものは白熱しており興奮しながら楽しんでいました。勝負を始めてしばらくは雪玉を当てたり当てられたりしながら一進一退の攻防を繰り広げていましたが，私は突然背中に激痛を覚えその場に崩れ落ちてしまいました。そして，5年生にもかかわらず人前でぽろぽろと涙を流してしまったのです。皆が最初は「そんなことで泣くなよ～」と笑っていたのですが，実は，その雪玉には石が入っていたのです。それに気づいた5年生の仲間は6年生のその卑劣な行為に猛然と抗議しました。その非を認めてか，6年生もあまりこちらの言うことに抵抗できずに，私のことを心配しながらしょんぼりと教室に戻っていきました。皆が私の痛みを自分のことのように受け止め相手に挑む姿を見て，恥ずかしながらも嬉しさを覚えました。このように対立する相手の存在によって「自分たち」の意識が明確になるのです。

実は，秘密を共有することが楽しくなるのも，この「自分たち」の意識を高めていくことと密接に結びついています。「自分たち以外には知らない」という状況をつくり出すことで，相手との対立関係がクローズアップされ，「自分たち」でつながっているという連帯感を味わうことができるのです。私は，5年生の頃「まさみか」と名付けた遊びに没頭していました。仲間4人で休憩時間になると人目を忍んでお互いに「まさみかしようぜ」と声をかけ，外に出かけていきました。この「まさみか」とは暗号であり，実は非常に単純なのですが「かみさま」を逆にしたものだったのです。その遊びの内容は少し変わっていましたが，自分たちで石を神様に見立て，その石を祭るためのお堂や献花を供え，よりよい祭り方はないかを

考えるという遊びでした。石の前で4人こっそり手を合わせ，石が人に見つからないようにこっそりと行動するのは大人から見ると他愛もない遊びですが，スリルもあり，わくわくする体験でした。

このような秘密を楽しむ心理も時には行きすぎることがあります。これも私が5年生の時の話ですが，図工室に新しい陶器を焼く窯が入りました。この窯の内面に使われていた土を削ると非常に粒子の細かい砂が取れることを友人が発見しました。これを皆で「魔法の粉」と呼び，6人くらいの集団である日魔法の粉を大量採取するために，図工室に忍び込みました。その集団の中で役割分担し，私は見張りの役になりました。私はスパイ映画さながらにドアの近くを「張り込み」，先生が見えれば逐一皆に警戒を促しました。その結果，大量の魔法の粉を得ることができたのです。後日，窯の内面を削ったことが発覚し，その窯が数十万円するものであることがわかった時には青ざめましたが，あの時の興奮は忘れられません。

以上のことから，児童期は9，10歳頃に友人関係が大人を背景においた関係から，「自分たち」という意識をもち，大人から離れて活動する関係へと変化していく節目があることがわかります。

幼児期と思春期をつなぐ9，10歳の節

ここまで9，10歳を区切りとして低学年と高学年の友人関係についてみてきましたが，この低学年から高学年への移行期，つまり9，10歳頃に発達の大きな節目があることは以前から指摘されてきました（加藤, 1987）。これを「9，10歳の節」と呼びますが，この時期の変化については教育の分野で特に重視されてきました。日本では聾教育の分野からこの問題が提起されました。外国においてはシュタイナーが取り上げており，9，10歳の節の重要性がシュタイナー教育の実践で確かめられています（Koepke, 1983）。シュタイナー（Steiner, 1948）は生まれてから7歳までを模倣の時期としてお

り，7歳から14歳までを恭順の時期としていますが，コェプケ（Koepke, 1983）は模倣の時期が7歳で急激に終わるのではなく，9歳くらいまでゆっくりと続き，9, 10歳を境に模倣の力が失われていくとしています。模倣の時期は，乳幼児の言葉の獲得に代表されるように模倣を通して学ぶことが中心となります。それに対して恭順の時期には自分の尊敬する大人の言うことを受け止め，そこから学ぶことが中心となります。つまり，外界の影響の受け取り方が，自他未分化な状態で模倣する段階から自己を他者（特に大人）と区別し，そのうえで自己の尊敬する他者に恭順する段階へと移行するのです。その転換が9, 10歳の節で起こるというのです。前述の事例でみたように9, 10歳の節を境に大人に対する距離感が変化し，それが友人関係に影響しますが，それは子どもの外界の影響の受け取り方と相まって変化していくと考えられます。

　このような模倣の段階から恭順の段階への移行の際に，自分が本当にお父さんとお母さんの子どもであるのかどうかを不安に思うことがみられます（Koepke, 1983）。9歳くらいになると「もしかしたら自分は橋の下で拾われてきたのではないか？」と本気で心配する子どもがいます。顔の特徴が親と同じことで安心する子どももいるのです。このように不安定な状態を乗り越えていけるかどうかという難しい状態にあることからこの時期のことを「9歳の危機」と呼ぶこともあります。危機を乗り越える前後で大きな変化を遂げるのです。しかし，低学年と高学年で大きな違いがみられるものの，どちらの時期にも共通していえるのは子どもたちを導く大人のあり方が重要となるということです。そこで次節では児童期の友人関係を保障する大人のあり方について検討してみたいと思います。

2. 児童期の友人関係からみた大人のあり方

学校での大人のふるまいが子どもの友人関係に与える影響

　児童期の子どもたちに大きな影響を与えるものとして小学校での生活があげられます。その中でも特に子どもたちへの影響を意識し，配慮しやすい位置にいる大人として教師がいます。教師による影響がよい方向に作用すれば子どもたちの友人関係を保障する環境がつくりだせますが，小学校における子どもたちの友人関係をみると「いじめ」，「不登校」などの問題が指摘され，教師との関係においても「学級崩壊」がみられる状況となっています。この点について学校におけるコミュニケーションの問題を取り上げて検討してみます。

　浜田ら（2003）は教師の子どもたちに対する質問の仕方を取り上げ，問題点を指摘しています。授業でよく教師は子どもに質問しますが，たいていの場合，教師は自分が質問する問題の正答を知っています。これは一方が質問し，他方が答えるというコミュニケーションの形式をとってはいますが，実質は情報の共有ではなく教師による一方的な試験なのです。これを浜田ら（2003）は〈試す‐当てる〉コミュニケーションと呼び，コミュニケーションの歪みとして考えます。〈試す‐当てる〉コミュニケーションの恐ろしいところは，試す側も当てる側も正解がはっきりしているため慣れやすく，この方法に慣れると今度は〈試す‐当てる〉という枠組みを外して物事を考えることが困難になることです。つまり，常にある状況において正解を探すことに終始し，その状況を根本から問い直す姿勢が育たなくなるのです。

　私が働いていたなかよしクラブでも〈試す‐当てる〉コミュニケーションによる影響がみられました。それを特に感じたのは子ども

たちがキックベースボールをあまり上手に楽しめない様子を見ている時でした。キックベースボールは基本的に野球のルールを下敷きにした遊びですが，遊びにおいてルールというのは相手との対立を楽しむための道具であり（河崎, 1994），ルールを守ることが目的ではないことは明白です。しかし，4年生になりスポーツ少年団の野球に参加するようになった子どもたちはキックベースボールをする時にやたらとルールを守ることにこだわっていました。野球の基本的なルールはそれほど複雑なものではないため低学年の子どもでもじゅうぶんに理解ができるのですが，細かいルールになると理解できないものも出てきます。ですが，彼らは細かいルールに従えない子どもたちが出てくるとその子たちをなじったり馬鹿にしたりして険悪な雰囲気にしてしまうのです。また低学年にあわせて「ハンディ」をつけたりするなども認めようとはしませんでした。これは〈試す‐当てる〉コミュニケーションという大人からの一方通行のコミュニケーションを子どもも身につけた結果ではないでしょうか。このような関わり方を子どもに押し付けている「学校」という場について，大人である私たちが自分たちのコミュニケーションのあり方を見直すことで改善していかなければならないのではないでしょうか。そのためには，相手を自分の考える正解に当てはめ，当てはまらない人は排除しようとするような，つまり相手を自分の枠組みの中で「支配」しようとするような人間関係を意識的にやめるようにする必要があると考えられます。

家庭の影響が児童期の子どもの友人関係にみられる

　学校と同様に子どもへの影響が大きいのはやはり親，または家庭です。家庭での状況が子どもたちの人間関係に表れることもあります。なかよしクラブに来ていた2年生の男の子は，日頃は明るく元気のよい子でしたが，突然衝動的に暴れることがありました。友達

ともうまく関われないことがあり同級生の子の中でも特に馬の合わない子とケンカになることがしばしばみられました。そんな彼がよくする行動の一つに指導員に噛みつくことがありました。しかし，それは思いっきり噛みつくのではなくやさしくあま噛みするのです。しばらくはその行動の理由について考えていたのですが，ある時ついどうして噛みつくのか聞いてしまったのです。その時の彼の答えは「なんか口がさみしいだが……」でした。何ともかわいらしい答えに私は思わず笑ってしまいました。しかし，この答えについてよく考え，彼が噛みつくのは彼の文字どおり「歯痒い」思いを表しているのではないかと思い至ったとき少し切なくなりました。彼の家では熱心な「教育」が行われており，彼はなかよしクラブでも宿題をしてから遊ぶようにいつも家で言われているようでした。また長男ということもあり，それに対する期待もあったようです。そのような家庭状況が背景にあり，それが噛みつきの行為として表現されていたのではないでしょうか。実はお母さんもいろいろと悩んでおられ，なかよしクラブにも相談に来られることもありました。そして，彼との関わりについても改善する努力を続けられた結果，彼の様子も少しずつですが落ち着いていきました。このことから家庭での子どもとの関わりも子どもの友人関係や集団生活にとって大きな意味をもっているといえます。

大人の権威が児童期の子どもを育てる

9, 10歳の節について述べた部分で，子どもが9, 10歳を境に模倣の時期から恭順の時期への発達的移行を示すことをみました。この時期に決定的に必要となるのは大人の権威です（Steiner, 1919）。ここでの「権威」とは他者を押さえつけ服従させる力のことではなく，ある部分において秀でており，それが周囲に認められていること，またはそのような人のことを指します。では，なぜ権威が重要

となってくるのでしょうか。

それは「成熟した思考ができるようになるためには，私たちは，自分以外の人間が考えたことを尊重する態度を身につけなくては」(Steiner, 1948) ならないからです。そのような尊重する態度を身につけるためには，尊重できるような相手に出会わなければならないのです。児童期の子どもにはまだ物事に対して適切に判断を下すことはできません。これは心理学の研究をみるまでもなく，大人にとっても相当に困難なことであることを考えるとよくわかることです。児童期の子どもにとって大切なのは安易に判断を下すことではなく「とらわれることなく人生の作用を受け入れる可能性」(Steiner, 1948) を残しておくことです。「子どもはさまざまな考え方を感情とともに受け入れるべきなのです」(Steiner, 1948)。判断を下すのは多くの経験や学習をした後でなければ正しく行うことはできません。このような判断を「下さない」態度を形成するためには，尊敬できる人間と対峙し，純粋な尊敬の念を抱くことができるようにならなければなりません。

その実践例としてあげられるのが，ネイティヴ・アメリカンの「コヨーテ先生」(Brown Jr., 1996) という存在です。コヨーテ先生とは「何もかも準備して生徒に答えや技術を教えるような人のことではな」く，「生徒が自分で考え，失敗しながらやっと答えを見つけるような教え方を考える人」(Brown Jr., 1996) のことです。子どもたちが「どうしても技術を学びたいと思うような機会を与え，自発的に教えてほしいと言わせるように」(Brown Jr., 1996) するのです。例えば，コヨーテ先生であるグランドファーザーは子どもたちが畏敬の念を抱かずにはいられないような姿を示すことで，子どもたちを導きます (Brown Jr., 1996)。グランドファーザーは乾燥した砂漠で長時間，水を一滴も飲まずにいてもまったくといっていいほど喉の渇きを感じていないように見えます。また真冬の大雪

が降っている日でも夏の日と同じように習慣となっている水浴びをします。しかも凍えながら無我夢中で水を浴びるのではなく，凍るような水に入っていながらボディ・コントロールによって実際に汗をかくまでになって悠然と水を浴びるのです。その様子を同じ場所にいながら見せられた子どもたちは，大雪の中焚き火から一歩も離れられないながらも，「自分の体を制御する方法をたくさん学ばなければならないし，吹雪の支配から逃れるすべも身につけられるかどうかおぼつかなかったが，ただ何としてもグランドファーザーのようになりた」(Brown Jr., 1996) と願うようになります。そして，砂漠を探検した後川を見つけて思わず飛び込んだことに対して，「グランドファーザーのようになりたいと心から思うのに，実際に，どう姿勢を変えて猛烈な暑さや渇きと向き合えばよいのかわからない」(Brown Jr., 1996) と失敗を悔しがり，どうすればよいのか考え，答えを見つけようと努力するようになります。子どもたちはこのグランドファーザーの姿にふれ心から尊敬するようになるのです。そして，尊敬する人のようになりたいと，自分で考え，試行錯誤するようになるのです。このように子どもに自分の姿を見せることによって子どもがそうなりたいと思う気持ちを起こさせるようにすることで教育するのです。

　しかも，ここで教えたいのは単なるボディ・コントロール等の技術だけではなく，人間が自己コントロールを通してどのようにして生きていくべきなのかということなのです。渇きや寒さから何が学べるのかと子どもたちに問うのです。それを頭だけで考えさせるのではなく，体験を通して考えさせ多くのことを学ばせるのです。これは「経験主義」の教育とは根本的に異なる教育方法です。現代社会の中で本当に大切なものが何なのかが見えにくくなっている今，教育の可能性を示してくれる実践ではないでしょうか。

　以上，児童期の子どもとの関わりについて権威が大切になること

をみてきました。子どもの発達と教育は表裏一体のものであり，その意味で子どもの姿は大人のあり方を映す鏡なのです。私が学童保育で出会った4年生のある男の子は，外遊びがあまり好きではなかったせいか，外遊びの多い学童保育では本当に親しいといえる友人はなくあまり目立たない子どもでした。出会った当初，室内遊びが得意で流行のカードゲームから囲碁までこなす彼は，1年生を集めて囲碁のルールを教えたり，カードゲームのキャラクターについて話してあげたりする優しい一面ももっていましたが，遊びに没頭する姿を見ることはほとんどありませんでした。なかよしクラブ自体にも出てきたり出てこなかったりという状態でした。しかし，夏休みのある日，普段は遊びに誘っても一応やってはみるものの続かずやめてしまうその彼を光る泥団子づくり（加用，2001）に誘いました。静かな遊びの中でじっくりと話をする時間を作りたいと思ったからです。彼は泥を触るのが好きではなく周りをぶらぶらしていましたが，私が作った「少しだけ」光る泥団子を見て，「おっ……」という顔をし，「僕も作ってみようかな……」と作り始めたのです。気づけば話をしながら数時間他の子どもたちと一緒に泥団子を磨いていました。こちらがしっかりと彼を見ようとしたら彼も応えてくれたのです。その後，彼の様子が劇的に変わったということはもちろんありませんでしたが，泥団子作りを機に，なかよしクラブでは少しずつ体を動かして遊ぶ遊びにも以前より積極的に参加するようになったと感じました。このことから，子どもにとって理解しやすい「権威」を大人が示すことで子どもの友人関係が変化する可能性があるといえます。子どもに言葉だけでいろいろと指示するのではなく，行動で示すことで子どもの友人関係も保障されるのではないでしょうか。

引用文献

Brown Jr., T. 1996 *Grandfather*. Berkley.（飛田妙子 1998 グランドファーザー 徳間書店）.

浜田寿美男・小沢牧子・佐々木 賢 2003 学校という場で人はどう生きているのか 北大路書房.

加藤直樹 1987 少年期の壁をこえる―九,十歳の節を大切に― 新日本出版社.

河崎道夫 1994 あそびのひみつ ひとなる書房.

加用文男 2001 光れ！泥だんご 講談社.

Koepke, H. 1983 *Das neunte Lebensjahr*. Goetheanum: Philosophisch-Anthroposopthischer Verlag.（森 章吾 1999 9歳児を考える 水声社）.

Steiner, R. 1919 *Allgemeine Menschenkunde als Grundlage der Pädagogik*. Stuttgart.（新田義之 2003 教育の基礎となる一般人間学 イザラ書房）.

Steiner, R. 1948 *Die Erziehung des Kindes vom Gesichtspunkte der Geisteswissenschaft*.（松浦 賢 1999 霊学の観点からの子どもの教育 イザラ書房）.

読書案内

◆R. シュタイナー（新田義之訳） 2003 教育の基礎となる一般人間学 イザラ書房.

　子どもを教育するには大人がどのような存在でなければならないのか，そしてどのように子どもを理解しなければならないのかということについて理論ではなく実践に即して述べた講義録です。

◆T. ブラウンジュニア（飛田妙子訳） 1998 グランドファーザー 徳間書店.

　「学ぶ」ということが人生においてどのような意味をもつものであるのかを教えてくれる実践の書です。

第 10 章
学習方略・時間処理

　私たちは，毎日の生活の中でいろいろなことを覚えたり，考えたりしています。このような活動を認知活動といいます。

　認知活動には，さまざまなやり方があります。私たちは，状況に応じた認知活動を選択し行っています。認知活動のやり方のことを，認知方略（cognitive strategy）といいます。認知方略の発達とは，いろいろな方略を使用することができるようになることと，状況に応じて適切な方略を使用できるようになることだと考えられます。

　本章では，私たちが学習する時に使用する学習方略（learning strategy）と，日常生活における時間について考える時に用いている時間処理方略（temporal processing strategy）について述べます。

1. 方略とは何か

　本章で取り上げる学習方略とは、学習するときの認知のはたらきのことです。また、時間処理方略とは、時間に関する問題解決をする時の認知のはたらきのことです。両方に共通することは、認知のはたらきです。この認知のはたらきのことを、認知方略と呼ぶことにします。方略（strategy）とは、方法とか戦略という意味です。

　はじめに、学習方略と時間処理方略についての基礎的事項として認知方略について述べることにします。

認知方略

　私たちが記憶する時に用いる認知方略のことを記憶方略と呼びます。

　記憶方略には、「リハーサル方略」「体制化方略」「精緻化」の三つの種類があります。

　「リハーサル方略」とは、繰り返し声に出したり書いたりして覚える方法です。例えば、丸暗記などをする時に使われます。

　「体制化方略」とは、記憶する事がらを既にもっている知識をもとにまとまりに分けたりして覚える方法です。例えば、ランダムに呈示される単語を覚える時に、食べ物に関する単語、動物に関する単語というように整理して同じ種類のものをまとめて覚えるような方法です。

　「精緻化方略」とは、記憶する事がらを使ってストーリーを作ったり、イメージを思い浮かべたりして覚える方法です。例えば、「ハクシ（894年）に戻そう遣唐使」と歴史の年号を覚えたりすることです。

認知方略の発達

認知方略の発達とは，さまざまな種類の方略を使うことができるようになり，さらに状況に応じて方略を使い分けられるようになることだといえます。

認知方略の発達には，メタ認知能力の発達が重要な役割をもちます。メタ認知能力とは，自分の認知のはたらきをコントロールする能力のことです。つまり，メタ認知能力を獲得することによって，子どもはより効率的な問題解決をすることができるようになります。

メタ認知能力は児童期を通じて獲得されます（Butterworth & Harris, 1994）。記憶に関するメタ認知であるメタ記憶は，児童期の中頃に獲得されることが明らかになっています（Justice, 1985; Dufresne & Kobasigawa, 1989）。

また，どんな認知方略を選ぶかは，自分が認知の対象となる事がらについてどれくらい知っているかという知識の量とも深く関係しています。例えば，多くの知識をもっている領域の事がらについて覚える時は体制化方略が有効なのに対し，ほとんど知識をもっていない領域の事がらについては体制化方略は有効ではありません。このような知識の量は児童期を通じて大きく増大すると考えられています（Butterworth & Harris, 1994）。

2. 学習方略

私たちが学習する時に用いる認知方略のことを学習方略（learning strategy）といいます。

学習方略の心理学的な定義として「学習の効果を高めることをめざして意図的に行う心的操作あるいは活動」（辰野, 1997）を代表的なものとしてあげることができます。

学習方略の種類

　学習方略にはさまざまな種類があります。我が国における学習方略に関する研究は、おもに高校生を対象にして行われています。したがって、学習方略の種類について高校生以上を対象にした研究からの知見を紹介することにします。

　まず、英単語の学習方略についての知見を紹介します。堀野・市川（1997）が行った英単語の学習方略の研究では、英単語の学習方略として、「体制化方略」「イメージ化方略」「反復方略」の三つが示されました。

　「体制化方略」とは、単語を覚える時に同じ意味の語（同意語）、似た意味の語（類義語）、反対の意味の語（反意語）をまとめて、覚える事がらを整理して覚えようとする方法のことです。

　「イメージ化方略」とは、単語のイメージやニュアンスを思い浮かべながら覚える方法です。

　「反復方略」とは、単語を何度も何度も書いたり、スペルを唱えることで覚えようとする方法です。

　さらに、「体制化方略」と「イメージ化方略」を用いると学習成果に良い効果があることも示されました。このことから、単に何度も繰り返し書いたりして覚える「反復方略」ではなく、学習する事がらの意味を考えた方略の方が効果的であるということができます。

　次に漢字の学習方略について紹介します。丸山・木村（2002）や丸山（2004b）が行った漢字の学習方略の研究では、漢字の二文字熟語の学習方略と書き取りテストの成績について検討しています（表10-1）。

　学習方略については、学習する熟語の意味を考えて、ごんべんがつく漢字は言葉に関連する語であるというように、もともともっている知識に基づいて自分なりに分類や整理をして覚えたり、他の漢

表10-1 漢字の学習方略についての質問項目 (丸山, 2004b)

体制化方略
　他の漢字などとの関係に注意する
　似ている字との意味の違いに注意する
　部首に注意する
　偏や旁などの細かい部分に分けて覚える
　実際にどのように使われるかということに注意する
　成り立ちについてかんがえる
　形の似ているものと区別できるように気をつける

リハーサル方略
　書いて覚えることを重視する
　書かずに見るようにする（逆転点項目）

字と熟語にして覚えるといった方法と何度も繰り返し書き取り練習をする方法が示されました（丸山, 2004b）。前者を「体制化方略」、後者を「リハーサル方略」といいます。「体制化方略」を用いて漢字を学習したほうが、漢字の書き取りテストの成績が良いことが示されています。英単語学習、漢字学習ともに、学習する事がらの意味を考える方略が学習に対して良い効果をもっています（英単語学習では「体制化方略」と「イメージ化方略」、漢字学習では「体制化方略」）。

村山（2003）は、学習する事がらを意味づける学習方略を「深い処理」、学習する事がらを意味づけるというよりは暗記する学習方略を「浅い方略」と呼んでいます。

「深い処理」の学習方略を用いるためには、学習事項を既にもっている既有知識と関連づけることが必要になるので、学習対象に関する知識をある程度はもっていることが必要となります。もちろん、自分の知識がどのようであるかを判断し、適切な方略を選択するメタ認知能力も必要です。

学習方略の発達

丸山・木村（2002）と丸山（2004b）は、漢字学習において体制

2. 学習方略　159

化方略が効果的であることを示しましたが，これらは高校生と大学生を対象としたものでした。

　漢字学習において体制化方略を使用するためには，漢字についての知識を一定程度以上もっていなければなりません。それでは，漢字学習を開始したばかりの児童期の子どもたち，つまり漢字についての知識が多くない学習者にとっての適切な漢字学習方略とはどのようなものなのでしょう。

　宮内（2007）は，小学3年生における漢字の有効な学習方略について検討しています。この研究によると，小学3年生にとって，「組み立て認知方略」が有効であることが示されています。「組み立て認知方略」とは，漢字を分解して捉え，一つひとつの漢字の組み立てを理解し，組み立てを意識しながら書字練習する学習方略です。この研究では，3種類の組み立てパターンの漢字を学習の対象としました。一つ目は「左右パターン」で，詩という漢字のように部首とそれ以外の部分が左右に並んでいるものです。二つ目は「上下パターン」で，岩という漢字のように部首とそれ以外の部分が上下に組み合わさっているものです。三つ目は「その他」で，上記の2パターン以外の組合せの漢字です（表10-2）。

　宮内（2007）は，小学3年生に，「すべての漢字は，部首や部分，漢字と漢字の組合せでできており，足し算で表すことができる」ことを示し，各組み立てパターンの既習漢字を考えさせたり，同じ部

表10-2　漢字の組み立てパターン（宮内, 2007）

パターン	図	例
左右パターン	□□	例）詩＝言＋寺
上下パターン	⊟	例）岩＝山＋石
その他		例）国＝口＋玉

分をもつ漢字を分類させたりして,「組み立て認知方略」の指導を行いました。さらに,この方略を児童が使用することを促すために,家庭学習用のプリントを作成しました。このプリントでの課題は,漢字を部首や部分などに分解し,足し算で表し,組み立てパターンを記入し,さらに,同じ部分をもつ既習の漢字を考えることでした。

「組み立て認知方略」指導前と後の児童の漢字の書き取りテスト（20点満点）の結果を比較したところ,「組み立て認知方略」指導後のほうが点数が良いことが示されました（指導前の平均点 13.95 点,指導後の平均点 16.16 点）。

この研究では,児童に漢字学習の方法を指導しています。特徴は,「漢字は,部首と部分が組み立てられて成り立っている」という漢字の仕組みについて教えていることです。これは,子どもの漢字知識を深いものにしています。つまり,子どもの漢字についての知識構造を変化させたうえで,新しい学習方略を獲得させています。このように,新しい学習方略の獲得を促すためには,学習対象に対する知識構造と学習方略との関連を考慮することが重要です。

私が,小学校低学年の子どもに漢字学習は好きかどうかたずねたところ,1年生は好きだと答えた子どもが多かったのに対し,2,3年生になるとあまり好きではないと答える子どもが多くいました。その理由についても聞いたところ,1年生は「何度もノートに書くのが楽しい」というのが好きな理由でしたが,2,3年生になると「何度もノートに書くのがめんどう」「何度も書かなくてもごんべんとかさんずいとかに注意すれば書かなくても覚えられる」ということが嫌いな理由としてあげられました。このことから,漢字学習が始まる1年生に比べて,漢字学習の経験が多く,漢字についての知識が多くなる2,3年生になると,その知識を上手に利用して漢字を覚えることができることに気づくようになると考えられます。学

習対象についての知識が増えることによって，好まれる学習方略も変化していくことを示すエピソードだといえます。

3. 時間処理方略

私たちは，日常的に二つの出来事のどちらが最近あったとか，もうすぐやってくるとかいった判断を行っています。特に，未来の出来事についてこのような判断をすることは，予定を立てたりするときに重要です。本節では，このような時間に関する認知処理を時間処理と呼ぶことにします。さらに，どのような時間処理をするかを時間処理方略ということにします。

時間処理方略

フリードマン（Friedman, 1996）は，時間に関する判断の方略には次の2種類があることを示しています。

一つ目は，「位置に基づいた判断（Location-based judgment）」です。これは，判断する出来事を時間の構造の中に位置づけて考えるものです。例えば，ある出来事は今年の春にあり比較する出来事が今年の秋にあり，その年の冬に判断する場合，秋にあった出来事が最近あったと判断することです。

二つ目は，「距離に基づいた判断（distance-based judgment）」です。これは，どれくらい経っているかといった時間の長さを考えるものです。例えば，ある出来事は5ヶ月前にあったが，比較する出来事は3ヶ月前にあったので，3ヶ月前の出来事のほうが最近あったと判断することです。

「位置に基づいた判断」は，二つの出来事を同時に頭に思い浮かべることが必要となり，「距離に基づいた判断」は同時に思い浮かべる必要はありませんが，順番に（継時的に）出来事を思い浮かべ

時間処理方略の発達

　私たち大人は，たいていの場合「位置に基づいた判断」を行います。しかし，子どもは出来事を時間の構造の中に位置づけることが難しく，多くの場合「距離に基づいた判断」を行っていることが示されています（Friedman et al., 1995）。

　丸山（2001）では，小学1年生から小学4年生の子どもに，「時間の近さ判断課題」を行って，時間処理方略の発達について検討しています。

　「時間の近さ判断課題」は，未来についての試行と，過去についての試行で構成されています。

　未来についての試行（NEXT課題）では，子どもたちに「今度のクリスマスと今度の誕生日とでは，どちらが先にきますか？」と質問しました。

　過去についての試行（LAST課題）での質問は，「この前のクリスマスとこの前の誕生日とでは，どちらが前にありましたか？」でした。

　NEXT課題は，2年生以上で全員が正しく判断でき，LAST課題では4年生以上にならないと全員が正しく判断できるようにならないことが示されました（表10-3）。

　さらに，どのように考えたかという時間処理方略については，1年生では出来事の距離や順序に基づいた方略が多く，3年生以上になると位置に基づいた方略が多くなることが示されました（表10-4）。

　この理由として，認知能力の発達をあげることができます。フリードマン（Friedman, 1982, 1983, 1986）によると，時間に関する認知能力である時間処理能力には，言語リスト処理能力（verbal-list

表10-3 「時間の近さ判断課題」の各学年の正答者数と誤答者数
(丸山, 2001)

	NEXT課題	LAST課題
	正答者：誤答者	正答者：誤答者
1年生	6：2	5：3
2年生	9：0	6：3
3年生	6：0	4：2
4年生	6：0	6：0

表10-4 「時間の近さ判断課題」における方略の例 (丸山, 2001)

距離に基づいた方略
- クリスマスはずっと前だったから
- 誕生日は終わったばかりだから

順序に基づいた方略
- 今は6月で、6月、7月、8月の順番だから（誕生日が8月）
- 誕生日は12日で先に来る（誕生日が12月12日）

位置に基づいた方略
- クリスマスは12月だから（誕生日が9月）
- 誕生日は1月18日だから

processing ability) とイメージ・システム処理能力 (image system processing ability) の2種類があります。

言語リスト処理能力とは、出来事を時間軸に沿って順番に思い出し、時間に関する認知処理を行う時に出来事の順序を利用するものです。

イメージ・システム処理能力とは、時間の構造を空間的に頭の中に描き、出来事を同時に思い浮かべるというものです。

時間処理能力は、言語リスト処理能力、イメージ・システム処理能力の順に発達的に獲得されます。6,7歳頃からイメージ・システム処理能力が獲得されることが示されています (Friedman, 1990; 丸山, 2004a)。

二つの出来事の時間の近さを判断する時の、「位置に基づいた判断」は、比較する出来事を同時に思い浮かべる必要があるので、イ

メージ・システム処理能力を獲得している必要があります。また，「距離に基づいた判断」や順序を考える方略は，出来事を同時に思い浮かべる必要がないので，言語リスト処理能力で十分可能です。これらのことから，「位置に基づいた判断」の方略には，イメージ・システム処理能力の獲得が前提となると考えることができます。

このように，認知能力の発達も認知方略の獲得と密接な関連があります。認知能力の発達が認知方略の獲得の前提となるといえます。

また，より高次な認知能力を獲得することによって，問題解決に応じて適切な方略を用いることができるようになることも示されています（丸山，2005）。

丸山（2005）では，一日の活動間の時間の長さ比べ（間隔時間比較課題）を，小学1年生から3年生の児童に対して行い，問題解決に使用される方略について検討しました。

間隔時間比較課題は，①比較する間隔時間の起点となる活動が同じ，②終点となる活動が同じ，③起点も終点も異なるという三つのパターンの試行から構成されています（表10-5）。

質問の一つは，「朝の会から掃除をするまでの時間と，朝の会から帰りの会をするまでの時間とではどちらが長いですか？」でした。

子どもが使用した時間処理方略は，「イメージ処理方略」「言語処理方略」「その他」の3種類に分類しました（表10-6）。

「イメージ処理方略」は，活動のある時間的位置について言及したり，長いほうの間隔に短いものが含まれると述べたり，何時間とか何分といった時間の長さについて言及したものです。

「言語処理方略」は，出来事の前後関係について言及したり，比較する間隔時間の中の活動数を比較したものや，両方の間隔時間に

表10-5 「間隔時間比較課題」の試行 (丸山, 2005)

① 比較する間隔時間の起点となる活動が同じ
「朝の会から掃除」と「朝の会から帰りの会」
「朝の歯磨きから掃除」と「朝の歯磨きからおやつ」

② 比較する間隔時間の終点となる活動が同じ
「午前中の授業から帰りの会」と「掃除から帰りの会」
「給食から帰宅」と「朝食から帰宅」

③ 起点の活動も終点の活動も異なる
「朝の会から掃除」と「午前中の授業から給食」
「登校から夕食」と「給食から学童保育所での遊び」

表10-6 「間隔時間比較課題」における各方略の例 (丸山, 2005)

イメージ処理方略
・活動のある時間的位置について言及するもの　例) 朝から夜と昼から夜だから
・長いほうの間隔時間に短いほうの間隔時間が含まれることに言及するもの
　例) 午前の授業から給食までの間は, 朝の会から掃除までの間に入る

言語処理方略
・間隔時間の中の活動の前後関係について言及するもの
　例) 掃除, 帰りの会の順番だから (「朝の会から掃除」と「朝の会から帰りの会」の比較の場合)
・間隔時間の中にある活動数を比較するもの　例) 8個と5個だから

その他
・一つの活動の長さについて言及し, 間隔時間の長さを比較しないもの
　例) 給食は, たくさんあると食べるのに時間がかかるから
・方略について何も報告されないもの

含まれる活動を順番に並べ替えたりしたものです。

「その他」は, 上記の二つに分類できないものです。

この間隔時間比較課題のそれぞれの試行は, イメージ処理方略と言語処理方略のどちらを用いても正しく判断することができます。しかし, 試行のパターンによって, より適切な方略が異なります。例えば, 起点となる活動が同じものの場合は, 終点の活動の前後関係を比較すればよいので言語処理方略が適しているといえます。一方, 起点の活動も終点の活動も異なるものの比較の場合, 二つの間

隔時間を同時に思い浮かべるイメージ処理方略が効率的であるといえます。

この研究では，小学2年生以上でイメージ・システム処理能力が定着することが示されました。

問題解決に使用された方略については，小学1年生では「その他」や「言語処理方略」が多いのに対し，小学2年生以上では「イメージ処理方略」の使用が可能になるとともに，試行のパターンによって適切な方略を使い分けるようになることが示されました。

丸山（2001）や丸山（2004a）の時間処理方略の発達についての研究において，「位置に基づいた方略」や「イメージ処理方略」を用いた子どもたちのなかには，机の上を指で指しながら「朝の会はここで，帰りの会はここでしょ，朝の会は同じところだけど掃除は帰りの会よりこっち（朝の会側）にあるから，朝の会から帰りの会までのほうが長い」などのジェスチャーを示すものがいました。また，「順序に基づいた方略」や「言語処理方略」を用いた子どものなかには，指を折りながら数を数えるようなジェスチャーをするものがいました。子どもたちが示したジェスチャーからも，「位置に基づいた方略」や「イメージ処理方略」は，出来事を一度に思い浮かべる「イメージ・システム処理能力」が必要であると考えることができます。

4. まとめ

本章では，学習方略と時間処理方略について述べました。

方略の発達に関係する要因として，認知処理の対象となっている領域についての知識の量や質，その領域に関わる認知能力の発達の程度の二つをあげました。自分自身の知識の量や質，認知能力の程度に応じて自身の認知処理をコントロールする能力をメタ認知能力

といいましたが，このメタ認知能力は児童期の中頃に発達的に獲得されます。宮内（2007）の漢字学習方略の指導は小学3年生を対象に行われたものでしたが，学習方略を指導することが効果的だった理由として，自身の認知処理をコントロールするメタ認知能力の獲得があると考えることができます。

引用文献

Butterworth, G., & Harris, M. 1994 *Principles of developmental psychology*. Englewood Cliffs, NJ: Lawrence Erlbaum Associates. （村井潤一監訳 1997 発達心理学の基本を学ぶ ミネルヴァ書房）.

Dufresne, A., & Kobasigawa, A. 1989 Children's spontaneous allocation of study time: Differential and sufficient aspects. *Journal of Experimental Child Psychology*, **47**, 274-296.

堀野 緑・市川伸一 1997 高校生の英語学習における学習動機と学習方略 教育心理学研究, **45**, 140-147.

Friedman, W. J. 1982 Conventional time concepts and children's understanding of time. In W. J. Friedman (Ed.), *The developmental psychology of time*. New York: Academic Press. pp.17-206.

Friedman, W. J. 1983 Image and verbal processes in reasoning about the month of the year. *Journal of Experimental Psychology: Learning, Memories, and Cognition*, **9**, 650-666.

Friedman, W. J. 1986 The development of children's knowledge of temporal structure. *Child Development*, **57**, 1386-1400.

Friedman, W. J. 1990 Children's representations of the pattern of daily activities. *Child Development*, **61**, 1399-1412.

Friedman, W. J., Gardner, A. G., & Naomi, R. E. Z. 1995 Children's comparisons of the recency of two events from the past year. *Child Developmant*, **66**, 970-983.

Friedman, W. J. 1996 Distance and location processing in memory for the times of past events. *The Psychology of Learning and Motivation*, **35**, 1-39.

Justice, E. M. 1985 Categorization as a preferred memory strategy: Developmental changes during elementary school. *Developmental Psychology*, **6**, 1105-1110.

丸山真名美 2001 未来と過去の2つの方向における時間の近さの判断 名古屋大学大学院教育発達科学研究科紀要(心理発達科学), **48**, 131-140.

丸山真名美・木村　純　2002　高校生の漢字の書き取りにおける誤答パターンと学習方略の関係　名古屋大学大学院教育発達科学研究科紀要（心理発達科学），**49**, 55-64.

丸山真名美　2004a　幼児期から児童期にかけての時間処理能力の発達：生活時間構造の階層性の発達との関連　認知心理学研究，**1**, 35-43.

丸山真名美　2004b　漢字学習方略の検討―書き取りと読みの2側面について―　名古屋大学大学院教育発達科学研究科紀要（心理発達科学），**51**, 127-136.

丸山真名美　2005　児童期前半における生活時間構造の階層化と時間処理方略の発達　発達心理学研究，**16**, 175-184.

宮内　健　2007　小学生の漢字書字学習における組み立て認知方略の有効性について　日本教育心理学会第49回総会論文集, 60.

村山　航　2003　テスト形式が学習方略に与える影響　教育心理学研究，**51**, 1-12.

辰野千壽　1997　学習方略の心理学―賢い学習者の育て方―　図書文化社.

❧ 読書案内 ❧

◆ウーシャ・ゴスワミ（岩男卓実・上淵　寿・古池若葉・富山尚子・中島伸子訳）　2003　子どもの認知発達　新曜社.

認知発達について，「何が発達するのか」「どのように発達するのか」という視点からまとめられていて，発達の仕組みを理解するために有用な本です。おもに乳児期・幼児期について書かれていますが，児童期以降の認知発達の理解にも役に立ちます。

◆市川伸一　2000　勉強法が変わる本―心理学からのアドバイス―　岩波書店.

高校生向けに書かれた学習法に関する本です。認知心理学の成果に基づいて，いろいろな教科における学習方略について述べられています。具体的な例が紹介されていて，わかりやすく学習方略のメカニズムについて学ぶことができます。

第 11 章
世界の見方が変わる児童期

「鉄棒は磁石につくのかな？」
「磁石につくものとつかないものの違いは何だろう？」

　生まれてからいろいろな知識や概念を身につけてきた子どもたちは，学校に行くことによって，これまでもっていた知識や概念の変容を迫られることがあります。児童期は，学校教育やさまざまな学習を通して科学的な知識を獲得していく時期です。また，児童期には知識や概念をまとめている世界への見方の変化も起こります。

　本章では，児童期の子どもたちの世界に対する見方がどのように変化していくのかを追いかけていきたいと思います。

1. 世界の見方を支える素朴理論

概念をもつことは世界を知ること

　私たちを取り巻く世界の中には，非常に多くの対象が存在しています。私たちは，さまざまな事物や出来事を認識し，それらを知識として蓄えたり，分類したりしています。

　例えば，「動物って何？」と幼い子どもに質問されたとしましょう。その時，みなさんはどのように答えるでしょうか。「目や口，足がある生き物」と答える人もいるでしょう。また，「生きているもの」「動くもの」のような説明をする人もいるでしょう。前者のように，動物の構成要素である身体器官をあげるという答え方もあれば，後者のように動物の共通特性をあげるという答え方もあります。実際に，私が小学校1，3，5年生を対象に「動物とはどんなものだと思いますか？」とたずねたことがあります（布施，2002）。その結果，1年生は「ペンギンはトリだけど水の中を動ける」のように，特定の動物にのみ当てはまるような説明をする子どもが他の学年より多い傾向がみられました。また，「4本足」や「牙がある」のような身体的特性による説明は，1年生で多くあげられましたが，学年が上がるにつれて減少していきました。逆に，「走るのが速い」というような行動・動作による説明は，学年が上がっていくにしたがって増えていきました。このように，多くみられる回答は学年によって違いましたが，どの子どもも自分なりに「動物とはこんなもの」という知識，イメージをもっていて，その「動物」という概念に基づいて回答していたと考えられます。

　このように概念とは，ある対象がどのようなものであるかという知識を指します。また，心理学の中では，概念は「カテゴリ」として扱われることも多いようです。「カテゴリ化」とは，「対象を特

定の概念に対応づける認知過程」です。例えば、私たちは、イヌやネコやサルを「動物」というカテゴリにまとめることができます。逆に、「動物」という言葉を聞いて、その構成メンバー（外延）であるイヌやネコを思い浮かべたり、生きている、動く、食べるといった動物の共通特性（内包）をあげることもできます。

私たちは概念やカテゴリを使って考えたり、問題を解決したり、他者とコミュニケーションを行っています。このように、概念をもつことは世界について知ることだといえます。それだけでなく、私たちは、「自分とはどのような存在か」「何のために生きているのだろう」のように、自分について考えることもあります。つまり、概念やカテゴリは、自分を取り巻く世界について理解するだけでなく、「自己」をも捉えるための思考の道具であるといえるでしょう。

概念発達を支える素朴理論

子どもは生まれてからさまざまな経験や学習を通して、多数の知識や概念を身につけていきます。しかも、それらの知識や概念は、決してバラバラの状態で獲得されるわけではありません。個々の知識や概念は他の知識や概念とともに、因果的な首尾一貫性をもった説明的な枠組みである「理論」によってまとめられているという考え方が、概念発達を説明する近年の有力な立場です。ここでは、知識や概念の背後にある「理論」について説明します。

幼い子どもでも、「理論」と呼ぶことができるようなまとまりのある知識体系をもっていることが、この20～30年間で明らかにされてきました（Carey & Spelke, 1994; 稲垣・波多野, 2005; Perner, 1991; Wellman & Gelman, 1992）。「理論」をもつということは、単にバラバラの知識、概念をもっているのではなく、生物学や物理学、数の領域など、領域ごとの原理によって関連づけられたまとまりの

ある知識を構築していることを意味します。これが,「理論」をもつための一つの条件です。また,物事の原因と結果の関係(因果関係)について考える時に,それぞれの領域の原理に基づいて考えられることも必要とされます。例えば,「なぜ風邪をひいたのか?」という問題に対して,「風邪のウイルスをもらったから」と答えられることです。このように,生物学の領域の問題には,生物学的な因果によって考えられることが,「理論」をもつための二つ目の条件とされています。

このような「理論」を,幼児期の子どもでもいくつかの領域についてもっていることがわかっています。ただし,子どもがもっている「理論」の特徴として,科学的には間違っていることも多々あり,素朴な考え方であるという点があげられます。そのため,科学的理論との対比から「素朴理論(naïve theory)」と呼ばれています。どのような素朴理論を,何歳頃から獲得するのかという素朴理論研究がこの20〜30年間盛んに行われてきました。

素朴理論研究が盛んになったのは,ピアジェの認知発達段階理論を中心としたこれまでの研究で考えられていたよりも,子どもがもっと有能であり,自分を取り巻く世界について多くのことを理解していると考えられるようになったという背景があります。つまり,素朴理論の存在は,子どもが世界に対して独自のものの見方をもっていることを示すものでもあります。また,素朴理論の発達をたどることによって,子どもの世界観の変化をみることができると考えられます。

素朴理論の数は,学問領域の数に相当するといわれています(Carey, 1985)。その中でも特に,乳幼児期を対象とした素朴理論研究では,物理学についての素朴理論である「素朴物理学」(例えば,Baillargeon et al., 1985; Baillargeon, 1986など),自己や他者の心的状態の理解に関する素朴理論である「心の理論」(例えば,

Baron-Cohen et al., 1985; Perner, 1991 など)，生物についての素朴理論である「素朴生物学」(例えば，Carey, 1985; 稲垣・波多野, 2005 など) は，素朴理論の中核領域をなすものと考えられ，多数の研究が行われてきました。

次項では，その中の一つである「素朴生物学」を取り上げます。

生物の世界に対する見方の発達

素朴生物学研究は，ピアジェ (Piaget, 1929) が子どもの未熟な認識として捉えた「アニミズム」の捉え直しに端を発しています。ピアジェは，無生物にまで「生きている」と生命を付与してしまうような子どもの誤った生命認識に対して，「アニミズム」と名づけました。つまり，ピアジェは，アニミズムという現象を幼児の思考の未熟性を表すものとして否定的に捉えていました。それに対して異議を唱えたのが素朴生物学研究です。

素朴生物学研究では，アニミズムのように誤った認識であったとしても，子ども自身がもつ生物についての一貫した理論に基づいて生物-無生物の区別をしようとしていることを評価しています。つまり，アニミズムをピアジェのように幼児期の未熟な思考の現れと解釈するのではなく，理論による判断の証拠として肯定的に捉えています (Carey, 1985)。

素朴生物学の代表的な研究として，稲垣・波多野 (2005) の一連の研究があります。稲垣・波多野 (2005) の主張は以下の3点であり，ほぼ5歳頃に素朴生物学が獲得されると考えられています。「人間についての知識をもとに他の生物についての推論を行うのは素朴生物学の枠組みによるものであること」「植物を含む生物と無生物の区別ができること」また「生物学的現象に対して生気論的因果による説明を行うこと」。ここで提案された生気論的因果とは，「体内の臓器の働きを擬人化によって理解しようとするもの」です。

具体的な問題で考えてみましょう。下の例は、稲垣・波多野（2005）が、5歳から6歳、8歳の子どもと大学生を対象に行った質問と、その選択肢として与えられた回答です。この中の2の選択肢が生気論的因果です。ここでは、「お腹」に行為主体的性格（agency）を割り当て、「食べ物から元気が出る力を取る」という活動のために、「食べ物を食べる」という現象が引き起こされると考えられていることになります。このように、人間のような活動をする主体性を臓器などに割り当てた因果的説明をすることを、「生気論的因果」といいます。

> 問い：「私たちが毎日おいしい食べ物を食べるのはどうしてだと思いますか？」
> 1：意図的因果
>   私たちがおいしい食べ物を食べたいためです。
> 2：生気論的因果
>   お腹が食べ物から元気が出る力を得るためです。
> 3：機械論的因果
>   胃や腸の中で、食べ物の形を変えて体に取り入れるためです。

他の研究から、素朴生物学を獲得する前の子どもは、1のような意図的因果による説明を好むことがわかっています。それに対して、素朴生物学を獲得した5歳、6歳児の70％以上の子どもが、意図的因果と機械論的因果の中間にある生気論的因果による説明を好むことを明らかにしました。また、より年長の子どもや大学生のような大人は、3のような機械論的因果を好むこともわかっています。

このように、素朴生物学を獲得することによって、子どもは、さまざまな生き物を「生物」という一つのカテゴリにまとめることができたり、生物学的な問題について、生物学的な因果に基づく推論

ができるようになっていきます。

2. 児童期に生じる変化

素朴概念，素朴理論に対する評価の転換

　乳幼児期を対象とした素朴概念，素朴理論研究は，いつどのような素朴理論が獲得されるのかという問題が中心的なテーマとして取り上げられます。これまでの研究から，子どもは発達初期から複数の領域の素朴理論を獲得していることが明らかにされています。また，乳幼児期を中心とした研究では，多くの場合，これまでの研究で考えられていたよりも，子どもが認知的に有能であることを示す証拠として，肯定的に素朴理論を評価しています。

　しかし，一方で，素朴理論は科学的には誤っている素朴なものであるという特徴があります。そのため，児童期以降を対象とした素朴概念，素朴理論研究や教授学習の文脈では，多くの場合，科学教育による学習を阻害するものであり，正しく修正しなければならない誤った知識として，否定的に捉えられるようになることが多くなります。例えば，生物学の領域に関しては，児童期の子どもの動物概念では人間が特別視されていること（布施，2002）や，児童期の動物概念は大型の哺乳類に限定されやすい（荒井ら，2001; Bell, 1981）ことなどが報告されています。

　このように，科学的とはいえない素朴概念，素朴理論について，一方では有能さの証拠として肯定的に評価されているのに対し，他方では，科学的概念，理論の学習を阻害するものとして，否定的な評価を受けています。このような評価の分岐点は，学校教育の中で科学的な教授学習が始められる児童期にあるのではないでしょうか。実際に，児童期は自発的に生じる概念変化と教授に基づく概念変化が時には葛藤する時期であることが指摘されています（稲垣・

波多野, 2005)。

　それでは，概念変化とはどのような変化を意味するのでしょうか。この章の最初の写真を思い出してください。3年生の子どもたちが，理科の授業で磁石の実験をしているところです。磁石について学習する前の子どもたちは，「鉄棒は磁石につく」「ハサミは磁石につく」「アルミホイルは磁石につかない」のように，磁石につくもの・つかないものを「物体」として捉えています。その後，理科の学習を通して「磁石につくのは鉄で，それ以外のものは磁石につかない」と学びます。つまり，学習前は磁石につくもの・つかないものを「物体」として捉えていた子どもたちが，磁石につくもの・つかないものを「物質」として捉えるようになります。同じハサミに対して，「ハサミは磁石につく」と考えていた子どもが，「ハサミの刃の部分が磁石につく」と考えるようになるのです。このように，世界に対する捉え方が変化することを概念変化といいます。例にあげたような学校教育などを通して生じる概念変化を稲垣・波多野（2005）は，「教授に基づく概念変化」とし，日常経験などを通して起こる「自発的に生じる概念変化」と区別しています。

児童期の素朴概念

　それでは，上で紹介した例の他に児童期のあいだにどのような素朴概念の変化が起こるのでしょうか。

　第1節で取り上げた素朴生物学，生物についての子どもの捉え方についてみてみましょう。ケアリー（Carey, 1985）は，10歳頃になると身体内部の機能について，機械論的因果によって説明するようになることを明らかにしています。また，動物の特性付与の課題の結果，10歳の子どもは大人と同じように「骨がある」などの特性については，付与する割合が無脊椎動物よりも脊椎動物で多くなることを示しています。

2．児童期に生じる変化

　一方，波多野ら（Hatano et al., 1993）は，日本，アメリカ，イスラエルの幼児（5〜6歳児），小学校2年生（7〜8歳児），小学校4年生（9〜10歳児）に対し，人間，人間以外の動物，植物，無生物について，生命などの特性を付与するかどうかをたずねる課題を行いました。その結果，文化差は認められるものの，学年が上がるにつれて，生物の属性付与の基準として「人間＋動物＋植物ルール」を用いる割合が高くなること，小学校4年生では50％以上がそのルールを用いていることがわかりました。このことから，9, 10歳になると植物を含めた生物というカテゴリができ，無生物とはより区別されるようになると考えられています。

　また，ジョンソンら（Johnson et al., 1992）は，動物の中でも哺乳類に限定し，三つ組み課題を用いて分類システムの検討を行いました。三つ組み課題とは，三つの対象を提示し，そのうちより近いもの，同じ仲間だと思うものを二つ選ばせるという課題です。7歳児，10歳児，大人を対象とした実験の結果，10歳児と大人は類似の結果を示し，10歳になると人間を他の霊長類と同じカテゴリに分類するようになることが示されています。つまり，10歳頃の霊長類カテゴリの出現によって，これまで生物の中で特別視されていた人間の特権的地位が失われるとともに，他の哺乳類との共通性が理解されるようになると考えられています。私もジョンソンらと類似の課題によって，児童期後期（小学6年生）の生物に対するカテゴリ化を調べました（布施，2006）。ジョンソンらは哺乳類に限定していましたが，哺乳類だけでなく，動物，植物，無生物を用いて三つ組み課題を構成するとともに，合わせて生物，動物，人間の判断基準をたずねました。同じ課題を，既に学校での理科教育による学習を終えた大学生にも行い，小学6年生の結果と比較しました。まず，生物，動物，人間の判断基準の結果から，大学生の方が科学的な生物概念をもっていることがわかりました。また，三つ組み課

題の結果からは、小学6年生と大学生では霊長類に対する捉え方が異なり、小学6年生の方がより霊長類と人間を近いものと分類するのに対し、大学生は霊長類と他の哺乳類を近いものとして分類することが示されました。ジョンソンらの結果に合わせて考えると、10歳頃にできる「霊長類カテゴリ」は、その後さらに変化し、それにあわせて人間の位置づけも変化するようです。

概念発達に学校教育はどのように影響するか

これまでみてきたように、5歳頃の幼児期に獲得された素朴生物学は、その後、児童期を通してさらに変化していきます。児童期になると学校教育が始まります。小学校での理科教育は、子どもの日常経験などを通した自発的な概念変化の過程では起こりえない、教授に基づく概念変化（稲垣・波多野, 2005）を引き起こす機会を与える場であるといえます。そのことにより、幼児期に獲得した素朴概念は児童期を通して変化し、中学校以降に学習される科学的概念の基礎となると考えられます。

これまで主に取り上げてきた素朴生物学の獲得に関して、中心的な基準の一つである生物－無生物の区別について考えてみましょう。現在の学習指導要領（文部省, 1998a, 1998b）では、小学校3年生から身近な植物や動物を取り上げた生物の学習が取り入れられています。しかし、動物の分類は中学理科の第2分野に位置づけられており、小学校では動植物の分類は扱われていません。このことから、科学的な生物学の獲得は、中学生以降になることが推測できます。科学的生物学を獲得すると、例えば動植物の分類についても科学的知識に基づいた分類が可能になるでしょう。このような「素朴生物学から科学的生物学の獲得へ」という道筋は、一見望ましい概念変化、理論変化のプロセスであるように思われます。科学教育の観点から考えると、確かに、児童期の子どもがもっている素朴概

念，素朴理論の中には，学校での科学教育に対して阻害要因となりうる素朴概念もあります。しかし，子どもなりに理論化された知識をもち，世界を理解していることは事実です。たとえ科学的には誤っていたとしても，子どもなりの理論によって一貫性のある説明をすることもできます。子どものもっている概念，理論に照らした教授方法を考えた方が，より効果的な教育ができるのではないでしょうか。実際に，そのような実践研究も報告されています（例えば，工藤，2003）。

また，日常経験などを通して自発的に生じる素朴概念の発達的変化をふまえ，学校での理科教育などの教授学習の中に取り込むという教授法のあり方も考えられるのではないでしょうか。例えば，上で紹介したような子どもの生物や動物に対する捉え方は，小学校3年生から理科教育の中で植物や動物の成長や体のつくりについて学習する際に，子どもたちがあらかじめ生物についてどのような概念をもっているのかという情報を提供することになるでしょう。

3. 多様な見方ができるようになる児童期

児童期の間に，子どもたちの世界に対する見方はどのように変化するのでしょうか。素朴生物学の枠組みでは，10歳頃生物や動物の中での「人間」の位置づけが変わることによって，子どもの生物概念に変化が生じることを，第2節の中で紹介しました。生物概念，素朴生物学の変化の鍵になると考えられる「人間」に関する子どもの捉え方について，別の角度からみてみましょう。

私は，図11-1のような課題を使って，小学3年生，4年生，5年生に社会的カテゴリ化の実験を行いました（布施，2007）。質問は次の三つです。「①Aの女の子と友だちになれる人はどの人ですか？」「②Aの女の子と一緒に生活できる（暮らせる）人はどの人

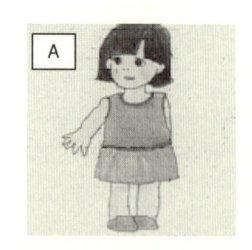

180　第11章　世界の見方が変わる児童期

図11-1　社会的カテゴリ化の課題例

ですか？」「③Aの女の子と家族になれる人はどの人ですか？」。子どもたちには，B（大人・日本人），C（大人・外国人），D（子ども・日本人），E（子ども・外国人）の4人の人の中から，それぞれの質問に当てはまる人を全て選んでもらい，また，その理由を答えてもらいました。

　結果の一部を紹介します。図11-2は，「友だちになれる人」として，B〜Eの人を選んだ割合を学年ごとに示したものです。「大人・日本人」「大人・外国人」「子ども・外国人」については，学年が上がるにつれて選択率が高くなっています。

　また，選択理由については，3年生では，「子どもだから」や「日本人だから」という年齢や国籍に言及した理由が多くあげられ

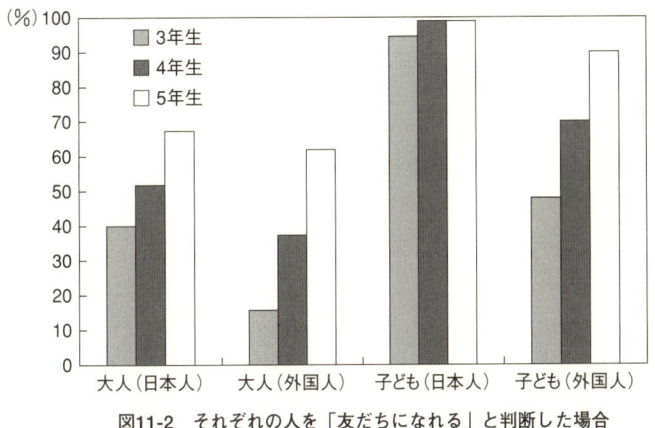

図11-2 それぞれの人を「友だちになれる」と判断した場合

ました。そのような限定した理由づけは、学年が上がるに従って減少していきます。それに対して、3年生ではわずかしかみられなかった「なろうと思えば誰でもなれる」という意志・努力による回答や「人間だから」という回答は、5年生で最も多い理由づけでした。このような結果は、部分的に違いがみられたものの、「一緒に生活できる人」や「家族になれる人」の質問にも共通していました。

　以上のような結果から、3年生頃までは限られた視点から人間をカテゴリ化しているが、加齢に伴って人間をカテゴリ化する視点が広がっていくと考えられます。3年生は年齢のような身体的特性や国籍などを根拠としてカテゴリ化の範囲を限定しているのに対し、5年生になると視点を拡大し、より多様な人を含める人間としての普遍性に基づくカテゴリ化を行うようになるといえるでしょう。特に、「意志・努力」や「人間だから」という理由づけが5年生で増えることは、人種や国籍といった人間の社会的特性の性質を超えて、人間という種としての同質性を理解するようになることを示していると考えられます。このような視点の拡大が、他者に対する情報処理

やさまざまな視点から他者を捉えられるようになるという認知的複雑性の発達（鈴木, 2004）に関連している可能性も考えられます。

このように児童期はさまざまな領域で世界に対する見方が変化する時期です。特に9, 10歳頃を転機として，子どもの世界に対する見方は，より豊かになっていくといえます。中には，素朴概念，素朴理論のように，科学的には誤っている見方であっても，子ども独自の世界観であることに変わりはありません。確かに，科学的に誤っているという点では限界があることは事実ですが，間違っているから正しい概念，理論に変えなければいけないのではなく，そのような見方も含めて子どもの世界に対する認識と捉えると，より豊かな子どもの認識世界が浮かび上がってくるのではないでしょうか。

引用文献

荒井龍弥・宇野 忍・工藤与志文・白井秀明　2001　小学生の動物学習における縮小過剰型誤概念の修正に及ぼす境界的事例群の効果　教育心理学研究, **49**, 230-239.

Baillargeon, R.　1986　Representing the existence and location of hidden objects: Object permanence in 6- and 8-month-old infants. *Cognition*, **23**, 21-41.

Baillargeon, R., Spelke, E. S., & Wasserman, S.　1985　Object permanence in 5-month-old infants. *Cognition*, **20**, 191-208.

Baron-Cohen, S., Leslie, A. M., & Frith, U.　1985　Dose the autistic child have a "theory of mind"? *Cognition*, **21**, 37-46.

Bell, B. F.　1981　When is an animal, not an animal? *Journal of Biological Education*, **15**, 213-218.

Carey, S.　1985　*Conceptual change in childhood*. Cambridge, MA: MIT Press. （小島康次・小林好和訳　1994　子どもは小さな科学者か―J. Piaget 理論の再考―　ミネルヴァ書房）.

Carey, S., & Spelke, E.　1994　Domain-specific knowledge and conceptual change. In L. A. Hirschfeld, & S. A. Gelman (Eds.), *Mapping the mind: Domain specificity in cognition and culture*. New York: Cambridge University Press. pp. 169-200.

布施光代　2002　児童期における動物概念の発達　科学教育研究, **26**, 271-279.

布施光代　2006　児童期後期における生物に関する素朴概念の検討　東海心理

学研究, **2**, 49-57.
布施光代 2007 児童期における社会的カテゴリ化の発達 日本教育心理学会第49回総会発表論文集, 429.
Hatano, G., Siegler, R. S., Richards, D. D., Inagaki, K., Stavy, R., & Wax, N. 1993 The development of biological knowledge: A multi-national study. *Cognitive Development*, **8**, 47-62.
稲垣佳世子・波多野誼余夫 著・監訳 2005 子どもの概念発達と変化—素朴生物学をめぐって— 共立出版.
Johnson, K. E., Mervis, C. B., & Boster, J. S. 1992 Developmental changes within the structure of the mammal domain. *Developmental Psychology*, **28**, 74-83.
工藤与志文 2003 概念受容学習における知識の一般化可能性に及ぼす教示情報解釈の影響—「事例にもとづく帰納学習」の可能性の検討— 教育心理学研究, **51**, 281-287.
文部省 1998a 小学校学習指導要領 財務省印刷局.
文部省 1998b 中学校学習指導要領 財務省印刷局.
Perner, J. 1991 *Understanding the representational mind.* Cambridge, MA: MIT Press.
鈴木佳苗 2004 認知的複雑性の発達社会心理学 風間書房.
Wellman, H. M., & Gelman, S. A. 1992 Cognitive development: Foundational theories of core domains. *Annual Review of Psycology*, **43**, 337-375.

✎ 読書案内 ✎

◆稲垣佳世子・波多野誼余夫著・監訳 2005 子どもの概念発達と変化—素朴生物学をめぐって— 共立出版.

子どもの素朴生物学に関する多数の実験研究を紹介している。また、素朴生物学研究をもとに、子どもの概念発達の過程について議論している。

◆落合正行 1996 子どもの人間観 岩波書店.

子どもが人間についてどのように捉えているのか、子どもたちが書いた作文やエピソードを交えながら、わかりやすく紹介している。

第 12 章
「創造すること」は「大人社会を意識すること」

ようこそ！ (Paul Klee, 1939)

　本章では，児童期の創造性の発達的特徴と，社会の中に自分を位置づけ始めるきっかけとしての創造性の役割について考えていきます。
　第1節では「大人より子どものほうが創造的である」という創造性の見方と，加齢に伴って何かを「得ること」だけを発達とする見方の〈ひっくり返し〉を図ります。
　第2節では，近年の創造性をめぐる議論が行き着いた先が"Good Work"であったことをふまえて，さまざまな心理学理論が創造性という領域を媒介にして職業の問題に結びついていくことを説明します。

1. 創造性は発達するのか

子どもと大人，どちらが創造的？

　スイス人画家パウル・クレー（1879-1940）は，抽象画を多く描いたことで有名です。クレーの絵はよく子どもの絵と比較されます。クレー自身が子どもの絵に芸術の本質を見ていたことは，次の日記の記述に表れています。

> 「読者よ，笑い給うな！　この根源的な芸術は子供でもできることなのです。そしてまさに子供でもできるということに，英知がひそんでいるのだ。子供は大人がよけいな手を出さなければ，それだけすばらしい絵を描いてみせるのです」。　　　　　（クレー，1961）

　こうした子どもの絵からインスピレーションを受けて，芸術家が作品を創りあげたという話はよく聞きます。先の記述にもあるように，子どもに自由に絵を描かせていれば，芸術作品となるのでしょうか。

　ソヴィエトの心理学者ヴィゴツキーは，「子どものほうが大人よりも創造的である」という見方を一蹴します（ヴィゴツキー，1992）。ヴィゴツキーによれば，人間の想像的創造力は経験の多さに比例するのです。経験といっても，直接自分の身をもって経験することだけではありません。本から知りえたこと，他者と関わることで伝え聞いたこと，今の時代だったらテレビやインターネットを通じて知りえたことなど，生活するなかでふれる情報全てが経験です。この立場にたって考えると，子どもはどうやっても大人より創造的になることはできません。この立場では，生活している歳月のなかで，人間はだんだんと創造的になっていくと考えられるからです。

こうしたこの世界に生まれてからの年月が経てば経つほど外界との接触が増え，それゆえ「～ができるようになっていく」という人間の見方を構成主義的発達観といいます。よく注意して日々の生活を観てみると，私たちは「○○歳ぐらいになると～ができるようになる」という見方を無意識にそしてあたりまえに使っています。乳幼児ならばその一挙手一投足が年齢・月齢と重ね合わせて語られます。成人になればこの見方から離れられるかというとそんなことはありません。私が教えているのは大学生なのでほとんど20歳前後ですが，講義で使う教材，教える内容，教えるペース，その他諸々を決める準備の段階から，受講者が1年生なのか2年生なのかそれ以上，あるいは全学年が混ざっているのかといった受講者の「学齢」についての情報は不可欠です。会社の組織であれば，入社何年目あるいはその職場・部署・プロジェクトに移って何年目という「キャリア年数」がその人の「できること」を判断する際に重要な指標となります。

　創造性の問題に戻りましょう。創造性は構成主義的に発達するものなのでしょうか。さらにいえば，創造性は発達するものなのでしょうか。私は，創造性を個人の頭の中で起こるひらめきやアイディアであるとは考えていないし，素晴らしいパフォーマンスを行うためには努力や訓練は絶対必要ですが，努力や訓練をしたからといって必ず創造性が高くなるとはいえないと考えています（夏堀，2005）。なぜなら，創造性は特定の創造活動の領域で，その領域の専門家や評価者に認められた時にはじめて認められる性質のものだからです。つまり，Aさんが創造的であるかないかはAさんには決められないということです。このように考えると，創造性に関しては単純に「年月とともに○○ができるようになる」という図式では捉えきれない何かがあるのではないでしょうか。

子どもがもつ〈創造への構え〉

ここで、児童期の創作活動についての具体的なデータに沿って、創造性の発達について考えてみましょう。

図12-1は、小学2，4，6年生209名に物語を創作してもらい、その物語中に「死ぬ，破壊する」といった破壊的な表現が含まれていた割合と「助けてもらう，助ける，助け合う」といった道徳的な表現が含まれていた割合を、学年と性別に分けて示したものです（夏堀, 2005）。男子は学年が上がるにつれて破壊的な表現が、女子は道徳的な表現が多くみられるようになっていくことがわかります。これは、「学年が上がるにつれて二つの表現ができるようになった」ということなのでしょうか。グラフ中のもう一つの特徴に目を向けてみましょう。男子の道徳的表現の使用は2年から4年で増加し6年で減少しています。女子の破壊的表現の使用も同じ傾向です。

この二つの学年による特徴を重ね合わせてみると、次のようにいえるのではないでしょうか。6年生男子が道徳表現を使う割合が減ったのは、道徳的表現を使って物語を創ることが「できない」か

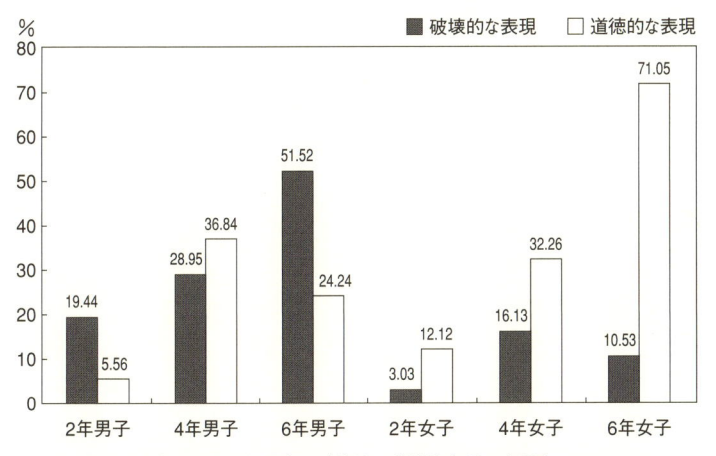

図12-1 創作された物語中の破壊的・道徳的表現の出現率 （夏堀, 2005）

らではない。そして，6年生女子が破壊的表現を使う割合が減ったのも，破壊的表現を使って物語を創ることが「できない」からではない。彼らは「創れるけど創らなかった」のです。そして，男子は破壊的表現を使った物語を，女子は道徳的表現を使った物語を創ったのです。

ここで先の「創造性は評価者に評価された時に認められる」という定義を当てはめてみましょう。子どもが学校で物語を創作する活動を行うとき，評価者は教師です。教師がどのような評価をするのかを調べた（夏堀, 2005）ところ，多くの教師が道徳的な表現を含んだ物語を高く，破壊的な表現を含んだ物語を低く評価しました。表面的には，6年生は「創れるけど創らなかった」という自己決定をしてそれぞれの性別によって好きな物語表現を使ったように見えます。しかし，こうした評価基準の内容と照合すると，男子は教師の評価基準への反発，女子は教師の評価基準に従順，という評価への構えが物語で使用する表現を決めたのではないかと考えられます。

創造性の本質が評価にあるならば，評価への構えとはすなわち〈創造への構え〉ということになります。高学年の児童は，学校で創作活動をする時，教師が何を求めているのかを理解し，教師の評価基準に対する自分の〈構え〉を反映させて創作に取り入れることができるようになるといえます。しかしその結果，表現が偏るため似たような物語が多く創られることになり，オリジナリティという創造性の命ともいえる特質が失われていくことになるのです。

少年少女期に得るもの・失うもの

こうした現象はヴィゴツキー（1992）の説明によると次のようになります。ここでの6年生は，「少年少女」期（＝児童期後期〜；11，2歳〜14，5歳）に当たり，性的成熟に伴う過渡期の年齢とさ

れます。そして、創造生活のいちばん重要な「危機」（Vygotsky, 1998）の時期とされます。過渡期の年齢はアンチテーゼ、矛盾性、両極性が特徴です。想像、イマジネーションは根本的な変革を迎えます。その根本的な変革とは、主観的なものから客観的なものへと変わることです。この時期になると、児童はみずからの主観的経験を、客観的な諸形式、具体的には詩や小説といった成人の文学の形式に具象化しようと目指します。具体的な行動レベルとしては、自分の作品に対して、批判的な態度を取りはじめ、「文筆の仕事を見捨てる」者とそうでない者に分岐するようになります。またヴィゴツキーは、悲哀や生真面目な気分を表す学校での作品は家庭での作品と比べて5倍に及ぶことをあげて、この時期の子どもの作品が外的な諸影響（先の教師の評価基準がこれに相当すると思われますが）によって刺激を受け、創作される作品が変わっていくことに注意を促してもいます。

ここで、ヴィゴツキーが具体的に述べていない問題が出てきます。「客観的な諸形式に具象化する」とは、具体的に物語に何が生じることなのでしょうか。客観的な諸形式としてあげられている小説の形式から、この問題を説明したいと思います。結論から先に言えば、それは「他者性」（バフチン、1984）が生じてくることではないかと私は考えています。小説における「他者性」とは、作者と主人公（登場人物という意味です）の明確な境界を指します。作者は自分とは異なる主人公（登場人物）にさまざまな他者の言葉を語らせ、それらを響き合わせることで物語を創っていくのです。

高学年児童が破壊的な物語と道徳的な物語を性別に基づいて産出したのは、「道徳的な物語を高く評価する」という他者の言葉、しかも権威的な言葉である他者の言葉を習得し、その他者の言葉に対して主人公に否定あるいは肯定の価値を志向させたということになります。これに成功すること、つまり「他者性」を反映させて物語

を創作することは高学年になって可能となるということです。しかし、その「他者性」は権威的な言葉に基づいているため、従順／反発の両極しか立場をとれずモノローグ（単声性）になってしまいます。6年生の物語がどれも同じ印象を受ける物語となってしまうのは、他者の言葉が一つだからではないかと考えられます。

このように高学年の児童は、作者である自分を主人公と切り離して創作させることはできるので「客観的」になったのですが、それは同時に他者の言葉に基づいて創作するようになることでもあるのです。発達とは単純に「〜ができるようになること」ではなく、「できるようになること」と同時に「〜ができなくなること」でもあるのです。

学校と創造性

私が創造性の講義をする時に、必ず学生にする質問があります。ここで読者のみなさんも考えてください。

今までの学校経験の中で、さまざまな評価を受けてきたと思います。その中で「自分の能力が正しく評価されている気がしない」あるいは「評価基準が不明瞭だ」と感じた教科は次のどれでしょうか。

①算数，数学
②歴史，地理
③英語
④国語，小論文
⑤体育
⑥音楽
⑦美術

おそらく①, ②, ③よりも, ④, ⑤, ⑥, ⑦をあげた人が多いのではないでしょうか。これは, 記憶や公式の操作によって能力を測定される教科よりも, 創造活動に表れる能力を評価することの方が評価基準は見えにくいことを示しています。

本来「創造的」であることは, 自由な表現, 他人と違うこと, ユニークさ, おもしろさなどの意味をもっています。しかし, 学校での創造活動を含む教科の評価基準はこうした意味を本当に取り入れているのでしょうか。

ある子どもが創作した物語の結末は, 主人公のヘビくんと, ヘビくんを助けにきたウルトラマンが意外にも泳げなかったため, 二人とも溺れてサメに食べられてしまった, というものでした。この物語に対してある教師は次のように評価しました。

> ちょっと怖いお話になっちゃったね。「めでたしめでたし」かなって書くでしょうね。で, いろいろ考えちゃうだろうな。

そして, この教師は創作した子どもに「ちょっと話がしたいと思う。ちょっと注意してみるとかする」といった対応の必要性を感じ, 心理的問題をみていました。果たしてこの子どもの破壊的表現の使用は, 心理的問題の表れなのでしょうか。

私は, むしろ「正義のヒーローウルトラマンが実は泳げなかった」という「パロディ」の技法を使った点を評価すべきだと思います。「パロディ」の創作は先のバフチンが高く評価しています。なぜなら, 「パロディ」は多数の声（正義のヒーローと泳げなくて格好悪い笑い者）を響き合わせる「他者性」の獲得がなければ創作できないものだからです。

このように学校での創造活動の評価は, 芸術領域での評価と切り離されて存在していることがあります。現実の「大人の世界」と切

り離され，子ども向けに与えられた「子どもの世界」が学校なのだ，という図式の中で，子どもの創造性を学校内で評価することは難しいでしょう。

次に，現実の世界との接合が創造性に必要なのはなぜか，その点について考えていきたいと思います。それにはまず創造性と近接する概念の間の関係性を整理することが必要です。

2.「大人を目指すこと」と創造性

潜在能力としての知能，成果としての創造性

特定の創造活動の領域で，その領域の専門家や評価者に認められた時にはじめてその人の創造性が認められることになる，と先に述べました。「特定の創造活動の領域で」という部分に次のような疑問をもつ読者もいるでしょう。領域とはどの程度の範囲を指すのか。またそれはどの時代どの地域でも同じものなのか。

この問いに対する一つの答えとして，ハワード・ガードナーの一連の研究があげられます。ガードナーは，まず多重知能理論（MI理論；Multiple Intelligence Theory）を提唱します（Gardner, 1993; ガードナー, 2001）。それまでのさまざまな知能の定義は，言語性や論理性，動作性など抽象度の高い思考の問題としてだけ考えられてきました。しかし，多重知能理論における知能の定義は，「その知能が高くなると最終的にはどうなるの？」という熟達者の〈最終状態〉つまり職業における専門性と結びついています。そして，知能をテストで測定されるものや何らかの指数やプロフィールといった目に見えるものではなく，あくまで「潜在能力」であると定義しました。これは，「知能も思考，創造性も思考」としてきた今までの学習心理学の領域を整理区分するうえで，非常に有益な定義でした。「潜在能力」としての知能の領域として，ガードナーは修正追

加を経て現在のところ八つの領域をあげています。しかし,この知能の領域は時代や文化によって追加されたり削除されたりすることを前提としています。

知能を「潜在能力」として定める一方で,ガードナーは創造性を「成果」の問題として位置づけます。創造的なパフォーマンスや創造的な人を定義するのは,「その新奇さが最終的には受け入れられる」ことであり,どんなに知能が優れた人であっても必ず創造的になりうるとは約束されません。創造性は既存の領域に何らかの影響を与える,変更を迫るものであるので,あるパフォーマンスがどの程度の範囲に影響を与えるかによって領域の規模も決まってくるのです。

知能と創造性をつなぐものとして,さまざまな才能教育実践があります。知能が才能教育実践を通して見いだされ伸ばされていき,その一部のパフォーマンスが創造的であると評価されるのです。知能と創造性をつなぐ教育実践として考えると,前節で述べた教師の物語評価基準は果たして妥当なのでしょうか。

その答えはひとまずみなさんの学校経験に基づいた考えにお任せするとして,創造性が「成果」であるとするならば,それは後述する「仕事」つまり職業的専門性の問題と結びついていきます。

「楽しみ」と創造性

ガードナーの創造性の見方を「成果」つまりある活動「領域で受け入れられること」へと誘ったのは,チクセントミハイの創造性理論(Csikszentmihalyi, 1999)でした。その理論では,創造性を個人の頭の中で創られる個人的なものではなく,特定のフィールドで受け入れられるか否かという社会的なものであるとする見方が提示されました。

ガードナーの創造性研究の前提が知能研究であったように,チク

セントミハイの創造性研究の前提はフローと呼ばれる「活動への没頭・没入」状態の研究（チクセントミハイ, 1991, 1996）でした。人が活動に没頭・没入するためには，取り組む課題とその人の能力のあいだで主観的にバランスが取れていることが必要となります。そしてこの状態の時，人は「自分はうまくいっている」と肯定的な自己評価がフィードバックされやすく，さらに活動への没頭・没入が促されます。この状態を〈最適経験〉と呼びますが，もっとわかりやすい言葉で言えば，人が活動を楽しんでいる時の心的状態のことです。そして創造的活動をしている時に，人は単なる快楽ではないフローを感じやすく，そこには目標を設定することを知る，能力を伸ばす，評価のフィードバックに敏感になる，注意集中の方法を知るといった「自己目的的な自己をもつこと」が要求されます。ここで注意したいのは，フロー，つまり楽しむことという個人内の心的状態でさえ，評価の問題と切り離されていないということです。したがって，こうした心的状態の研究を下敷きにした創造性理論は，当然社会的なものとして展開していきました。

チクセントミハイのフロー理論も，創造性理論の構築を経て，ガードナーやデーモンとの共同研究グッド・ワーク・プロジェクト（Good Work Project）へと展開していきます（Gardner et al., 2001）。人間の潜在能力としての知能も，人間が最もポジティブになれる心的状態であるフローも，個人が創造性を通じて社会に参加し認められることへとつながり，「仕事」と結びつくことになるのです。

「好きな仕事」を見つけるための創造性教育

これまでに述べた概念を整理すると，図12-2のようになります。潜在能力の知能は才能教育実践で育まれ，その一部が社会的に評価を受けて創造性となる。そして，それが単にその活動領域で「秀でている」「創造的である」「才能がある」ことだけでなく（もちろ

2.「大人を目指すこと」と創造性　195

```
        Good Work
            ↑
           創造性
            ↑↓
          才能教育
            ↑↓
           知能
```

図12-2　創造性と関連する概念

んそれが第一条件ですが）職業倫理に則ることで,「良き仕事」つまり Good Work ができるようになります。

このように,潜在能力としての知能,それを発見し伸ばすための教育実践,そして創造性から仕事へと,人が活動を楽しみ続けながら生きていくことと学習心理学の概念が結びついていきます。そうであるならば,児童期の子どもたちには何が必要になるのでしょうか。まず,「自分に合うこと,できること」を社会的文脈の中で探す機会をもつことがあげられます。ここで重要なのは,学校文化の中ではなく,あくまで実社会の中で探すということです。現在,多くの中学校,高校で職業体験やインターンシップが導入されています。しかし,その実践は単なる体験に終わっているのではないでしょうか。

アメリカで実際に行われている才能教育の実践では,小学生の女子児童が自分の文筆の才と女性科学者の伝記に対する興味をどのように活かすかを考えるために,地域のジャーナリストや女性科学者,大学の女性教員と接触しアンケートと面接による調査分析報告を実

施した例が報告されています（レンズーリ，2001）。この女子児童がとった方法は，専門性の程度の違いこそあれ，グッド・ワーク・プロジェクトでガードナーらが行った調査と同じです。その職業に現実についている人を対象に，どのようなことを学び，どういう経緯で，どのような楽しみを見いだし，どのような責任をもって仕事に就いているのかを調査し分析しているからです。日本の職業体験のように，職場側で案内が用意され活動が用意され体験を感想文にまとめることで終わっている実践とはまったく異なります。

この違いは，学校現場の問題だけでなく，学校で重視される学力と仕事で必要とされる能力の架け橋となる学習理論がなかったことにも問題があると思います。知能や創造性をテストで測定しようとしてきた心理学の試みは，学習理論を学校文化の側に引き寄せてしまった最たる例です。上記，ガードナーらの研究は，学習理論を学校文化という限られた社会から解放し，より広い現実的・社会的なものに，もっといえば生活世界の中に位置づけ直そうとしているように思えます。

さて，ここで最初の問いに戻りましょう。クレーの絵に込められた主張のように，子どものほうが大人より創造的であるといえるでしょうか。これは，子どもが創造的なのではなく，子どもの絵に新奇さを見いだし，その新奇さを芸術絵画の領域にもちこんで社会的評価を得たクレーが創造的だ，と説明すべきです。こうした創造性評価における素材と作品の混同が，「子どもには何も教えてはいけない」「子どもに指導は必要ない」といった誤った保育観・教育観へとつながります。子どもが自分の「向き不向き」を判断するのにも教育の場は必要なのです。

ただし，教育の場においても，そこで採用される評価基準の適切さについては，個々の活動領域ごとに検討する必要があるでしょう。先の物語創作の例でいえば，6年生は「学校で求められる評価」＝

内容が道徳的か非道徳的かという意味内容の「道徳性」という一つの基準を意識することによって，同じような物語を創ってしまったと考えられます。評価を意識することが創造性の本質にあるとしても，評価基準が複数存在すれば創作される物語の多様性は保障されるのではないでしょうか。創造活動の評価は難しいといわれますが，こうした評価基準の見直しは定期的に行っていく必要があるでしょう。なぜなら，その領域で何が新しいと受け入れられるかは，時代や地域によって刻々と変化するものだからです。

引用文献

Csikszentmihalyi, M. 1999 Implication of a system perspective for the study of creativity. In R. J. Sternberg (Ed.), *Handbook of creativity*. New York: Cambridge University Press. pp.313-335.

チクセントミハイ, M.(今村浩明訳) 1991 楽しむということ 思索社.

チクセントミハイ, M.(今村浩明訳) 1996 フロー体験；喜びの現象学 世界思想社.

バフチン, M.（斎藤俊雄・佐々木 寛訳） 1984 ミハイル・バフチン著作集② 作者と主人公 新時代社.

Gardner, H. 1993 *Multiple Intelligences*. Basic Books.

ガードナー, H.（松村暢隆訳） 2001 MI: 個性を生かす多重知能の理論 新曜社.

Gardner, H., Csikszentmihalyi, M., & Damon, W. 2001 *Good work; When exellence and ethics meet*. New York: Basic Books.

クレー, P.(南原 実訳) 1961 クレーの日記 新潮社.

夏堀 睦 2005 創造性と学校—構築主義的アプローチによる言説分析 ナカニシヤ出版.

レンズーリ, J. S.(松村暢隆訳) 2001 個性と才能をみつける総合学習モデル 玉川大学出版部.

ヴィゴツキー, L. S.(福井研介訳) 1992 子どもの想像力と創造 新読書社.

Vygotsky, L. S. 1998 The problem of age. In R. W. Rieber (Ed.), *The collected Works of L. S. Vygotsky*. Vol.5. Child Psychology Part 2; Problems of Child (developmental) Psychology, Chapter 6. pp.187-205.（加藤弘通・大村 壮・松本博雄・渡邉道郎訳 2000 年齢の問題 活動理論ニューズレター, **9**, 10-22.）

読書案内

◆ガードナー, H.(松村暢隆訳) 2001 MI: 個性を生かす多重知能の理論 新曜社.

　ガードナーの多重知能理論の展開や、創造性と知能の関係、才能教育実践であるプロジェクト・ゼロの内容がまとめられています。

◆チクセントミハイ, M.(今村浩明訳) 1991 楽しむということ 思索社.

　フロー理論がどのような研究から導きだされたのかが理解できます。人間にとって楽しむことがいかに重要であり、しかも楽しみは怠惰からは生まれないことを学ぶための本です。

◆レンズーリ, J. S.(松村暢隆訳) 2001 個性と才能をみつける総合学習モデル 玉川大学出版部.

　アメリカの才能教育の最先端の実践がわかります。単にカリキュラムの改変だけでなく、学校組織や地域ネットワークの構築などその革新的な取り組みには非常に驚かされます。

第Ⅳ部

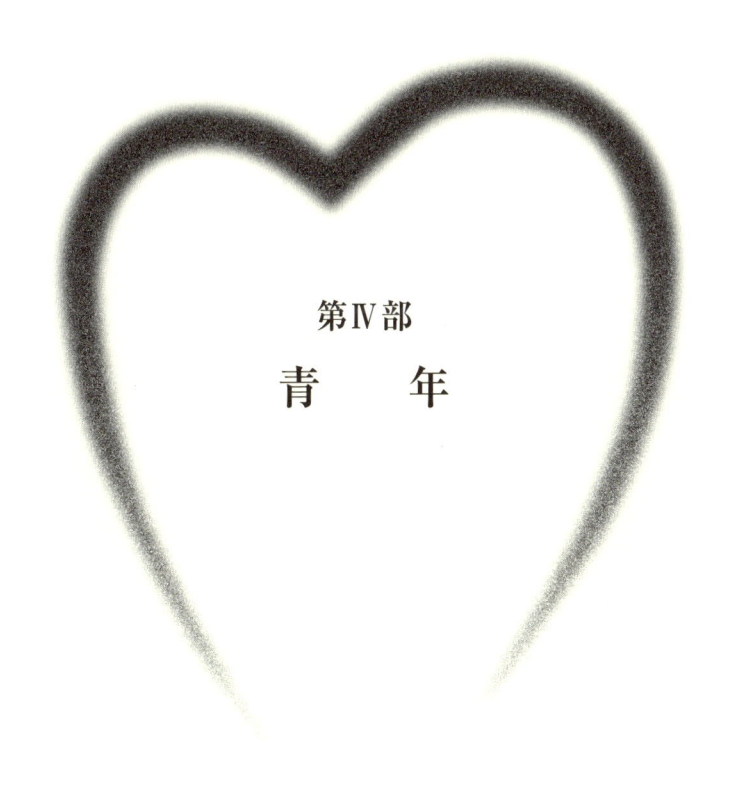

青　年

第 13 章
「わかり合えないこと」を わかり合う思春期

　思春期は，第二次性徴や思春期スパートなど身体の大きな変化と共に，周りの人との関係のあり方も大きく変化する時期です。一般的には"第二次反抗期"などと呼ばれ，大人にとって，この時期は，少年たちと関係を取ることが難しく感じられる時期です。またそれに伴い，非行や不登校，いじめなどさまざまな問題が頻出する時期でもあります。このように思春期とは，その変化の大きさのために外側からみて目につく点が取り上げられ，それによって特徴づけられることが多いです。しかし，本章では，もう少し少年の内面に注目し，こうした急激な変化の中で彼らの心の有り様がどのように変化しているのかを丁寧に追いかけていきたいと思います。それによってこの時期の少年だけでなく，私たちの他者との関わりについて改めて考えていきます。

1. 思春期とは？

「自分自身をどのように定義づけるのか？」という観点からみるなら，思春期とは，その後の青年期に比べ「否定」によって特徴づけられる時期だと考えられます。つまり，青年期が「私は何者であるか？」といった肯定形で発せられる問いを追究する時期であるのに対し，思春期は「私は○○ではない」ということを追究する時期だということです。例えば，クルト・レヴィン（Kurt Lewin）は，この時期の者を「最早や子供の集団に属することを欲しないが，しかし未だ……成人の集団には受けいれられていないことを知っている（p.142）」境界人（marginal man）として特徴づけています（Lewin, 1951/1974）。つまり，「子どもでもないし，大人でもない」という自己規定の仕方です。このことは「まだ子どもなんだから……」と周囲から子ども扱いされることを嫌う一方で，「もう大人なんだから……」と大人扱いされることも受け容れきれないといった，思春期の少年によくみられる矛盾した心性からも理解できるのではないでしょうか。

このような否定に基づく自己規定は，常に自己を何かからずらしていく営みですから，心理的にみれば安定よりも不安定さをもたらします。と同時に，自分がどのように規定されるのかということを強く意識することでもあり，他者からの評価や視線に敏感になる時期であるといえます。

それでは否定によって特徴づけられる思春期は，具体的にはどのようなプロセスをたどって変化していくのでしょうか。またその過程でどのような問題が生じ，それはどのような思春期の自己や人間関係のあり方に支えられて起きてくるのでしょうか。以下では，この時期をさらに思春期前期（14歳前後）と思春期後期（17歳前後）

2. 14歳―思春期前期―

「『大人から認められないこと』で認め合う」関係

　先にも述べたように，中学生はよく「もう子どもではない」ことを強調する一方で，「大人でもない」ことも強調します。この場合の「大人でもない」というのは，もっといえば「大人のようにはなりたくない」といった形で表される心性でもあり，目指されるべき対象としての否定も含んでいる場合がしばしばあります。そして，この時期は「大人が知らないこと」（例えば，若者文化）や「大人が認めないこと」（例えば，問題行動）などに価値を見いだします。つまり，大人が知っていること，認めることを一方で知りつつ，「それではない」ものを求めるようになるというわけです。したがって，この時期の少年にとって，「大人から理解されないこと」こそが仲間内で大きな価値をもち，彼らが彼らであることの存在意義となっていきます。すなわち，「大人から認められないこと」で互いの存在意義を認め合うということです。

　その一つの傍証として，中学1年生（12〜13歳）〜2年生（13〜14歳）におけるクラス内のみずからの位置づけとさまざまな意識・行動の変化についてみてみましょう。図13-1は，中学1，2年生におけるクラス内におけるみずからの位置づけ（中心／中間／周辺）と，教師との関係のあり方（良い者／ふつうの者／良くない者）をクロスしたものです。1年生では，クラスの中心に位置する者と教師との関係をみると，良くない者が33.7％，ふつうの者が30.4％，良い者が35.9％と，教師との関係が良い者が最も高い割合を占めています。それに対し2年生では，教師との関係が良くな

い者が45.2％，ふつうの者が28.8％，良い者が26.0％と，教師と関係の良くない者がクラスの中心に位置する者の中で最も高い割合を占めるようになっています。つまり，13～14歳にかけて，大人との関係が最も薄い者がクラスの中心を占めるようになることがわ

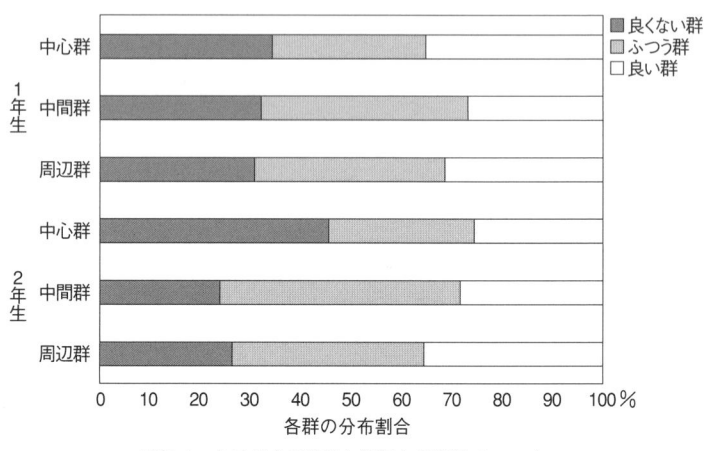

図13-1　クラス内の位置と教師との関係（$N=551$）

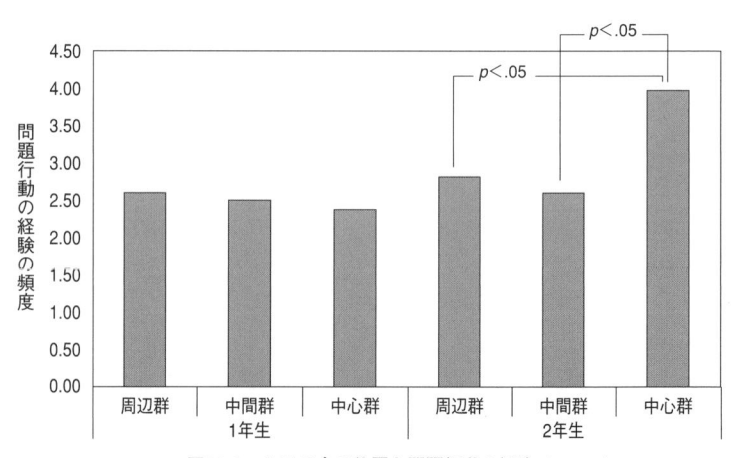

図13-2　クラス内の位置と問題行動の経験（$N=551$）

かります。

　また，各学年でクラス内の位置づけ別に，問題行動の経験を調べてみたのが図13-2です。グラフから，1年生ではクラスの中心，中間，周辺に位置する者で問題行動の経験に差がないことがわかります。ところが2年生では，クラスの中心に位置する者たちが，他の者たちに比べ，問題行動を多く経験しています（統計的にも有意な差です）。つまり，13～14歳にかけて，大人社会から認められない行動を多くとる者がクラスの中心を占めるようになることがわかります。

　さらに規範意識についてみてみましょう（図13-3）。各学年でクラス内の位置づけ別に規範意識を比較してみると，1年生においてはもちろん，2年生においても中心，中間，周辺に位置する者で差はみられません。このことと先の結果（図13-2），2年生のクラスの中心に位置する者が問題行動の経験が多かったことを合わせて考えると，次のようなことがいえるでしょう。すなわち，13～14歳でクラスの中心を占める者たちは，「やって良いことと悪いこと」がわからないために問題行動を起こしているのではない。そうでは

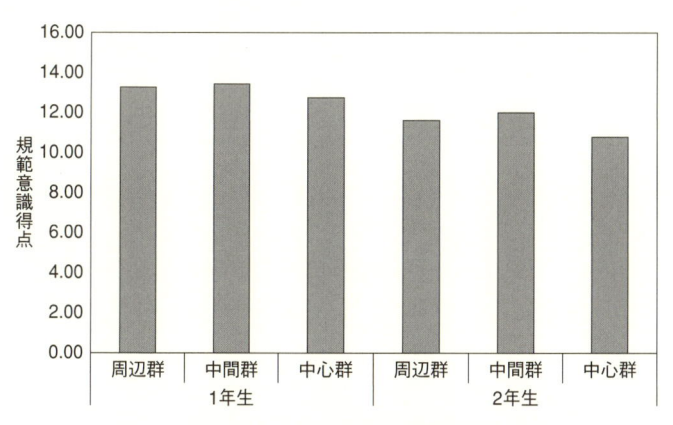

図13-3　クラス内の位置と規範意識（$N=545$）

なく,「やってはいけないこと」とわかったうえで, もっというなら,「やってはいけないとわかっている」からこそ問題行動を起こしている可能性が高いということです。

以上のことをまとめると,中学2年生においては,クラスの中心が,教師との関係が薄く,問題行動を多くする者によって占められるようになるが,決して彼らが規範意識を欠いているためにそうしているわけではないということです。つまり,13〜14歳にかけて,少年たちは大人が認めることを一方で知りつつ(だから,規範意識は低くない)も,「それではない」価値観やふるまいを求めることが生徒文化の中心的な課題となっていくことがわかります。

このように考えるなら,この時期の少年が起こす種々の問題行動は,単純に「不適応行動」とはいえなくなるでしょう。というのも,大人との関係に距離を置き,問題行動を多く行うような者が中心を占める状況において,逸脱的なふるまいは,その状況に応じた適応的な行動であると考えられるからです。また逆に考えるなら,こうした状況の中にあっては,大人の期待に応えるような行動,すなわち,一般的な意味での適応的な行動こそが,周囲の状況にそぐわない「不適応行動」と見なされる場合もあるでしょう。つまり,この時期は,同じ現象であっても,大人の側から見るのか,少年の側から見るのかによって,その価値や意味が反転するということです。そして,"若者たちは仲間に受けいれられると同時に親たちの顰蹙を買うことをも求めている"とパウンテンとロビンズ(Pountain & Robbins, 2000/2003)が指摘するように,大人からみて否定される態度や行動こそが,この時期,仲間からは肯定されるのです。

このように考えるなら,思春期前期とは,少々奇妙な言い回しになりますが,**「大人から認められないことで,自己が認められる／確立される時期」**であるといえるでしょう。それでは,こういう時期の少年や彼らの問題に対して大人はどう関わればよいのでしょ

う。またどんなことに注意する必要があるのでしょうか。

思春期前期と大人の関わり：「相談しない」権利を認めること

　上でも述べたように，思春期前期は，「大人と同じではない」価値観のもと，同年代の仲間との関係が重視されるようになります。こういう関係の中にあっては，大人が良かれと思ってやっていることが，少年たちにとっては「傷」となることがあります。例えば，教師は時に，生徒が抱える悩みや問題に耳を傾けようと積極的に関わろうとします。また，スクールカウンセラーがいる校内の相談室の利用を強く勧めたりもします。しかし，この時期の生徒たちにとって，そのことは大人の側の意図に反し，仲間から顰蹙を買ったり，軽蔑を受けるという意味で，否定的に受け取られる場合があります。例えば思春期臨床では，スクールカウンセラーへの相談を勧められたことが，生徒にとっては「自分はオカシイ奴として扱われた」，あるいは「仲間からそう見られる」ということを意味し，実際の支援へとうまくつながらないことが多々あります。つまり，大人からは「支援」として手をさしのべているつもりのことが，生徒にとっては，「自己を損なわれる体験」として経験されているのです。

　このようにこの時期の少年たちは，同時に複数の関係に基づいてさまざまな出来事を解釈するようになります。そのため，上記の支援の例におけるように，ある関係においてプラスの意味をもつことが，他の関係においてはマイナスの意味をもつようなことが起きてきます。特に思春期においては，大人と関わること自体が，仲間関係においては否定的な意味をもつことがあるということは，この時期の少年と関わる者にとってはとても重要なことです。したがって，この時期の少年たちのさまざまな問題に関わろうと思っている人たちは，彼らの「相談したくない」「相談しているところを見られたくない」という気持ち，言い換えるなら，「相談しない」権利（酒

井, 1997を参照のこと)をしっかりとその視野に入れる必要があります。また，このように考えるなら，この時期の支援は，大人の視点から「どんな支援が必要か？」といったように単に支援の内容だけでなく，生徒同士の仲間関係を意識しつつ，「その支援をどのように提供するか（あるいはしないのか）？」といった支援の方法により注意を払う必要があるといえます。

3. 17歳—思春期後期—

「『認められないこと』を認められること」で成り立つ"他ならぬ自分"

　17歳前後を節とする思春期後期では，さらに否定が顕著となります。この時期は単に大人だけではなく，同世代の仲間も含め「みんなが追いかけないもの」を追いかけることに価値を見いだしたり（サブカルチャー志向），「みんながまだ興味をもっていないもの」を求めたりします（流行の先取り志向）。言い換えるなら，思春期後期は「みんなが追い求める主流（メジャー）」を意識しつつ，「それではないもの」を追い求めることでみずからを位置づけ個性を出そうとするのだといえます。

　例えば，音楽に対する態度や志向を考えてみるとよいでしょう。高校生にもなると，みんなが同じアイドルやアーティストを好むというわけではなく，その趣味や趣向もかなり分化してきます。その中でまだメジャーになっていないそれぞれのアイドルやアーティストを「私だけのアイドル」「私だけの神」として応援する，いわゆる「マイナー志向」ということが起きてきます。そして，興味深いことに，自分が応援していたアイドルやアーティストが売れてメジャー化するやいなや，「○○は△枚目のアルバムで終わった」とか，「○○は死んだ」（もちろん象徴的な意味でですが……）というようにあくまでも「みんなのそれではない」ものを追求するようなこと

がしばしばみられます（夏至, 1998を参照のこと）。つまり，みんなと同じでないことが，みずからの個性や「自分は（他でもない）自分である」ことを際だたせるのに，とても重要な意味をもつということです。したがって，少々回りくどい言い方になりますが，この時期の少年は，自分が追いかけているものが誰からもまだ**認められていないということを**（周囲から）**認められることで，「自分は他でもない自分である」ということが認められ／確認される時期**であるといえるでしょう。

このように他を意識しつつ他とは違うという形で，自分らしさを担保するという営みは，何も趣味や趣向の世界だけに限られません。「自分自身をどのように定義づけるのか？」といったことについても当てはまります。次では，度重なる問題行動によって高校を中退した少年Fの事例をもとに，彼が周囲との関係の中で，自分自身をどのように定義づけているのかみていきましょう。

17歳の自己規定—中退少年の事例をもとに—
Who is F？

Fは地元でも有数の進学校県立U高校に進学します。その一方で，中学校時代からの友人たちと暴走族を組織し，幹部として活躍していました。優等生が集まるU高校では，「悪ガキ」と呼ばれる不良グループに所属し，その中でも一目置かれる存在でした。しかしただのヤンキーというわけではなく，この年齢にしては珍しい読書家であり，また高校時代に休学して海外に留学するという経験ももつ少年でもありました。つまり，こうした彼の経歴から「Fとは何者か？」と問いに答えるなら，「秀才」であり，「暴走族」であり，「不良」であり，「読書家」であり，「留学経験者」であり，そして，「高校中退者」であると，実に多彩な顔をもつ少年であるといえます。Fにとっていったいどれが本当の自分なのでしょうか。そして，

これほど多彩な顔をもつ自分をどのように定義づけているのでしょうか。彼の自己への語りをみる前に，退学に至った経緯を簡単に述べておきましょう。

退学に至るまで

Fは高校進学に際して，希望校を一つ下げました。そのため進学校であるU高校にも難なく入学することができました。しかし，入学直後，同級生の悪ガキとケンカし，最初の停学処分を受けます。きっかけはその同級生が影で「Fよりも自分のほうが強い」と言っていたことのようです。以下はそれについてのFの語りです。

> （U高校のような進学校では）なんか中途半端にワルぶってる奴が多いから，俺，速攻，殴っとけって。こいつ（ケンカ相手）はほんと口だけっていうか，ワルぶりたいような奴でなんでこんな奴がそんなこと（Fよりも強い）言えるのかなぁって思って。だからこういう奴とか端からみたらふっつ〜うの奴が裏でそういうこと言ってる。それがムカついて（ケンカをした）。

暴走族のような「すげぇ悪い奴ら」と付き合っていたFにとってU高校のような進学校にいる悪ガキは「中途半端」に思え，自分にたてついてくることが許せなかったようです。このことは先輩の悪ガキに対しても当てはまるようで，このケンカの後に，再び上級生の悪ガキとケンカをして停学処分を受けます。その後，1年次の途中に留学し，翌年4月に1つ学年を下げ，再び1年次に復学します（＝留年）。この学年では，1年前とうって変わって1つ年下の同級生の悪ガキたちと良好な関係を築きます。しかし，それがかえって「周囲に悪い影響を与えている」と教師の目には映ったようで，さまざまな問題が起きるたびに犯人扱いされることになります。最終的には，校内で後輩が吸ったタバコの吸い殻が見つかり，「F

もその場にいた」との理由から退学に到ります。そして退学後，地元を離れ，私が勤めていたフリースクールに編入してくることになりました。

自己への意味づけ

　さまざまな顔をもつFは，自分自身のことをどんな存在だと思っているのでしょうか。彼の語りに注目しながら，Fの自己への意味づけをみていきましょう。まずはU高校のような進学校における自分をどのように認識しているのでしょうか。以下の語りから，決して周りの生徒と自分とを同一視しているのではなく，自分を彼らとはかなり異なる存在（浮いた存在），彼の言葉でいえば「悪ガキ」として認識していることがわかります。

　　（「Fのように目立つ人間がいて，周りの生徒は見て見ぬふり？」という質問に）う〜ん，ほんと見て見ぬふりって感じですかね。俺が授業中にタバコ吸ってようが何やってようが，別に関係ないって感じで，チクったりもしない。それより本当に，俺は，たぶんそういう奴の中で，俺は抹消されてるから……。

　しかし，同級生の悪ガキに対しては，先に示したように「中途半端」という言葉を使い，「自分と彼らは同じでない」ということを強調します。そして，このことは中学時代の人間関係，すなわち，暴走族に所属する者という自意識に基づいてなされていました。それでは暴走族の中での自分をどんなふうにみているのでしょうか。

　　（「中学の同級生はみんな就職してる？」という質問に対して）してないですよ。俺の周りの奴みんな，中卒あがりだから。そんなのばっか。中退の奴とかほとんどですよ。……友達だけど，そういう奴と一緒じゃないと思うし……。別にバカにしているわけじゃない

けど，せっかく俺のほうがチャンス多いから，こういう所（U 高校とフリースクール双方を指して）に来たりできたし……。

やはりここでも，暴走族仲間と「同じでない」ということが強調されています。つまり，先の U 高校の悪ガキに対しては，暴走族文化に基づき距離を取っていたのに対し，暴走族仲間に対しては，U 高校やフリースクールといった進学校文化に基づき距離を置いていることがわかります。それでは U 高校で F が良好な関係を築いた一つ年下の悪ガキとの関係についてはどうでしょうか。次のような語りから，今度は「一つ上の先輩」，あるいは「一段上の存在感をもつ不良」として距離を置いていることがわかると思います。

　　（「タバコ吸っててばれないの？」という質問に）俺，うまいからやり方が。つるんでた奴は「こんなところでやってたら，ばれますよ」とか言ってんだけど，「絶対大丈夫だよ。余裕だよ」とかって，妙な男気出して「大丈夫だよ」って。

　　（「辞める時，その時仲良かった奴らに相談とかしなかったの？」という質問に）ぜんぜん。「俺，辞めるから，お前らちゃんと学校行けよ」って。

まとめましょう。本章の冒頭でも述べたように，後の青年期では自己を定義する際，積極的に「自分とは何者であるか？」ということが問われます。いわゆる，アイデンティティ達成といわれる現象です。しかし，F の事例からわかるように，思春期後期の少年にとっては，積極的に「自分とは〇〇である」と示すのではなく，「あれも違う」「それも違う」と，むしろ「何者でもない」ということを示すことによって，そのどれでもない，唯一かけがえのない自分

というものを示しているように思えます[1]。

　例えば，Fは進学校の悪ガキに対しては，暴走族文化に基づき距離を置く一方で，暴走族仲間に対しては，進学校文化に基づき距離を置いていました。そして，進学校の一般生徒に対しては，悪ガキとして距離を置き，また仲の良い悪ガキに対しては，先輩として距離を置きます。さらに上には示しませんでしたが，同じように高校を中退して来たフリースクールの他の生徒に対しても，自分とは違うと距離を置き，本をよく読む同世代の読書家の青年のことは「オタク」と言って距離を置くというような態度を示していました。Fのこの天の邪鬼的ともいえる自分に対する意味づけ上の揺らぎは，外側から単純に「Fは○○である」と名指すことを困難にします。と同時に，このように名指された瞬間，「それではない」と次々と自己規定をずらしていくことで，Fは「他の何者でもない自分」を示しているといえます。つまり，Fの場合，周囲がどんな形で彼を定義しようとも，そのどれにも当てはまらない（認められない）存在なのだということを認められること，それこそが「自分は他でもない自分だ」と認め，自分を確認する契機になっているといえるでしょう。

思春期後期と大人の関わり：「わかり合えないこと」の大切さ

　ここまで見てきたように，思春期後期の少年は，周囲が「彼は○○なのかな？」と理解しようとすると，「それではないよ」「それだけではないよ」とみずからをずらしていく存在であるといえます。つまり，相手から完全に理解されることより，「理解されない部分」が常に残されていることがとても重要なのです。そして，それこそが，自分が「唯一他の誰でもないかけがえのない自分であること」

---

[1] この議論は小野美和（中央大学大学院）との討議に多くを負っている。

を保障するうえできわめて重要な意味をもつということです。同年代との関係や趣味においても，共有できる部分よりも共有できない部分があることをむしろ大切にするようなことが起きてきます。例えば，世間が評価する何かを「私，あぁゆうのダメだわ」と何かが「良い」ではなく，「悪い＝違う」という価値観のもと，より限られた者同士でつるむようになるのもこの時期です。またこの時期には，一般的には否定的な意味をもつ「変わってるね」や「変な人」といった言葉が，「他の人とは違う」という意味で肯定的に受け取られるようにもなってきます。

したがって，思春期後期の少年との関わりには，彼らの「『認められない自分』を認めること」が必要になってくると考えられます。具体的には，高校生などの問題に関わる場合，「周りから理解されない彼（自己）をどういうふうにしたら周りに理解してもらえるのか？」，あるいは「自分が理解できるのか？」と考えるのではなく，「周りからは理解されにくいかもしれないけど，そういうのもいいかもね」とか「よくわからないけどそういう考え方もあるのか」といった形で，「わかり合えないこと」を大切にするような関わり方も必要になってくると思われます。

以上，駆け足ではありましたが，少年の自己の有り様を中心に思春期の変化を追いかけてきました。もちろん，これだけで思春期を語り尽くせたわけではありません。しかし，ここまでみてきたように思春期の少年の心を捉えることで，私たち大人と彼らの関係の取り方，また少年に限らず他者との関わり方を見直すことができるのではないでしょうか。

すなわち，私たち大人は，相手によく関わり，あまねく理解すること，それが相手の心や気持ちを尊重するうえで大切であると考えがちです。しかし，思春期の自己の成り立ちを考えるとそれは当たっていないように思われます。むしろ，どんなに理解しようと努力

しても努力してもまだ，「あなたの中には私の理解を超えたものがある」，そのことを認め，認められることこそが本当の意味で相手の心や気持ち，もっと言うなら，その人自身を尊重しているということになるのではないでしょうか。

思春期の心の変化を追うことは，私たちが互いに「わかり合えないこと」をもっていることの大切さを改めて教えてくれるように思います。

引用文献

夏至アキラ　1998　オタクのTMからコギャルのTKへ　スクラップ・スティックス, **1**, 30-36.

加藤弘通　2001　問題行動の継続過程の分析：問題行動を巡る生徒関係のあり方から　発達心理学研究, **12**(2), 135-147.

Lewin, K. 1951 *Field theory in social science; Selected theoretical papers.* Dorwin Cartwright (Ed.) New York: Haper & Brothers.（猪股佐登留訳　1974　社会科学における場の理論　誠信書房）.

Pountain, D., & Robins, D. 2000 *Cool rules: Anatomy of an attitude.* Reakiton Books.（鈴木　晶訳　2003　クール・ルールズ：クールの文化誌　研究社）.

酒井　朗　1997　"児童生徒理解"は心の理解でなければならない：戦後日本における指導観の変容とカウンセリング・マインド　今津孝次郎・樋田大二郎(編)　教育言説をどう読むか　新曜社　pp.131-160.

読書案内

◆ D. パウンテン＆ D. ロビンズ（鈴木　晶訳）　2003　クール・ルールズ　研究社.

　大人がその危険性を知らせるために作成した薬物中毒のポスターが，逆に大人からの顰蹙を買うという意味で Cool に取られてしまうという逆説。若者にとっての"かっこよさ"を通史的に示した良書。

◆ 原田宗典　1996　十七歳だった！　集英社文庫.

　作家自身による赤裸々な告白エッセイ。かつて男はみな男子だった。逸脱と性，自信のなさとその裏返しとしての過剰な自意識。今も昔も変わらぬ17歳男子の姿が余すことなく描かれています。

第 *14* 章
動機の語彙が増える青年期

大人には理解できない青年期の行動の動機

　青年期はとかく行動の動機に注目が集まる時期といえます。動機とは，「なぜその行動をしたのか」という行動の原因として考えられていますが，青年期になると，児童期に比べて行動の原因としての動機が多様になります。このような青年期に多様になる動機は行動の原因だけではなく，自身の行動を正当化するための語彙としても考えることが可能です。自身の行動を正当化するために，周囲に認められる動機を表明することが，青年期では特に重要になります。こうした動機の表明は状況に合わせて行われ，動機の語彙は青年が所属している集団の中で学習されていきます。本章では，こうした青年の動機の語彙の発達について論じたいと思います。

1. 動機が先か，行動が先か

動機に関心が集まる青年期

　青年期になると，見かけ上は同じ行動であってもその動機は多様になっていきます。例えば，勉強するにしても，青年期は児童期に比べて，「いろいろなことがわかってくるから勉強する」などの主体的な取り組みは減ることが指摘されていますが（橘, 2000），このことは「良い高校や大学に入るために勉強する」など他の動機から勉強に取り組んでいるともいえます。また，スポーツをするにしても，その動機は「面白そうだから」「異性にもてたいから」「友達がやっているから」「暇つぶし」などあげていったらきりがありません。このように青年期になると，同じ行動であっても，さまざまな動機から取り組むようになるのです。

　青年期になり，動機が多様になっていくと行動だけを見ても動機がわかりにくくなります。したがって，青年の行動の動機に社会的関心が集まります。特に現代において，この風潮は顕著といえるでしょう。例えば，犯罪やニート，フリーターなどの社会問題では，こうした問題の渦中にいる青年の動機に世間の注目が集まります。こうした問題では，興味深いことに，青年の行動よりもその動機に注目が集まります。なぜ行動よりも動機に注目が集まるのでしょうか。このことは，後で述べる一般の人や心理学者が考える動機の見方と関連していると考えられます。

　加えて，現代では，何か問題が起きた時に問題を起こした青年が"表明する"動機にも関心が集まります。青年は自身の行動を説明する際に，周りの人々から納得や理解しがたい動機を表明します。つまり，なぜ青年がそのような行動をとるのか，その動機が周りの人々には理解できないわけです。大人にはまったく理解できません

し，同じ青年であっても理解できないことも多々あります。しかし，別の青年には理解可能であったりします。どうしてこんなことが起きるのでしょうか。このことは，一般の人や心理学者が考える動機の見方とは別の見方をしていくと理解できます。

それでは，青年期に行動よりも動機に注目が集まることと青年の表明する動機が理解しがたいことについて，動機を捉える二つの見方を通して考えていきましょう。

行動の源泉としての動機

日常生活でも用いられることの多い，この動機という概念は何を意味しているのでしょうか。一般的に動機は「きっかけ」という意味で用いられますが，心理学では，「行動の原因」になって行動を起こし，目標に向かわせる力をいいます（青柳, 2002）。この「行動の原因」を探るのが，動機づけといわれる心理学の研究分野です。ですので，伝統的な動機づけ研究では，図14-1のように個人内部にある実体としての動機が源泉となって行動を引き起こすと考えます（大久保・黒沢, 2003）。わかりやすくいえば，行動の原因は個人の内面にあると考える見方といえます。

伝統的な動機づけ研究の中で，最も研究が進んでいるのが達成動機に関する研究です。わかりやすい言葉でいえば「やる気」の研究です。勉強への「やる気」，スポーツへの「やる気」，仕事への「やる気」など，さまざまな「やる気」が問題になります。そこで

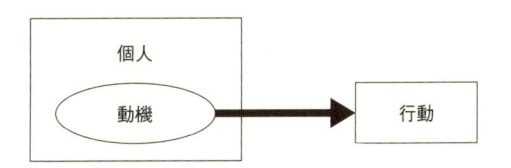

図14-1 伝統的な動機づけモデル（大久保・黒沢, 2003）

は一般に,「やる気」があるから行動をするという見方をします。つまり,やる気はさまざまな行動の源泉として,常に行動に先行すると考えられているのです。したがって,「やる気」を起こさせる要因や阻害する要因を探ることが重要になってきます。「やる気」が起きれば,行動が生じると一般的に考えるわけです。おそらく,みなさんも「やる気があるから勉強する」というように考えがちではないでしょうか。

　それでは,なぜ行動よりも動機に注目が集まるのかということについて考えてみましょう。前述のように,私たちは個人の内部に動機があって行動を起こすという図式で人の行動を見ています。したがって,何か行動が起きると,そこには必ず行動の原因となる動機があるはずだと考えます。このようにして,行動よりも動機を重視するようになるのです。また,こうした動機の見方は,青年のさまざまな社会問題について,その原因を内面に求める現代の風潮ともマッチしています。

　こうした動機の見方をしていけば,青年のさまざまな社会問題について,その原因を動機などの内面に求めることは当然の帰結といえるでしょう。そして,青年のさまざまな社会問題の原因は,青年の内面にあると一般の人も動機づけ研究者も思うのです。ただし,原因を個人の内面に求めていくと,社会の側の原因があってもそれが見えなくなることにつながります。この顕著な例が,ニート問題といえます(本田ら,2006)。ニートはやる気がないなどといったように,ニート問題は青年個人の内面に原因が求められます。社会制度の問題をやる気の問題にされたのでは,青年にとってはたまったものではありません。このように伝統的な動機の見方は,社会問題を青年の動機の問題としてしまい,その解決を目指すどころか,問題を助長しかねないともいえます。こうした動機に問題を還元する説明図式は他の年代にもみられますが,特に動機がわかりにくい

ことからも、この見方の弊害を最も被っているのが青年だと考えられます。これでは、あまりにも青年が気の毒です。動機を別の視点からみることはできるのでしょうか。

行動の社会的解釈としての動機

　実は、動機は、行動の源泉としての伝統的な見方とはまったく別の見方をすることが可能です。なぜなら、人は行動をする前に自身の行動に対する動機を常にわかっているわけではないからです。なんとなく行動をして、後からその行動を説明するために動機を考えることもよくあります。

　イメージの湧かない人は、動機が問題にされるときを考えてみるとわかりやすいかもしれません。多くの場合、動機が問題になる時とは、行動を説明しなければならない時です。例えば、何か犯罪を行い、警察に捕まると、行動を説明するために動機がたずねられます。警察に捕まった経験のある青年に話を聞いたところ、捕まった後にその行動の動機を警察官と一緒に考えたということがあるそうです。この場合、警察官と一緒に考えた動機が、行動の源泉ではないことは明らかです。警察に捕まらなくても日常生活の中で、後から行動の動機を考えなければならないことは多々あります。

　ベッカー（Becker, 1963）やミルズ（Mills, 1940）はこのような視点に立ち、伝統的な動機づけ研究を批判しています。ベッカー（Becker, 1963）は「逸脱動機が逸脱行動を導くのでなく、まったく逆なのだ。すなわち、逸脱行動がいつの間にか逸脱的動機づけを生み出すのである」と述べているように、行動から動機が形成されるというまったく逆の見方をしています。曖昧な経験に社会的な解釈がなされることによって、行動パターンが形成されていくというわけです。こうした動機の見方は、個人の内部の実体としての動機が行動を導くとする伝統的な動機づけの見方とまったく逆の見方と

いえます。この見方では，動機は行動の源泉ではなく，行動の社会的な解釈であると捉えられます。

こうした動機の捉え方の一つとして，ミルズ（1940）の動機の語彙という概念があります。これは，コミュニケーションにおける語彙として動機を捉える見方です。わかりやすくいえば，動機は「合言葉」（Mills, 1940）として考えられるわけです。例えば，「やる気」という語彙によってコミュニケーションが円滑になっていると考えられます。つまり，動機の語彙を用いた説明がなされた時に，人はたやすく行動を理解・納得できるのです。

さて，ここで一つ疑問が湧いてきます。前述のように，動機の語彙は行動を理解・納得するためのものといえます。しかし，メディアなどでは，青年が犯罪をした時，動機が理解・納得できないものを指して「動機なき犯罪」や「不透明な動機」という言葉を用います。これらは何なのでしょうか。実は，これらもれっきとした動機の語彙なのです（宝月, 1990）。これらの言葉を用いることで，青年の犯罪に対して「理解・納得できない動機がある」と私たちは納得しているのです。最近，用いられることの多い「心の闇」という言葉も同様です。実際に「心の闇」などというよくわからないものが犯罪を起こさせているわけではありません。実際には原因となっていなくても，「心の闇」という語彙が青年の犯罪の説明になっており，それによって犯罪は理解・納得されているのです。

仲間にはわかる青年の動機

それでは，なぜ青年の表明する動機を大人は理解できないのでしょうか。また，ある青年にとって理解不可能である動機が，別の青年にとって理解可能なのはどうしてでしょうか。

その答えは，青年の表明する動機の語彙が大人や社会を納得させるものではないからです。青年の目は社会や大人に向いておらず，

仲間に向いています。つまり、青年は社会や大人に理解できるように説明するつもりがないのです。したがって、大人から認められる動機と仲間から認められる動機は異なってくるのです。青年期は仲間の影響が最も顕著になる時期ですので、動機を表明する場合にも仲間の目を気にします。だからこそ、青年は仲間が理解・納得できる動機を表明する必要があるのです。仲間を重視する青年期において、このことは非常に重要なことといえます。

いくら青年が自分勝手に動機を表明しても、仲間が認めなければ動機として認められません。つまり、動機を表明する場合、仲間に認められる必要があるのです。例えば、人を殴った時に「あいつは殴られて当然だ」と自分勝手に思っても、周りの仲間がそれを認めなければ支持や承認は得られません。したがって、なぜその行動をしたのか、その動機を仲間から認められる形で表明する必要があるのです。

この時、何を認めるかが大人と仲間では異なっているのです。したがって、青年の表明する動機を大人は納得できないということが起きてきます。また、ここでの仲間は同じ文化の集団に所属している者を意味して用いていますが、仲間ではない青年、すなわち異なる文化の集団に属している青年に認められる必要はありません。ある青年にとって理解可能な動機が、別の青年にとって理解不可能であるのは、仲間の目は気にするが、全ての青年に目が向いているわけではないからだといえます。

このように考えていくと、青年が表明する動機は実は非常に社会的なものといえます。大人から見ると青年の行動はまったく理解不能に思えるかもしれませんが、仲間には理解できるという意味で、行動の動機は実は独りよがりなものではないということは非常に興味深いことといえます。

2. 青年の行動を正当化する動機の語彙

正当化としての動機の機能

　前節では，二つの動機の見方について論じてきましたが，本節では，青年が実際にどのように動機を表明して，行動を説明しているのかについて考えていきましょう。

　動機の語彙とはコミュニケーションにおいて行動を理解・納得するためのものであり，それは他者に容認されなければならないことは前節で述べましたが，動機を表明する青年の側からするとどういう機能をもっているのでしょうか。

　動機の語彙は，青年自身の行動を正当化（Mills, 1940）する機能をもっているといえます。わかりやすくいえば，動機の語彙は「いいわけ」のために用いられるといってもいいでしょう。ただし，青年が自身の行動を正当化する際には，前述のようになぜその行動を起こしたのかについて自分で動機を考え，納得することよりも，他者に理解・納得できる動機を表明し，承認されることが必要になります。つまり，時には真の動機（自分自身の説明）とは別の動機を表明する（井上, 1986）必要があるのです。

　その際には，青年が何の動機を選択して説明するかが重要になってきます。なぜなら，他者に認められない動機を用いて説明しても承認が得られないからです。つまり，正当化するには，動機を表明する対象から，表明する動機が認められなければならないのです。このことは，青年になると，自身の行動を正当化するために動機を状況に合った形で表明するようになることを意味しています。つまり，青年期になると相手に合わせて，自身の行動をうまく正当化するようになるのです。したがって，同じ行動や結果でも対象によって説明は異なってくると考えられます。

また，青年はそれぞれの行動を正当化するのにどのような動機を表明するのが適切であるかを学んでいきます。こうした正当化の仕方を学ぶのは，所属する集団や人間関係といえます。したがって，所属する集団や人間関係が変われば，認められる動機も変わり，表明の仕方も変わってくると考えられます。おそらく，その際に重要になるのは，集団や人間関係がどのような文化をもっているかだと考えられます。

それでは，青年が状況に合った形で自身の行動やその結果をどのように正当化するのか，そして，どのように正当化の仕方を学習しているのかについて，二つの研究からみていきましょう。

青年は正当化の仕方を使い分ける

まず，青年が状況に合った形で動機を表明しているのか，学業成績の正当化に焦点を当ててみていきましょう。ここでは，ワイナー（Weiner, 1972）の帰属理論の視点から考えていきます。

ワイナーの帰属理論とは，成功や失敗の原因がどこにあると考えるのかによってやる気が変わるというものです。安定性（変わるかどうか）と原因の位置（自分のせいかどうか）という二つの次元をもとに，個人の内にあって変わりにくい「能力」，個人の内にあって変わりやすい「努力」，個人の外にあって変わりにくい「課題の困難度」，個人の外にあって変わりやすい「運」の4つの要因のどこに原因があるかを考えます（表14-1）。

表14-1 原因帰属の分類 (Weiner, 1972)

		原因の位置	
		内的	外的
安定性	安定	能力	課題の困難度
	不安定	努力	運

この帰属理論を応用して，ユボネンとマードック（Juvonen & Murdock, 1995）はアメリカの小学生，中学生，大学生がどのように学業成績を説明しやすいのかを発達的に検討しました。具体的には，成功した時や失敗した時に，親，教師，仲間という説明対象に対してどのような原因で説明しやすいかを検討しました。それによると，その発達は徐々に進み，中学生では大学生とほぼ同一になることが示されています。興味深いのは，説明する対象が変わると異なる説明をしやすいことです。教師や親に対しては成功した時に「努力したからうまくいった」と説明しやすく，仲間に対しては，逆に失敗した時に「努力しなかったからうまくいかなかった」と説明しやすいことが明らかになっています。つまり，誰にでも同じ動機を表明するのではないのです。

　同様の調査を大久保ら（2000）は，日本人の中学生を対象に行いました。その際，課題の困難度（教師の教え方に改変）と運による説明も加えて検討しました（図14-2, 3）。その結果，ユボネンとマードック（1995）の結果と多少異なっていましたが，彼女らの結果と同様に説明の仕方を相手によって変えていることが明らかになっています。これらの結果で興味深いのは，相手が喜ぶような，あるいは相手が気分を害さないような説明をしているということです。例えば，教師の教え方による説明は他の説明の仕方と比べると少ないのですが，成功した時には「教師の教え方がよかったからうまくいった」と説明しやすい一方，失敗した時には「教師の教え方が悪かったからうまくいかなかった」とは説明しにくいのです。このことから，青年は教師が喜ぶような説明や教師が気分を害さない説明をしていると考えられます。また，成功時に親に対して努力による説明をしやすいこと，親は子どもが努力することを好みますので，親を喜ばせるような説明をしていると考えられます。成功時に仲間に対して運による説明をしやすいことは，仲間から嫌われない

ための謙遜として考えられます。自分自身ではそう思っていなくても「たまたま良い点がとれただけだよ」と言うことによって,「頭がいいから良い点がとれたんだ」などと言うよりは,仲間から鼻持ちならないやつだと思われずにすみます。このように,自分自身がどう思っているかは別として,他者から承認されやすい動機を表明しているのです。

このことは,青年が他者に認められるような動機による説明を状況に合った形で表明していることを表しています。つまり,異なる説明対象と異なる結果に対してそれに合わせた正当化をしているということです。このようにして,青年期になると正当化の仕方を相手と結果によってうまく使い分けるようになるのです。

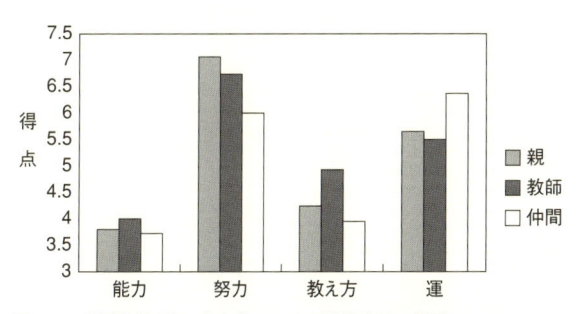

図14-2 説明対象別の成功時における学業成績の説明(大久保ら,2000)

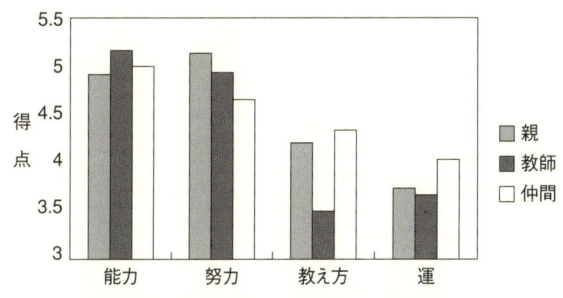

図14-3 説明対象別の失敗時における学業成績の説明(大久保ら,2000)

異なる文化では青年の正当化の仕方が異なる

次に、どのように青年が正当化の仕方を学習しているのかについて、問題行動の正当化に焦点を当ててみていきましょう。

まず、問題行動の正当化の仕方について考えていきましょう。問題行動を正当化するには規範意識を打ち消す必要があります。ということは、青年は実は大人の価値観がわかっていないわけではないということでもあります。つまり、問題行動を正当化するためには良くないということをわかっていなければなりません。良くないとわかっていなければ、正当化する必要がないからです。第13章でも述べられていますが、良くないとわかっていても青年は問題行動を起こしているのです。正当化することで、問題行動は問題行動をする青年にとって良くない行動ではなくなるのです。

問題行動の正当化の仕方について、サイクスとマッツァ（Sykes & Matza, 1957）は中和化の技術という概念を提示しています。中和化の技術には、①責任の否定、②加害の否定、③被害者の否定、④非難者への非難、⑤高度の忠誠への訴えの5つがあります（表14-2）。大久保・加藤（2006）は、こうした5つの中和化の技術の視点から、万引きをする、タバコを吸う、他の生徒に暴力をふるうなど7つの問題行動と問題行動を正当化する動機の語彙との関連を検討しました。その結果、特に加害の否定と被害者の否定による動機の表明が中学生の問題行動の生起と関連していることが示されました。つまり、中学生は「たいしたことではないから」という正当化や「やられて当然だから」という正当化を用いて問題行動をしているのです。

それでは、青年はこうした動機の語彙をどこで学習しているのでしょうか。このことを調べるために大久保・加藤（2006）は、荒れている学級と落ち着いている学級で5つの中和化の技術に基づく動機の語彙がどのように用いられているのかについて検討しまし

2. 青年の行動を正当化する動機の語彙

表14-2　中和化の技術による問題行動の正当化

中和化の技術	正当化の仕方	例
責任の否定	"行動を引き起こしたのは自分のせいではない"というようにみずからの責任を回避・否定する正当化	「やれといわれて仕方なくやったんだ」 「頼まれただけだ」
加害の否定	"自分の引き起こした行動はたいしたことではない"，"誰にも被害を与えていない"というように危害・加害を否定する正当化	「誰にも迷惑をかけていない」 「単なるけんかだ。どうってことない」
被害者の否定	"行動を引き起こしたのは被害者のせいであって，被害者は危害を被ってしかるべきだ"というように被害者を否定する正当化	「あいつは殴られて当然だ」 「あの店は無防備だから万引きされてもしょうがない」
非難者への非難	"自分の行動を非難する大人などの第三者には非難する資格がない"というように非難者を非難する正当化	「大人も昔はやっていた」 「大人のほうがずるい」
高度の忠誠への訴え	"自分のために行動したのではなく，仲間のために行動した"という仲間に対する忠誠心による正当化	「仲間のためなら何でもやる」 「私利私欲のためじゃない」

た。図14-4は荒れている学級と落ち着いている学級とで7つの問題行動における動機の語彙の平均を示したものです。その結果，荒れている学級では，落ち着いている学級よりも問題行動を正当化する動機の語彙が多く用いられていることが明らかとなっています。つまり，荒れている学級では，問題行動を正当化する動機が認められやすいのです。

加藤・大久保（2006）の調査から，荒れている学級と落ち着いている学級では異なる文化があることが明らかになっているように，青年は集団の文化の中で正当化の仕方を学習していると考えられます。このように異なる文化をもつ集団では学習される動機の語彙は異なってくるのです。

以上のように，青年期になると，行動の原因としての動機が多様

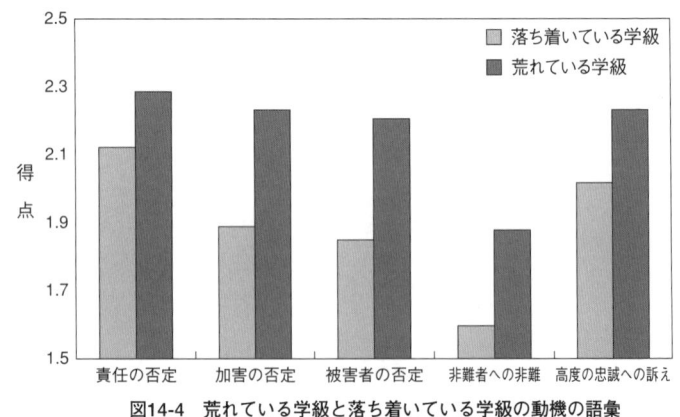

図14-4 荒れている学級と落ち着いている学級の動機の語彙

(横軸: 責任の否定, 加害の否定, 被害者の否定, 非難者への非難, 高度の忠誠への訴え / 縦軸: 得点 / 凡例: 落ち着いている学級, 荒れている学級)

になるだけではありません。動機の語彙を相手によってうまく使い分けられるようになりますし、その場で認められる動機の語彙を集団の中で学習していくようにもなるのです。青年はいくつもの異なる文化の集団に所属している場合もありますので、その集団で認められる動機の語彙を学び、うまく使い分けていくのです。このようにして、青年は所属するさまざまな集団の中で適切な動機の語彙を学習し、増やしていくのです。そして、青年にとって、動機の語彙を学習し、増やしていくことは、青年が社会化されていくうえで非常に重要な意味をもっているのです。

引用文献

青柳 肇 2002 認知発達支援の技法 田島信元・子安増生・森永良子・前川久男・菅野 敦(編) 認知発達とその支援 ミネルヴァ書房 pp.230-244.

Becker, H. S. 1963 *Outsiders: In the sociology of deviance.* London: Free Press. (村上直之訳 1993 新装アウトサイダーズ:ラベリング論とはなにか 新泉社).

本田由紀・内藤朝雄・後藤和智 2006 「ニート」って言うな! 光文社.

宝月 誠 1990 逸脱論の研究——レイベリング論から社会的相互作用論へ 恒星社厚生閣.

井上 俊 1986 動機の語彙 作田啓一・井上 俊(編) 命題コレクション社

会学　筑摩書房　pp. 30-35.

Juvonen, J., & Murdock, T. B.　1995　Grade-level differences in the social value of effort: Implications for self-presentation tactics of early adolescents. *Child Development*, **66**, 1694-1705.

加藤弘通・大久保智生　2006　問題行動をする生徒および学校生活に対する生徒の評価と学級の荒れとの関係：困難学級と通常学級の比較から　教育心理学研究, **54**, 34-44.

Mills, C. W.　1940　Situated actions and vocabularies of motive. *American Sociological Review*, **5**, 904-913.

大久保智生・青柳　肇・松岡陽子・黒澤雄介　2000　中学生における自己呈示の技法(2)　日本パーソナリティ心理学会第9回発表論文集, 84-85.

大久保智生・加藤弘通　2006　中学生はどのように問題行動を正当化しているのか？：中学生の問題行動の動機に関する研究　季刊社会安全, **61**, 17-30.

大久保智生・黒沢　香　2003　関係論的アプローチによる動機づけ概念の再考　心理学評論, **46**, 12-23.

Sykes, G. M., & Matza, D.　1957　Techniques of neutralization: A theory of delinquency. *American Sociological Review*, **22**, 664-670.

橘　良治　2000　青年期の動機づけ　速水敏彦・橘　良治・西田　保・宇田　光・丹羽洋子　動機づけの発達心理学　有斐閣　pp.71-107.

Weiner, B.　1972　*Theories of motivation: From mechanism to cognition*. Chicago: Rand Mcnally.

読書案内

◆H. S. ベッカー（村上直之訳）　1993　新装アウトサイダーズ：ラベリング論とはなにか　新泉社.

　　本書の著者ベッカーは，行動から動機が形成されるという見方をしており，心理的特性の存在を前提にした理論を批判しています。逸脱の心理に興味のある人には必ず読んでもらいたい名著です。

◆宮本美沙子・奈須正裕（編）　1995　達成動機の理論と展開　金子書房.

　　本章における動機の見方とは異なりますが，動機づけ研究に関する各理論の理論的系譜についてわかりやすく解説してあります。動機づけを学びたい人には必ず読んでもらいたい名著です。

第 15 章
違うけど同じ自己
─高機能自閉症児の思春期─

自閉症の一つであるアスペルガー症候群を抱える男女の恋愛や生き様を描いたノンフィクション,『モーツァルトとクジラ』(ジェリー・ニューポート／メアリー・ニューポート／ジョニー・ドッド著,八坂ありさ訳,NHK出版)。

　思春期は,心身ともに急激な変化がみられる時期です。このことは,障害のある青年についても当然当てはまります。ただ,障害があるゆえに,その急激な変化は,周囲にとっても,そしてときには本人にとっても理解しづらい側面をもつことがあります。そこで,本章では障害のある青年の自己の発達を取り上げて,彼らの内面世界に迫っていきたいと思います。特に,最近注目されることの多い高機能自閉症に焦点を当てます。

1. 高機能自閉症―私たちと同じ？　違う？―

　この本を手にしているみなさんのほとんどは，中学校を卒業しているでしょう。そこで，まずは，中学生に戻って以下のことを考えてみましょう。いま，あなたは中学校で授業を受けたり，友だちと会話したりしています。その中で，クラスメートのAさんの様子がどうしても気になります。Aさんは，教室内であなたと出会うと，すぐに話しかけてきます。よくしゃべるなぁと感じてしまうほど多弁です。ところが，廊下ですれ違ったりした時には，挨拶もしませんし，目を合わせてもくれません。まるで，今まで出会ったことがないかのように自然にすれ違うのです。学校外のスーパーなどで出会った時も，Aさんは，あなたに挨拶をしません。出会った素振りすら見せないのです。普段から仲が悪いのであれば別ですが，教室でしゃべるとき，Aさんはとてもフレンドリーに話しかけてきます。

　あなたは，当然混乱してしまいます。そこで，Aさんに「なぜ教室の外では話しかけてくれないの？」と思い切って聞いてみました。すると，Aさんは，「私はどうしても人の顔が覚えられないんだ。服装が違っていたり，場所が変わったりすると人の顔がとたんにわからなくなるんだ」と答えました。Aさんは，たしかにちょっと変わっていて，友人は少ないほうです。ですが，ずっと一人でいるわけではありません。成績は平均より上で，特に数学や理科はトップクラスです。

　さて，中学生から現在のあなたに戻りましょう。あなたは，このAさんの発言を聞いてどう思いますか？　非常に不思議な感じをもったと思います。「人の顔を覚えるのは，数学の公式を覚えるよりもはるかに簡単なのに……」「そもそも人の顔は覚えようとして覚

えるものではなく，自然に覚えてしまうものでは？」「だとすれば，わざと『覚えられない』と言っているのだろうか？」「でも，確かにスーパーで出会ったときは，『自然に』わからない様子だった……」。

Aさんのことを，どのように考えればいいのでしょう。わざと知らないふりをしているのか，それとも人の顔を認識することに本当に困難を感じているのでしょうか。

実は，Aさんは，高機能自閉症という障害があります。身の回りのことはきちんとできますし，学業成績も問題ありません。しかし，このエピソードのように，他者の顔を認識することが難しいのです。さらに，「笑っているけど本当は怒っている」といった他者の微妙な表情を理解することが難しかったり，場の雰囲気が読めなかったり，冗談の理解ができなかったりします。変わった子といえば，そうかもしれません。しかし，変わった子という言葉で片付けるには，あまりにもアンバランスさがあります。

Aさんを，定型発達者[1]と「同じ」と考えていいのでしょうか。それとも，障害をもっているため，定型発達者と「違う」と考えた方がいいのでしょうか。話し言葉をもたない知的に重度の障害児であれば，身辺自立の側面や知的発達などについて定型発達児と異なる部分が多くあることは同意しやすいでしょう。しかし，Aさんのような場合，一緒にクラスで学んでいるにもかかわらず，どこかずれたようなところがあるのです。

実際の学校現場でも，Aさんのような子どもの理解を巡って混乱しています。ある教師は，「障害なんてレッテル貼りだ。勉強も普

---

[1] 本書では，健常児や健常者という言葉を使わずに，定型発達児，定型発達者という言葉を用います。その理由は，あくまで，健常児は「定型（typical）」という発達のルートをたどっているだけであり，「健康で正常（健常）」という意味ではないからです。

通以上にできるじゃないか。顔なんてその気になればすぐに覚えられる」と力説します。一方，別の教師は，「高機能自閉症なのだから，やはり障害特性に応じた教育をしないといけないのではないか」と主張します。どちらの主張も当を得ている気がします。少なくとも大きく誤っているとは思えません。実際，高機能自閉症というのは，日本では1990年代になってから注目されるようになった障害です。まだどのように理解し，支援すべきかが明確には明らかになっていません。

そこで，本章では，高機能自閉症児の自己の発達に注目して，定型発達の子どもと「同じ」なのか「違う」のかについて考えていきます。自己の発達に注目する理由は，彼らの内面世界を理解するためには，外側から彼らの行動を理解していく方法だけでなく，彼らが自分をどのように捉えているのかを検討することが有効な視点になるからです。

2. 高機能自閉症の子どもの特徴

高機能自閉症とは，大まかにいえば，知的に遅れがなく，かつ，次の三つの特徴をもつ発達障害を指します。一つ目の特徴は，他者とのコミュニケーションが難しいことです。単に「おくて」「ひっこみ思案」という性格の問題によるものではありません。そうではなく，生まれつき相手の気持ちが読みにくいために，コミュニケーションがすれ違うことを指します。例えば，中学2年生の高機能自閉症のBくんは，好きな異性ができた時に，自分の趣味（プラモデル）について延々と語り，その結果，その子に嫌われてしまいます。しかし，なぜ嫌われたのかを理解できずに，「あの子はいじわるだ」と判断してしまい，トラブルにつながりました。また，言葉の背後にある意味をとれないこともみられます。小学4年生のCさ

んは，学業は優秀なのですが，友達とうまくコミュニケーションがとれないため，友達にからかわれることがあります。その一つとして，「お前はバカだ」と言われたことがありました。その後，Cさんは，家に帰って母親に「塾に行きたい」と急に言い出したそうです。母親がその理由をたずねると，友達にバカだと言われたことで，もっと勉強しなければならないと真剣に思い込んでいたそうです。

　二つ目の特徴は，こだわりという言葉に代表されるように，一つのことへの著しい興味があることです。もちろん，定型発達の人々も，多少のこだわりはあるでしょう。しかし，一般的に考えられるよりもより強いこだわりがあります。例えば，高機能自閉症の子どもたちが「恐竜博士」「年号博士」と呼ばれることがしばしばあるように，特定の知識に非常に詳しくなることがあります。そして，その趣味を他者と共有することにはさほど関心がないことも多いのです。

　三つ目の特徴は，独特な感覚をもつ子どもが多いことです。代表的なのは，聴覚の過敏さです。例えば，運動会のピストルの音が苦手で，その音を聞くとパニックになる子どもがいます。また，赤ちゃんの声など特定の音域が苦手な子どももいます。私たちが，「ちょっとうるさいな」とか「ちょっと高い音だな」と感じる程度の音が，高機能自閉症の子どもにとっては，とても大きな音であったり，とても生理的にしんどい音になっていたりするのでしょう。このような過敏さがある一方，鈍感な感覚になっていることもあります。高機能自閉症のニキ（2004）は，膝を組んでから立ち上がることが難しいことを述べています。両足が交差すると，身体感覚がわからなくなってしまうそうです。

　このような特徴をもち，かつ，知的な遅れがない子どものことを高機能自閉症といいます。なお，高機能自閉症とよく似た障害の一つにアスペルガー症候群があります。アスペルガー症候群も，知的

に遅れがなく対人関係やこだわりに特徴のある発達障害です。しかし，高機能自閉症とアスペルガー症候群は，幼児期に言語発達に遅れがあったかどうかの点が異なります。高機能自閉症の子どもは，2歳をすぎても発語がない場合があるのに対し，アスペルガー症候群の場合は，その時期から言葉数についての遅れはみられません。しかし，3，4歳をすぎると，高機能自閉症の子どもにも発語がみられるようになり，両者に大きな違いはなくなります。ですので，思春期に注目する場合は，高機能自閉症とアスペルガー症候群は，ほぼ同じ発達障害と考えてかまいません。本章では，両者を同じ意味で用います。

3. 思春期にある高機能自閉症児の自己の発達

障害に規定される自己―「違う」側面に注目して―

　高機能自閉症という障害に規定される自己の特徴として色濃くみられるのは，他者との比較で自己を理解することの難しさと独特さです。彼らが，幼児や小学校低学年の頃は，他者と比較したうえで自己を捉えるということ自体があまりありません。例えば，高機能自閉症と診断された小学2年生のDさんは，クラスメートが見ている前で，「なんで学校に行かないといけないの？」と言って廊下で寝そべり，先生に反抗したことがありました。このような姿から，Dさんは自分の中で疑問に思ったことを言語化したり，それを他者に聞くことができるとわかります。その意味では，年齢相応だといってよいかもしれません。しかし，定型発達の子どもとは異なる点があります。それは，他者から見られている自分を意識することができていないことです。Dさんは，廊下で寝そべる姿が他者からどううつっているかを意識することはできていないようでした。またDさんは，特別支援学級に在籍しているのですが，そのこと

についても大きな疑問をもっていないようでした。このような姿は，アスペルガーと診断された成人の方の回想からも明らかになっています。例えば，アスペルガー症候群と診断され，数字の記憶や計算に驚異的な能力をもつタメット（Tammet, 2006）は，保育園に通っていた頃をふりかえって，「ほかの子たちのことをまったく覚えていない」「子どもたちはぼくの視覚と感触の向こう側にいた」「ほかの子たちといっしょに遊ぶという意識がぼくにはなかった」と述べています（邦訳, p.33）。また，同じようにアスペルガー症候群と診断されたニューポート，J.（Newport, Newport & Dodd, 2007）は，小学2年生の頃，30近い1桁の数字を暗算ですばやく計算していました。そばにいた父は驚くのですが，本人はなぜそこまで驚くのかまったくわからなかったと回想しています。

このように他者との関係の中での自己理解に困難をもつ高機能自閉症児ですが，小学校高学年から中学生になってくると，自己理解に質的な変化がみられるようになります。他者との関係の中で自己を理解しようとし始めるのです。例えば，アスペルガー症候群の診断を受けている高森（2007）は，10歳～11歳の頃に，周囲の目を気にするようになり，同時に周囲からバカにされることに苦しむようになったと述べています。また，以前相談で通っていた障害児施設のことを思い出して，「なぜ自分は車イスに乗っている障害者のいる施設に通っていたのか」と疑問に思うようになったとも述べています。

このように自己を他者との比較の中で捉える姿は，実証的な研究においても指摘されています。野村・別府（2005）は，小学生から中学生の高機能自閉症児を対象に，リーとホブソン（Lee & Hobson, 1998）の研究を参考にしながら，「あなたはどんな人ですか」「自分のどんなところが好きですか」などの自己理解に関する質問を行い，人格特性における協調性・人格特性における外向性に

3. 思春期にある高機能自閉症児の自己の発達　239

対する叙述に注目しました。人格特性における協調性とは，「だれとでも仲良くできる」「いじめられている」といった他者との協調性や親密性に関するものであり，人格特性における外向性とは，「友だちと関わるのが好き」「一人でいるのが好き」など他者への積極的な関わりに関するものでした。その結果，図15-1，2に示すように，高機能自閉症児は，協調性・外向性いずれも定型発達児に比

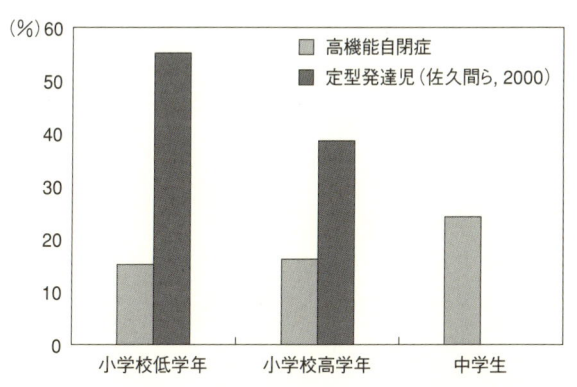

図15-1　高機能自閉症児と定型発達児の自己理解
（人格特性における協調性）（野村・別府，2005より一部改変）

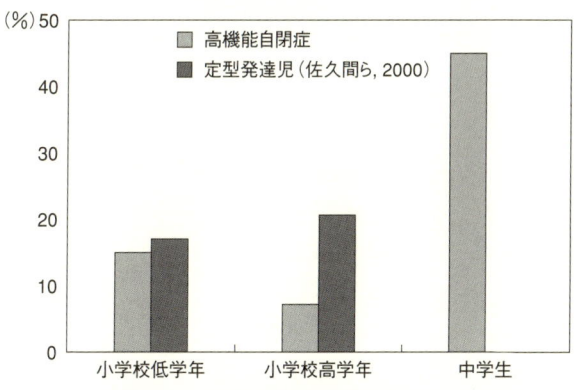

図15-2　高機能自閉症児と定型発達児の自己理解
（人格特性における外向性）（野村・別府，2005より一部改変）

べると反応が少ないものの，中学生になると，小学校高学年よりも有意に増加していることが明らかになりました。

このように臨床的な知見からも実験的な結果からも，思春期に入る頃から，他者との関係の中で自己を意識することができるようになってくることがわかります。このような変化がみられる一つの理由として，高機能自閉症児も小学校高学年の頃から，他者の心を理解するようになることが指摘されています（別府・野村, 2006）。別府・野村（2006）は，高機能自閉症児を対象に，「心の理論」課題を実施しています。「心の理論」課題とは，自分と他者が別々の心（信念や知識，考え）をもっていることを理解できるかどうかを測定するものです。簡単にいえば，「自分は知っているけど他者は知らない」という状態を子どもが理解できるかどうかを問う課題です（詳しくは，子安, 2000 を参照）。定型発達児の場合，おおよそ 4 歳頃から「心の理論」課題に正解するといわれています。一方，高機能自閉症児の場合は，別府・野村（2006）が明らかにしているように，小学校高学年頃から通過します。この事実は，自分の考えと他者の考えが異なることを理解できるのが，小学校高学年頃からであることを意味します。日常場面では，数字やバスのエンジン音にこだわるという興味をもつ高機能自閉症の子どもが，小学校高学年頃から，他の人は，さしてそのことに興味をもっていないということに気づくこととも関連しているでしょう。

しかし，別府・野村（2006）は，同時に「心の理論」の獲得過程に関して，定型発達児との違いがあることも指摘しています。それは，「心の理論」課題に通過するときの方略が異なることです。定型発達児の場合は，この課題を通過するときは，「なんとなく」できています。その証拠に「なぜこっちだと思ったの？」とたずねるとその理由を答えることができません。ところが，この課題に正解する高機能自閉症児は，計算を解くように論理立てて正解してい

るのです。理由をたずねると，言語で筋道立てて説明できます。しかし，このようなやり方は，普段の社会的なやりとり場面では困難を来たすことが想像できます。友人とやりとりしている状況はめまぐるしく変化しますし，過去と似たような場面でも友人の気持ちが違うことはよくあることです。計算を解くようにしていては，その複雑な状況に耐え切れず，読み間違いを起こすことになります。例えば，ある高機能自閉症の青年Eさんは，好意を寄せている異性に執拗にアプローチしていました。その異性は，明確に拒否をすることはなく，やんわりと拒否していたのですが，しかし，Eさんは，やんわりとした拒否を聞いて自分に関心があると勘違いし，ますます好意をもつようになりました。

　このような障害に規定される他者理解の特異性は，当然，自己理解にも影響を及ぼします。他者との関係で自己を理解することはできつつも，その肝心の自己に向けられた他者の視線を読み違えることが多いからです。

定型発達と同じ側面をもつ自己

　高機能自閉症児における自己も全てが障害に規定されているわけではありません。定型発達と「同じ」側面の自己の特徴があることも考えられます。この点を検討するに当たって注目したいのが，思春期の高機能自閉症児にみられる自己同一性の障害です。自己同一性の障害とは，自分の存在に対して著しい混乱を来すものです。杉山（2000）は，小学校の終わり頃から，「私は他の子と違う。それは名前が悪いからだ。なぜこんな名前にしたのだ」と親を問いつめ，知らない人には別の名前を真剣に伝える行動を起こしたアスペルガー症候群の少女Fさんの姿を報告しています。また，Fさんは，秋に生まれたのですが，学校で秋の歌を歌っていた時に「なぜ私は寂しい秋に生まれたの」とパニックにもなったそうです。

Fさんの姿に注目したのは，単に他者との関係で自己を理解できるようになったことをいいたいのではありません。周囲から認められる自分でありたいと願っている姿に注目したいのです。違いがわかったとしても，自己イメージに問題をもっていなければ，自分を否定する必要はないと思います。むしろ，他者とは違う自分に何か不満を抱えているからこそ，このような混乱がうまれるのではないでしょうか。

　このように他者との違いを理解するからこそ，よりよい自己イメージをもちたいというのは，定型発達の青年と同じ側面だと考えていいでしょう。このことは，高機能自閉症やアスペルガー症候群の方の自伝からもうかがうことができます。例えば，ニューポート, J.（Newport et al., 2007）は，14歳の頃は他者との違いに悩み，「なによりもその他大勢になりたかった」（邦訳, p.106）と指摘しています。しかし，その後，同じ障害をもつ人たちとの自助グループをたちあげていくなかで，ありのままの自分が認められることの喜びを感じていくようになります。また，親友や恋人を求めることもあります。上にあげたニューポートは，同じアスペルガー症候群である女性と結婚しています。その結婚に至るまでの過程や結婚後の生活では，お互いの意思疎通が十分でないために，さまざまな困難が生じる様が描かれています（Newport et al., 2007）。しかし，それでもお互いを思いやろうとする気持ちが強いからこそ夫婦生活が継続していることを読み取ることができます。

　もちろん，自伝を書いて出版できるほどの力が高い人たちだからこそ，親友や恋人を求めているとも考えられます。しかし，各地で高機能自閉症の青年同士が集まる会が開かれていることを考えれば，決して一部の人に限られたことではないでしょう。

　自閉症の特徴について調べると，どの本を読んでもコミュニケーションに困難を抱えると書かれています。このことは間違っていま

せん。この事実から、彼らが友達に興味がないとか、恋愛には関心がないと誤解されることもあります。しかし、これまであげてきたことをみれば、決してこのことは、必ずしも当てはまらないことがわかるでしょう。

4. 〈「同じ」か「違う」か〉から「違うけど同じ」障害観へ

　高機能自閉症の子どもと関わっていると、「私たちと同じだね」といって、障害の存在を意識せずに関わろうとする人々がいます。その感覚は私もよくわかります。しかし、このような「同じ」だけの見方は往々にして、彼らが定型発達の子どもと違う行動をとった時、なぜそんなことするの？　という「なぜ」を繰り返して、彼らを苦しめることにつながる可能性があります。例えば、高機能自閉症のGくんが、友達に「○○君は、いつもテストの点が悪いね。習ったところばかりなのに」と発言したとしましょう。この発言は、友達の気持ちを理解できないために彼にとっては自然な発言です。友達に対する悪意はありません。しかし、障害ではないという「同じ」見方をとった場合、Gくんなりの発言の理由に気づけない可能性があります。むしろ、「同じ」見方をとるために、「なぜそんなひどいことを言うの？　それに、理由はどうあれ、悪いものは悪いですよ」とGくんに注意してしまうかもしれません。

　一方、定型発達との「違い」を重視する見方もあります。高機能自閉症の障害特性を理解することが、彼らの内面世界を理解するうえで重要になると考えられているからです。もちろん、このような障害特性を重視することは大事です。だからこそ、本章でも第2節で障害の説明をしました。しかし、定型発達の青年と「違う」とみるだけでは、彼らが親友や恋人をつくりたいと思う青年特有のドキドキ感を見逃してしまうのではないでしょうか。つまり、「違う」

視点だけでみていれば，障害特性に関係することだけの支援に目が向いてしまうでしょう。その結果，障害の枠とは関係のないところにある重要な子どもの姿が見えなくなる可能性があります。

　こうしてみると，思春期にある高機能自閉症児を理解するには，「同じ」だけでも不十分であり，「違う」だけでも不十分であることがわかります。では，どのようにして理解していけばいいのでしょうか。私は，「違うけど同じ」視点で，彼らを理解していくことが重要ではないかと考えています。このことを，第3節で述べた高機能自閉症児の自己の発達的特徴に沿いながら説明します。

　思春期にある高機能自閉症の子どもたちは，障害ゆえに他者の気持ちが読み取りにくく，そのため，しばしば誤った自己の理解をします。だからこそ，「名前が悪いので名前を変えたい」といった発言がみられるのでしょう。また異性にもてるためには，流行の服装を着なければならないと思って，まったく自分のキャラに合わない服装を着ることがあります。このように読み違える自己理解は，定型発達の青年と「違う」ところでしょう。しかし，その一方で，そもそも彼らが何のためにここまで悩み努力するのかを今一度，考えておく必要があります。それは，あくまで自己のイメージを高めたい，周囲から自分を認められたい感情の表れがあるからです。このような感情は，定型発達の青年と「同じ」部分だといってよいでしょう。

　このように考えてくると，他者の心的状態の理解や自己の客観的な理解など認知的な側面では「違う」側面はあるけれども，自己を基本的に価値あるものとするような感情や，他者とつながりたいとする志向性などについては，定型発達の青年と「同じ」側面であることがみえてきます。このように考えれば「違うけど同じ」自己をもつものとして高機能自閉症児を理解することが可能になるのではないでしょうか。もちろん，この見方をひっくり返して「同じだけ

ど違う」ものとして理解することも可能です。しかし，高機能自閉症青年の自己の発達にとってどちらが重要な視点を考えれば，前者の「違うけど同じ」とする見方がより大事であることがわかるでしょう。なぜなら，「同じだけど違う」とみた場合，他者から認められたいところはあるけれども，結局は，違う自己理解や他者理解なのだから，つながりにくいという論理になってしまうからです。

　思春期にある高機能自閉症児たちは，定型発達児と異なる自己の発達を示していることは確かです。しかし，その一方で，これまでみてきたように，定型発達児と同じような自己の側面をもっていることも確かです。定型発達の青年とは違うけど同じ。そんな姿勢で高機能自閉症児と関わることで，今までみえていなかった彼らの豊かな世界を理解できることでしょう。

引用文献

別府　哲・野村香代　2006　高機能自閉症児は健常児と異なる「心の理論」をもつのか：「誤った信念」課題とその言語的理由付けにおける健常児との比較　発達心理学研究, **16**, 257-264.

子安増生　2000　心の理論：心を読む心の科学　岩波書店.

Lee, A., & Hobson, R. P.　1998　On developing self-concepts: A controlled study of children and adolescents with autism. *Journal of Child Psychology and Psychiatry*, **39**, 1131-1144.

Newport, J., Newport, M., & Dodd, J.　2007　*Mozart and the whale: An asperger's love story*. Touchstone Books.（八坂ありさ訳　2007　モーツァルトとクジラ　NHK出版）.

ニキリンコ・藤家寛子　2004　自閉っ子，こういう風にできてます　花風社.

野村香代・別府　哲　2005　高機能自閉症児における自己概念の発達　日本特殊教育学会第43回大会発表論文集, 406.

佐久間路子・遠藤利彦・無藤　隆　2000　幼児・児童期における自己理解の発達：内容的側面と評価的側面に着目して　発達心理学, **11**, 176-187.

杉山登志郎　2000　発達障害の豊かな世界　日本評論社.

高森　明　2007　アスペルガー当事者が語る特別支援教育：スローランナーのすすめ　金子書房.

Tammet, D.　2006　*Born on a blue day: Inside the extraordinary mind of a autistic.*

Hodder & Stoughton.（古屋美登里訳　2007　ぼくには数字が風景に見える　講談社）.

༄ 読書案内 ༄

◆田中道治・都筑　学・別府　哲・小島道生（編）　2007　発達障害のある子どもの自己を育てる：内面世界の成長を支える教育・支援　ナカニシヤ出版.

　高機能自閉症はもちろん，学習障害，知的障害，ADHDなどさまざまな発達障害のある子どもの自己を理解し支援していく視点について書かれている。理論的な解説だけでなく，具体的な実践も紹介されている。

◆J. ニューポート, M. ニューポート, J. ドッド（八坂ありさ訳）　2007　モーツァルトとクジラ　NHK出版.

　アスペルガー症候群をもつ男女が，傷つきながらもお互いを理解し愛し合う過程が描かれたノンフィクション。相手の心の状態を理解しにくい障害をもちつつも，それでも愛するということがどういうことかが，実体験をもとに書かれている。彼らの内面世界を理解するうえで貴重な一冊。

第 16 章
青年は未来に向かって生きる

青年像（本郷新の作品，1951年に中央大学の学生が建造。台座には，「若人は語り合い　そして歩むのが好きだ」と書かれている。）

　私たちが生きてきた過去は，年齢とともに，現在という時点から遠く離れて長くなっていきます。同時に，認識能力の発達に伴って，これから生きていく未来も，現在という時点から長く伸びていきます。その一方，私たちの周囲にある人間関係も，乳児期には特定の人々との愛着的な関係であったものが，次第に多くの人々と関係を取り結ぶように発展していきます。このように，私たちの生きている生活世界は，発達に伴って時間的にも空間的にも広がっていきます。本章では，青年期における生活世界の広がりを時間と空間の二つの面から考察し，それに基づいて，未来に向かって生きていく青年の発達可能性について論じたいと思います。

1. 青年の生活世界の時間的広がり

時間的な見通しをもつ

　時間研究者のフレス（Fraisse, 1957）によれば，私たちの活動は，現在私たちが置かれている状況だけでなく，過去に経験したものや，未来に起こると予想されるものにも依存しています。レヴィン（Lewin, 1948）も同様に，場の理論の視点から，個人の生活空間には，現在の状況だけでなく，過去・現在・未来の全てが含まれていると述べています。

　発達的にみて，私たちはいつ頃から，過去のことを思い出したり，未来のことを思い浮かべたりできるようになるのでしょうか。フレスは，動物や幼い人間の子どもでも，過去や未来を喚起できると述べています。それは時間的視界（horizontal temporal）と呼ばれるものであり，まだ時間的性質を帯びていません。

　過去や未来の出来事が，それ以外の別の出来事との関係において配列され，その継起にしたがって表象されるようになって，出来事の表象ははじめて時間的性質をもつようになります。それを，時間的展望（time perspective）と呼ぶことができます。レヴィン（1951）が定義したように，時間的展望とは，「ある一定の時点における個人の心理学的過去と未来についての見解の総体」を指すのです。

　私たちは，現在という時点にいます。そうした現在からみて，子どもや青年は，自分自身の過去や未来をどのように評価しているのでしょうか。ザゾ（Zazzo, 1969）によれば，年齢に伴う発達的な変化として，次のようなことがわかっています。ザゾが用いたのは，発達の力動過程検査という手法です。これは，調査対象者に，赤ん坊と大人と今の自分の年齢の中から一つだけ選ぶとして，どの年齢

で生活したいかを質問するものです。赤ん坊は過去に相当し，大人は未来に相当します。今の自分の年齢が，現在になります。第1段階の6～7歳では，自分よりも前の年齢と比較して，身体的成長や学校での進歩などの理由で自己を価値づけます。第2段階の9～10歳では，自分より上の年齢と比較して，遊びのような余暇の理由で自己を価値づけます。第3段階の12～13歳では，下の年齢と上の年齢を同時にかつ質的に異なるやり方で比較しながら自己を価値づけます。下の年齢に対する理由づけは精神的特性であり，上の年齢に対する理由づけは自由への恐れです。

このように，児童期では，過去や未来のどちらか一方だけを参照しながら，現在の自分を位置づけますが，青年期に入る頃になると，過去と未来の両方を視野に入れたうえで，現在の自分の位置を確定しようとします。青年は，現在を過去や未来と結びつけることによって，時間的な見通しを広げていくといえるでしょう。

時間を分節化する

児童期は，具体的操作期の思考段階にあり，7～9歳頃に，時間や空間の系列化が発達します。知能検査の絵画配列課題において，子どもは数枚のカードに描かれた絵の内容を判断して，出来事が起こった時間的な順番に従って並べることができるようになります。時間的な前後関係について，因果的に考えられるようになるのです。未来についても，同じことがいえます。この時期の子どもは，これから先に起きると予想される出来事の連鎖を因果的に考えられるようになっていきます。

加藤（1987）によれば，9～10歳の発達の節を超えた子どもは，未来を見通し，計画的・目的意識的に行動するようになります。近藤（1989）によれば，ちょうど同じ頃に，未来の出来事について考えて，計画を立てるプランニング能力も著しく発達します。

渡辺（1993）は，自分の周囲にあるさまざまな事象を自己の地点で受け止め，整理し，秩序立てて組み直す力を認知的「自己編集能力」と呼び，それが小学校中学年期に獲得されるのではないかと述べています。このような認知的「自己編集能力」の発達によって，子どもは過去の出来事や未来の出来事について，自分が今いる現在を基準点として捉えることができるようになると考えられます。その一方で，白井（1985）が指摘しているように，この時期の子どもにおいては，現在と未来との結びつきにはまだ弱い部分があり，予想された未来は「あこがれ」のような非現実的な要素を含んでいることがあります。

中学生以降の青年期になると，形式的操作期の思考段階に移り，より抽象的，論理的に物事を考えることができるようになります。レヴィン（1951）が述べているように，より遠い過去や未来の出来事が現在の行動に影響を及ぼすようになると同時に，現実的なものと夢やあこがれのような非現実的なものとの区別もできるようになっていきます。未来の目標を立てるだけでなく，それを達成するための手段や方法も同時に考え，目標達成の道筋を論理的にプランニングできるようになるのです。その際には，自分自身の過去の成功や失敗の経験をふまえて，未来の計画を立案することも可能になります。

田中ら（2001）は，小学6年生，中学3年生，高校2年生における「人生イメージ」調査を行っています。小学6年生では，一つの出来事を他の出来事とつなげて意味づけるような長い語りは少なく，短い時間的スパンの中で展開される語りが多くみられました。一方，高校2年生では，過去から現在，そして未来という時間の流れの中に自分を位置づけて，過去の自分を振り返り，現在の自分を内面的，客観的に見つめたうえで自己肯定するような語りが多くみられました。

このように，青年期には，時間を分節化することができるようになり，過去や未来の自分との関係において，現在の自分を相対化して捉えられるようになります。時間を分節化することが，過去・現在・未来の相互関連を明確に意識することにつながっていくといえるでしょう。

過去・現在・未来を統合して捉える

青年期の重要な発達的な課題は，アイデンティティを確立することです。エリクソン（Erikson, 1959）が述べているように，アイデンティティとは，「自分とは何者か」という問いに対して，自分自身で考えて，明確な答えを出すことです。それは，自分の生き方を定めることでもあります。

都筑（1999）は，大学生を対象とした調査結果に基づいて，図16-1に示したようなアイデンティティと時間的展望との関連についての仮説的な図式を提案しました。時間的展望を確立しようとする過程では，一方で，過去の自分や自分が体験したことを振り返りながら，それらを再解釈することや再定義することが求められます。

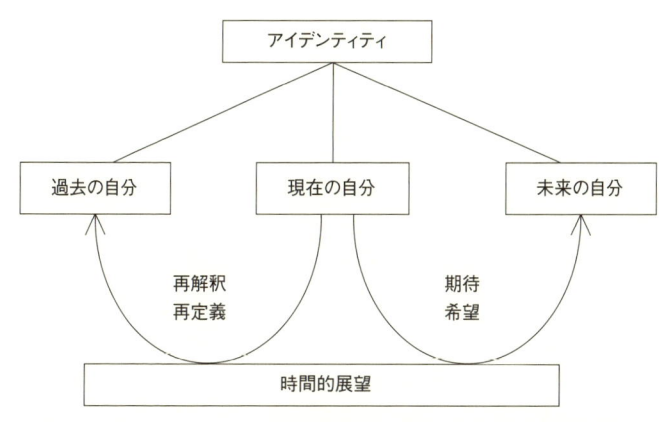

図16-1　アイデンティティと時間的展望との関連についての仮説的図式

他方で，未来の自分や自分が立てた目標を思い浮かべながら，その実現を期待することや希望をもつことが求められます。このようにして，現在の自分，過去の自分，未来の自分を統合的に捉えていくことによって，青年はアイデンティティを達成していくと考えられるのです。中高校生の段階でも，自分史を綴ったり，未来の夢を語ったりすることが，過去・現在・未来を統合的に考える機会になるといえるでしょう。

2. 青年の生活世界の空間的広がり

集団的な活動に加わる

　サリヴァン（Sullivan, 1953）は，前思春期に，少数の同性の友人との間に親密な人間関係を築くことが，その後の精神生活にとって重要であると述べ，そのような友人関係のことをチャムシップと呼びました。前思春期とは，おおよそ中学生頃の年齢を指します。児童期のギャングエイジと同じように，青年期におけるチャムシップという友人関係も，青年の心理的な発達にとって重要な意味をもっていると考えられます。

　都筑（2001）は，中学1年生に対して，学校生活でどのようなことを楽しいと感じているかを質問しました。主な結果を示したのが，表16-1です。これを見ると，2回の調査を通じて，中学校生活での楽しみは，「友だち」が最も多いということがわかります。1学期には，「新しい友だちができた」という表現が多かったのに対して，2学期になると，「前以上に友だちと仲良くなれた」「友だちとの話が増えた」というような友人関係の深まりに言及した表現がみられるようになりました。このようなところにも，学校生活の中でチャムシップのような親密な友人関係がつくり上げられていく様子を見て取ることができます。

表16-1 中学校生活での楽しみ (複数回答) (%)

	1学期 ($N=98$)	2学期 ($N=82$)
友だち	39.8	21.4
部活	37.8	20.4
行事	15.3	30.5
勉強	8.2	3.1

　その一方で、表16-1からは、「部活」や「行事」に対して、楽しみを見いだしている割合も大きいことがわかります。部活動や行事は、学校生活の中で、同級生や上級生・下級生といっしょに同じ目標を目指して活動するものです。行事には、体育祭、合唱祭、文化祭、遠足、クロスカントリーが含まれています。行事に参加して楽しかった理由には、次のようなものがありました。「つい最近体育祭があったんだけど、(入学してから) ちょっとしか生活していない人でも心が一つになれる、いっしょにうれし泣きをし合える友情ができているなんてとてもうれしかった」「文化祭をやってからクラスがまとまったこと」。このように、行事を通じてクラス単位で活動する中で、クラス集団としてのまとまりが生まれ、一体感や連帯感を感じているのです。

　学校という場所で、クラス集団や部活集団の一員として、他のメンバーと同じ活動を体験するということは、時間を共有することでもあります。そうした集団的活動の体験は、人と人とのつながりを実感させるものであり、青年の生活世界を広げていくうえで、重要な役割を果たしているといえるでしょう。

社会的活動に参加する

　学校の外側には、もっと多様な社会が広がっています。そこでは、多くの人々が関与した複雑な社会的活動が展開されています。子どもや青年は、さまざまな影響を受けながら、そのような社会の中で

生きていくのです。

　田丸 (1993) は，幼児から小学生，中高校生までを対象に，地域社会をどのように認識しているかをインタビュー調査しました。その結果から，社会認識の発達は三つの段階に区分できることがわかりました。第1は，幼児期から小学校低学年の段階です。この時期の子どもは，地域の諸現象を主観的に受け止め，さまざまに理由づけますが，社会現象の法則性には思考が向かいません。第2は，小学校高学年の段階です。子どもは，地域の諸現象を通して社会的法則や規則を理解しようとしますが，自分がどうするかということでの葛藤はみられません。第3は，中高校生の段階で，青年期的な特質を示します。自分の地域認識・社会認識と自分の価値観との間に葛藤が現れてきますが，その地域認識には第2段階の未熟な部分も一部含まれたままになっています。

　このように，青年は，自分が生活している社会のあり方に向き合いながら，自分の価値観をつくり上げようとします。そうした時に，社会的な活動にみずから参加し，体験を積み上げていくことが大事であるといえます。

　1989年11月20日，国連で「子どもの権利条約」が採択され，日本は1994年4月に批准しました。この条約は，子どもの意見表明や社会参加の権利を認めています。環境問題や平和問題など，現代社会は，いまだに解決できていないさまざまな問題を抱えています。そうした諸問題に，未来の大人である子どもや青年といっしょに取り組んでいくことが必要です。そのような意味が，「子どもの権利としての社会参加」という言葉に内包されているのです。

　最近では，学校教育の中でも，ボランティア活動への取り組みが盛んに行われるようになってきていますが，子どもの参画情報センター (2002) が指摘しているように，大人がお膳立てした企画への「参加」ではなく，子どもや青年の主体的な参画（参加）が重要

です。そのようにして，意志決定の過程を大人と共有していくことが，青年の自己決定能力を高め，生活世界を広げるとともに，自己肯定感を高めていくことにつながるといえるでしょう。

網の目で人とつながる

　青年の生活世界には，家族や学校，身近な地域社会のような直接的な人間関係から構成されているものだけでなく，インターネットのような間接的で目には見えない人間関係から構成されているものも含まれています。最近では，学校教育においても，インターネット教育が行われるようになっています。あらゆる年齢層を超えて携帯電話が普及し，人と人とのつながり方も大きく変化してきています。

　朝日新聞が，約1万人の父母を対象に行ったアンケート調査によれば，はじめて携帯電話を子どもに持たせた年齢は，小学校入学前1.0％，小学生15.4％，中学生24.6％，高校生38.4％，高校卒業後20.8％という結果でした（朝日新聞2007年9月2日付朝刊）。2,891人の中高校生を対象に行った携帯アンケートによれば，中高校生の携帯電話の利用時間は，1時間未満15％，1時間〜2時間未満23％，2時間〜3時間未満17％，3時間〜4時間未満13％，4時間〜5時間未満7％，5時間以上26％という結果になっています（朝日新聞2007年8月26日付朝刊）。このように，低年齢の時からごく当たり前のようにケータイが生活の中に入ってきています。そうした状況の中で，有害なサイトへのアクセスによって犯罪被害にあうケースもあります。ケータイによる人間関係に縛られて，逆に不自由さを感じることになってしまうようなこともあります。先ほどの中高校生へのアンケート調査の結果でも，59％が「ケータイに振り回されていると思うことがある」と答えています。

　このような負の側面をもちつつも，現代のようなインターネット

社会は，ウェブと呼ばれる網の目のように張り巡らされた回線を媒介としながら，人と人とがさまざまな機会によって新しく出会い，創造的な関係を取り結べる可能性を秘めた社会だと考えられます。例えば，海外に容易に行くことができない中高校生でも，インターネットによって見知らぬ世界を知り，その土地の人々と電子メールでやりとりすることもできるのです。

現代社会では，人と人とのつながりは直接的で具体的な関係を超えて広がっています。インターネットのような見えない網の目で人と関わっていくような経験は，青年の生活世界を広げ，大きな視野をもつことにつながっていくといえるでしょう。

3. 青年にとっての未来

子どもから大人への移行

青年期は，児童期と成人期に挟まれており，子どもから大人へと発達していく移行段階に当たります。かつて，青年はマージナル・マン（境界人）と呼ばれていました。それは，子どもと大人のどちらにも属さないという意味です。

移行期というのは，本来的に不安定なものです。子どもという安定した状態から脱却し，みずからのアイデンティティを求めていかなければならない青年には，さまざまな困難がつきまといます。かつて，青年期は疾風怒濤という言葉で形容されていました。それは，荒れ狂う海にさまよう小舟のような不安定な青年の心理状態を指しています。

マージナル・マンも疾風怒濤も，青年心理学の用語としては，今ではやや古めかしいものになってしまいましたが，一人一人の青年がそれぞれ固有の悩みや不安を抱えて，揺れ動きながら生きていることには今も変わりありません。

青年は，卒業や進学によって，学校移行や環境移行を経験します。小学校から中学校への進学，中学校から高校への進学や就職，高校から大学への進学や就職が，それに当たります。そうした機会は，青年にとって不安や悩みの種となりうるのです。

都筑（2001）は，小学6年生の約7割が，中学校への入学を直前に控えた3学期に，中学校生活に対して不安をもっていることを明らかにしました。同時に，同じ小学6年生の約5割が，中学校生活に対して期待を抱いていました。このように，新しい環境に移行していく際には，不安も強ければ，その裏側で期待も強いといえます。この調査では，小学校の時に期待と不安の両面的な感情をもっている子どもが，その後の中学校生活においては，一番悩みを抱きつつも，楽しみを見いだし，学校生活に熱中して，これから先の願いも多くもっていることがわかりました。

このことから，ともすればネガティブなものであると思われていた不安という感情が，期待の感情と組み合わされることによって，新しい環境に移行して中学校生活を積極的，意欲的にすごす原動力の一部になっていると考えられます。

都筑（2007）によれば，小学校や中学校で勉強がよくわからないと思っていた児童や生徒でも，中学校や高校に入学してから，自分の勉強の理解度が向上したと自己評価している場合には，上級学校への進学前後で時間的展望がポジティブな方向に変化することが明らかになりました。

このことからわかるように，学校移行は，一方では，不安を伴うピンチでもあり，他方では，新しい環境での新たなやり直しのチャンスでもあるのです。青年は，このような環境移行を経験する中で，プラスとマイナスの両極の間を揺れ動きながら，そこでの危機を乗り越えて，子どもから大人へと発達していくといえるでしょう。

青年は未来を夢見る

「中学生になる私の大きな夢」　中学生　味田麗奈（12歳）

　私は小学校を卒業しました。もう小学校とはお別れです。これから私は，4月から中学校という一つ上の段階に進みます。

　中学校では新しく加わる英語もあるし，部活動も始まります。だんだん勉強も難しくなると思うけれど，一生懸命に学んだ小学校での勉強を生かしたいです。

　私には将来の夢があります。それはファッションデザイナーになることです。テレビや雑誌で「コシノ3姉妹」や，名前はわかりませんがほかのデザイナーたちの仕事ぶりを見た時，人々が着る服をデザインするなんて，かっこ良いと思ったのがきっかけでした。

　私は何事にもすぐあきらめてしまうけれど，これは小学1年生からずっと思い続けてきました。私は洋服にすごく興味があるし，何かをデザインするのも面白そうです。人々が喜ぶ，笑顔になれるような洋服をデザインしたいのです。

　着ていて楽しくなるような洋服を作る人。それが私の理想のファッションデザイナーです。これから先が長いけれど，前向きに進みたいと思っています。

（朝日新聞2007年4月1日付朝刊　「声」若い世代）

中学1年生になる麗奈さんは，中学校生活に対する期待に満ちています。不安がまったくないかといえば，おそらくそうではないでしょう。そうした不安を吹き消すぐらいに，期待の方が大きいのです。彼女は，これから先，デザイナーという仕事に就きたいという強い願いをもっています。それは，小学1年生から思い続けていたものです。自分の過去をしっかりと振り返りながら，自分の未来をきちんと見据えています。

麗奈さんが、これからどのような人生を実際に歩んでいくかはわかりません。デザイナーになれるかもしれませんし、それを諦めるかもしれません。それでも、彼女が中学校に入学しようとしている現在、未来を夢見ているということは確かです。そのように未来を夢見ることが、これから先の長い人生を歩んでいこうとする麗奈さんに大きな力を与えていくにちがいありません。このようにして、青年は、未来を夢見ながら、人生を歩んでいくのです。

青年のもつ大きな可能性
　青年期には、認識能力の飛躍的発達によって、自分が生きてきたこれまでの過去のことや自分が生きていこうとするこれから先のことについて、より細かく、より遠くまで見ることができるようになります。同時に、友人や周囲の人々、社会の中で暮らすさまざまな人々と多様な活動を共にしながら、より深く、より広い人間関係の世界をつくり上げていくことができるようになります。その一方で、子どもから大人への移行期にある青年は、不安定に揺れ動く自己に翻弄されそうになることもあるかもしれません。

　このような不安定さを抱えながら発達し、未来に向かって生きていくのが青年という存在なのです。自分の未来を夢見るのは、青年がもっている大切な権利です。卵から孵ったひな鳥が成鳥になって大空へ羽ばたいていくように、青年は未来へと向かって進んでいく存在であるのです。

　未来の世界に向かって歩き始め、自分の世界を広げていくためには、最初の一歩を踏み出す勇気が必要です。未来は、ある意味においては、目に見えないものだといえます。「まだ来ない時間」としての未来は、心の中で想像するしかありません。だからこそ、不安と期待がつきまとうのです。そんな時には、未来に向けての一歩を、自分の周囲にいる人たちと一緒に踏み出していくことが必要となる

でしょう。

　青年における未来へと伸びる時間軸は，周囲の人々とのつながりの網の目によって支えられることによって，より強く，しなやかなものになっていきます。青年が周囲の人々といっしょに歩んでいくことで，未来へと続くその道のりは可能性に満ちたものになっていくにちがいありません。

引用文献

朝日新聞　2007　ケータイが変える変わる　親の圏外危ない接点　9月2日付朝刊

朝日新聞　2007　ケータイが変える変わる　学校とメールは別の顔　8月26日付朝刊

Erikson, E. H.　1959　*Psychological issues. Identity and the life cycle.* International Universities Press.（小此木啓吾訳編　1982　自我同一性　アイデンティティとライフサイクル　誠信書房）.

Fraisse, P.　1957　*Psychologie du temps.* Paris: Presses Universitaire de France.（原　吉雄訳　1960　時間の心理学—その生物学・生理学—　東京創元社）.

加藤直樹　1987　少年期の壁をこえる—九，十歳の節を大切に—　新日本出版社.

子どもの参画情報センター（編）　2002　子ども・若者の参画　萌文社.

近藤文里　1989　プランする子ども　青木書店.

Lewin, K.　1948　*Resolving social conflict: Selected papers on group dynamics.* New York: Harper.（末永俊郎訳　1954　社会的葛藤の解決　東京創元社）.

Lewin, K.　1951　*Field theory in social science.* D. Cartwright (Ed.) New York: Haper.（猪股佐登留訳　1974　社会科学における場の理論.　誠信書房）.

Sullivan, H. S.　1953　*The interpersonal theory of psychiatry.* New York: W. W. Norton.（中井久夫・宮崎隆吉・高木敬三・鑪　幹八郎訳　1990　精神医学は対人関係論である　みすず書房）.

白井利明　1985　児童期から青年期にかけての未来展望の発達　大阪教育大学紀要（第Ⅳ部），**34**, 61-70.

田丸敏高　1993　子どもの発達と社会認識　法政出版.

田中孝彦・間宮正幸・葛西康子　2001　現代の子どもと「人生イメージ」—檜山・上ノ国町の地域調査報告—　教育臨床心理学研究（北海道大学大学院教育学研究科教育臨床心理学研究グループ），**3**, 1-142.

都筑　学　2001　小学校から中学校への進学にともなう子どもの意識変化に関

する短期縦断的研究　心理科学, **22**(2), 41-54.
都筑　学　2007　上級学校への進学にともなう時間的展望の変化―小中高校生における勉強理解度と時間的展望との関連―　教育学論集(中央大学教育学研究会), **49**, 1-18.
渡辺弘純　1993　小学校中学年期において認知的「自己編集能力」を獲得する意味を検討する　心理科学, **14**(2), 1-16.
Zazzo, R.　1969　*Des garcon de 6 à 12 ans*. Paris: Presse Universitaire de France.（久保田正人・塚野州一訳　1974　学童の生長と発達　明治図書）.

読書案内

◆心理科学研究会　2004　心理学への招待―人間発達における時間とコミュニケーション　有斐閣.

　私たちが生きていくには，他者と時間と空間を共有することが必要であるという視点に立ち，時間とコミュニケーションという2つの切り口から人間発達を論じている。

◆G. H. エルダー, Jr., R. D. パーク, J. モデル(本田時雄監訳)　1997　時間と空間の中の子どもたち―社会変動と発達への学際的アプローチ　金子書房.

　歴史的時間と空間の中で生きている子どもや若者の心理について，発達研究と社会史を融合させた総合的な研究視点に立って検討しながら人間発達を論じている。

人名索引

A
相川 充　*81*
赤木和重　*15*
Akhtar, N.　*27*
天野 清　*108, 113*
安野光雅　*103*
青柳 肇　*219*
荒井龍弥　*175*
有馬道久　*81*
Astington, J. W.　*123*
東 洋　*107-109, 111, 115*

B
Baillargeon, R.　*172*
Bakhtin, M.　*189*
Baron-Cohen, S.　*173*
Baroody, A. J.　*95*
Bates, E.　*38, 41*
Becker, H. S.　*221, 231*
Bell, B. F.　*175*
別府 哲　*58, 238-240, 246*
Brown Jr., T.　*150, 151*
Bruner, J. S.　*32, 59, 60*
Bryant, P.　*95-98, 100*
Butterworth, G.　*156*
Byrne, D.　*75*

C
Call, J.　*24*
Caplan, Z.　*80*
Carey, S.　*171-173, 176*
Case, R.　*92*
陳 省仁　*21*
Condon, W. S.　*7*
Connolly, K.　*40, 46*
Correa, J.　*101*
Csikszentmihalyi, M.　*193, 194, 198*

D
Dalgleish, M.　*40, 46*
Damon, W.　*94*
Dodd, J.　*238, 246*
堂野恵子　*87*
Dufresne, A.　*156*
Dupous, E.　*20*

E
Eisenberg, N.　*74, 77, 80, 87*
江尻桂子　*56*
Elder, G. H.　*261*
El'konin, D. B.　*55*
Erikson, E. H.　*251*
Estes, D.　*123*

F
Fantz, R. L.　*6, 21*
Fraiberg, S.　*132*
Fraisse, P.　*248*
Friedman, W. J.　*161-163*
Frydman, F.　*95*
藤村宣之　*90*
布施光代　*175, 177, 179*

G
Gal'perin, P. I.　*39*
Gardner, H.　*192-194, 196, 198*
Geangu, E.　*12*

Gelman, S. A.　*171*
夏至アキラ　*209*
Gibson, J. J.　*39, 41*
Gibson, K. R.　*40*
Goodall, J.　*37*
Goswami, U.　*168*
Greenfield, P. M.　*60*
Grusec, J.　*83, 84*

H
浜田寿美男　*18, 147*
Hand, M.　*77, 80*
原田宗典　*216*
Harris, M.　*156*
Harris, P. L.　*125-127*
波多野誼余夫　*115, 171, 173, 174, 176-178, 183*
Hay, F.　*80*
Hobson, R. P.　*238*
Hoffman, M. L.　*72, 73*
本田由紀　*220*
本郷 新　*247*
堀野 緑　*157*
宝月 誠　*222*
Hunting, R. P.　*95, 97*

I
市川伸一　*157, 168*
井原成男　*129*
稲垣佳世子　*115, 171, 173-176, 178, 183*
井上徳子　*37, 40*
井上 俊　*224*
糸魚川直祐　*38*
伊藤順子　*84*
伊藤良子　*60*
岩附啓子　*124*

J
Johnson, C. *127*
Johnson, K. E. *177, 178*
Justice, E. M. *156*
Juvonen, J. *226*

K
加藤直樹 *145, 249*
加藤弘通 *228, 229*
川田 学 *11, 14*
川田順二 *40*
河原紀子 *45, 46*
河崎道夫 *124, 135, 148*
加用文男 *117, 118, 124, 135, 152*
木村 純 *157, 158*
木下芳子 *82*
Klee, P. *184, 185, 196*
Kobasigawa, A. *156*
Kobayashi, N. *7*
Koepke, H. *146*
Kohlberg, L. *94*
Köhler, W. *37, 40, 52*
小島道生 *246*
近藤文里 *249*
子安増生 *240*
久保田正人 *7, 18*
工藤与史文 *179*
黒沢 香 *219*

L
Lee, A. *238*
Lewin, K. *202, 248, 250*
Lorenz, K. *5*

M
真家和生 *40*
丸山真名美 *157, 158, 162-166*
丸山良平 *92, 95*
正高信男 *56*
松田千都 *60, 61, 63, 64*
松本博雄 *111*
松崎 学 *87*
松沢哲郎 *5, 37, 40*
Matza, D. *228*
McCarty, M. E. *44*
Mehler, J. *20*
Meltzoff, A. N. *9, 31*
三神廣子 *109*
Miller, K. *91*
Mills, C. W. *221, 222, 224*
Mills, R. *84*
三嶋博之 *41*
宮本美沙子 *231*
宮内 健 *159, 160, 167*
宮崎 駿 *133*
Modell, J. *261*
Moore, B. *79*
Moore, M. K. *9*
本吉良治 *38*
宗方比佐子 *77, 78*
Mundy, P. *58*
村石昭三 *108, 113*
村山 航 *158*
Murdock, T. B. *226*
無藤 隆 *95*

N
Nagell, K. *37, 40*
中沢和子 *92*
奈須正裕 *231*
夏堀 睦 *186-188*
根ヶ山光一 *41*
Newport, J. *232, 238, 242, 246*
Newport, M. *232, 246*
二宮克美 *77, 78*
野村香代 *238-240*
Nunes, T. *96, 100*

O
落合正行 *183*
Olguin, R. S. *40*
小野美和 *213*
大久保智生 *219, 226-229*
大藪 泰 *57*

P
Parke, R. D. *261*
Parker, J. J. *40*
Perner, J. *171, 173*
Piaget, J. *29, 38, 40, 91, 94, 120-124, 173*
Postman, N. *118*
Pothier, Y. *99*
Pountain, D. *206, 216*

R
Renzulli, J. S. *196, 198*
Rizzolatti, G. *9*
Robbins, D. *206, 216*

S
Sagi, A. *72*
斎藤桂子 *124*
酒井 朗 *207*
佐久間路子 *239*
Sander, L. *7*
佐々木正人 *39, 40*
Sawada, D. *99*
Selman, R. *75*
Sharpley, C. F. *95, 97*
島村直己 *109*
清水 武 *41*
白井利明 *250*

Singer, D. G. *127, 135*	Tammet, D. *238*	*188, 189*
Singer, J. L. *127, 135*	田中堅一郎 *94*	
Smitsman, A. W. *44*	田中昌人 *16*	**W**
Spelke, E. *171*	田中道治 *246*	若林紀乃 *81, 83, 85*
Squire, S. *97, 98*	田中杉恵 *16*	渡辺弘純 *250*
Sroufe, L. A. *59*	田中孝彦 *250*	渡辺弥生 *73, 94*
Staub, E. *83*	辰野千壽 *156*	Waters, E. *59*
Steiner, R. *145, 149, 150, 153*	Thelen, E. *55*	Weiner, B. *225*
	Tomasello, M. *13, 14, 24, 25, 27, 28, 31, 40, 58*	Wellman, H. M. *123, 171*
Stern, D. N. *21*		Winnicott, D. W. *129*
菅　眞佐子 *93*	富田昌平 *127, 129, 131*	
杉山登志郎 *241*	友永雅巳 *24, 37*	**Y**
祐宗省三 *80, 87*	常田美穂 *21, 23*	やまだようこ（山田洋子） *15, 35*
Sullivan, H. S. *252*	都筑　学 *246, 251, 252, 257*	
鈴木佳苗 *182*		山名裕子 *96, 97, 99*
Sykes, G. M. *228*		山崎愛世 *67*
	U	吉田　甫 *103*
T	内田伸子 *106*	
高森　明 *238*	Underwood, B. *79*	**Z**
竹下秀子 *37, 40, 52, 54, 67*		Zaporozhets, A. V. *39*
滝口ちひろ *73*	**V**	Zazzo, R. *248*
田丸敏高 *254*	Vygotsky, L. S. *185,*	

事項索引

あ

アイデンティティ　*212, 251, 252*
赤ちゃん図式（ベビーシェーマ）　*5*
浅い方略　*158*
アスペルガー症候群　*236*
遊び　*127*
アニミズム　*121, 173*
アフォーダンス（affordance）　*41*
誤った保育観・教育観　*196*
移行期　*256*
移行対象　*128, 129*
位置に基づいた判断（Location-based judgment）　*161*
逸脱行動　*221*
逸脱動機　*221*
いないいないばあ遊び　*59*
イメージ・システム処理能力（image system processing ability）　*163*
イメージ化方略　*157*
イメージ処理方略　*164*
因果関係　*172*
インターンシップ　*195*

インタラクショナル・シンクロニー　7
インフォーマル学習　111
インフォーマル算数 (informal mathematics)　90
運　225
援助　80
延滞模倣　15
オタク　213
おはしゃぎ反応　55
思いやり　72
　──行動　80
オリジナリティ　188

か

外延　171
概念　170
　──変化　176
加害の否定　228
学習方略　156
学童保育　140
課題の困難度　225
学校移行　257
学校経験　190
学校文化　196
カテゴリ　170
　──化　170
環境移行　257
感情の形　20
感情理解　73
危機　189
擬似酸味反応　11
基準喃語　55
基数 (ordinal number)　91
帰属理論　225
規範意識　205
キャリア年数　186
ギャングエイジ　252
9，10歳の節　145
既有知識　158
境界人，マージナル・マン (marginal man)　202, 256

共感 (empathy)　72
　──的苦痛 (empathic distress)　73
教師　188
　──との関係　203
恭順の段階　146
共同注意　24, 57
共同注視　22
共鳴動作　9
距離に基づいた判断 (distance-based judgment)　161
均等配分　95
空想　120
　──の友達　130
具体的操作期　249
具体的な場面　100
グッド・ワーク・プロジェクト (Good Work Project)　194
組み立て認知方略　159
グランドファーザー　150
形式的操作期　250
権威　149
　──的な言葉　189
言語処理方略　164
言語リスト処理能力 (varbal-list processing ability)　163
高機能自閉症　232
向社会的行動 (prosocial behavior)　72
構成主義的発達観　186
行動調整　21
高度の忠誠への訴え　228
心の出逢い　32
心の理論　123, 172, 240
個性　209
こだわり　236
ごっこ遊び　128
コヨーテ先生　150

さ

最適経験　194
作者と主人公　189
サブカルチャー志向　208

サンタクロース　*128, 129*
支援の内容　*208*
支援の方法　*208*
自我の芽生え　*132*
時間処理　*161*
　――能力　*163*
　――方略　*161*
時間的視界（horizontal temporal）　*248*
時間的展望（time perspectve）　*248, 251*
時間的な見通し　*249*
識字教育　*115*
自己中心的　*78*
仕事　*193, 194*
自己同一性　*241*
自己目的的な自己　*194*
思春期　*202*
　――後期　*208*
　――スパート　*201*
　――前期　*202, 206*
実念論　*121*
疾風怒濤　*256*
児童期の創作活動　*187*
社会認識の発達　*254*
手段　*39*
　――-目的関係　*41*
「少年少女」期　*188*
職業体験　*195*
職業的専門性　*193*
序数（cardinal number）　*91*
人工論　*121*
新生児模倣　*9*
数量感覚　*90*
成果　*193*
生気情動　*21*
生気論的因果　*173*
精緻化　*155*
青年期　*202*
世界観　*120*
責任の否定　*228*
選好注視法　*6*

潜在能力　*192*
創造への構え　*188*
想像力　*127*
即時模倣　*9*
素材と作品の混同　*196*
素朴生物学　*173*
素朴物理学　*172*
素朴理論（naive theory）　*172*

た

ターンテーキング　*24*
第三次循環反応　*29*
対象の永続性　*60*
体制化方略　*155, 157, 158*
第二次性徴　*201*
第二次反抗期　*201*
対立関係　*144*
他者志向的　*78*
他者性　*189*
他者の言葉　*189*
多重知能理論（MI 理論；Multiple Inteligence Theory）　*192*
達成動機　*219*
〈試す‐当てる〉コミュニケーション　*147*
単純な注視　*22*
担当保育士制　*8*
小さな科学者　*124*
小さな魔術師　*122*
抽象的な場面　*100*
中和化の技術　*228*
追視　*20*
伝染泣き　*12*
伝達意図　*27*
動機　*72, 217*
　――づけ　*219*
　――なき犯罪　*222*
　――の語彙　*222*
道具　*38*
同情（sympathy）　*73, 74*
道徳的理由づけ（prosocial moral reason-

ing） *77*
努力　*225*

な

内包　*171*
慰める　*80*
ニート　*218*
認知的「自己編集能力」　*250*
認知的複雑性　*182*
認知方略　*155*
能力　*225*

は

配分行動　*95*
発達の力動過程検査　*248*
パロディ　*191*
犯罪　*218*
反復方略　*157*
被害者の否定　*228*
非難者への非難　*228*
秘密を共有すること　*144*
評価基準　*188*
フィールド　*193*
深い処理　*158*
不適応行動　*206*
不透明な動機　*222*
プランニング　*250*
　——能力　*249*
フリーター　*218*
不良　*209*
フロー　*194*
分配行動　*94*
分与　*79*
分離量　*91*

保育所保育指針　*110*
暴走族　*209*
方略（strategy）　*155*
ホスピタリズム　*7*
保存課題　*91*

ま

マイナー志向　*208*
ミラーニューロン　*9*
ミラリング　*10*
メタ記憶　*156*
メタ認知能力　*156*
モデリング　*83*
物語の多様性　*197*
モノローグ　*190*
模倣の段階　*146*
問題行動　*203*

や

役割交替模倣　*13*
役割取得能力（role taking ability）　*75*
ヤンキー　*209*
ユニット方略　*97*
幼稚園教育要領　*110*

ら

リズミカルな運動　*55*
リハーサル方略　*155, 158*
理論　*171*
連続量　*91*
連帯感　*144*

わ

若者文化　*203*

〈執筆者紹介〉

●編者
都筑　学（つづき・まなぶ）
中央大学文学部教授
筑波大学大学院心理学研究科博士課程単位取得退学　博士（教育学）
専攻＝発達心理学
〔著書〕『大学生の進路選択と時間的展望』（ナカニシヤ出版, 2007年）
　　　『心理学論文の書き方』（有斐閣, 2006年）
　　　『あたたかな気持ちのあるところ』（PHP研究所, 2006年）
［本書執筆担当］　第16章

●執筆者
川田　学（かわた・まなぶ）
北海道大学大学院教育学研究院附属子ども発達臨床研究センター准教授
東京都立大学大学院人文科学研究科博士課程単位取得退学
専攻＝発達心理学
〔著書〕『卒論・修論をはじめるための心理学理論ガイドブック』（分担執筆, ナカニシヤ出版, 2007年）
　　　『発達心理学用語集』（共著, 同文書院, 2006年）
　　　『親と子の発達心理学』（共著, 新曜社, 2008年）
［本書執筆担当］　第1章

常田美穂（つねだ・みほ）
香川子ども子育て研究所所長（NPO法人わははネット内）
専攻＝乳幼児心理学，発達心理学
〔著書〕『卒論・修論をはじめるための心理学理論ガイドブック』（分担執筆, ナカニシヤ出版, 2007年）
　　　『認知発達心理学入門』（分担執筆, ひとなる書房, 2008年）
　　　『発達心理学用語集』（共著, 同文書院, 2006年）
［本書執筆担当］　第2章

河原紀子(かわはら・のりこ)

共立女子大学家政学部専任講師
京都大学大学院教育学研究科博士後期課程単位取得退学　博士(教育学)
専攻＝発達心理学，保育学
〔著書〕「食事場面における1〜2歳児の拒否行動と保育者の行動：相互交
　　　渉パターンの分析から」(保育学研究, 42, 2004年)
　　　「1〜2歳児における道具を使って食べる行動の発達過程」(応用
　　　心理学研究, 31(2), 2006年)
［本書執筆担当］　第3章

松田千都(まつだ・ちづ)

聖母女学院短期大学児童教育学科准教授
京都大学大学院教育学研究科博士後期課程単位取得退学
専攻＝発達心理学，保育学
〔著書〕「応用心理学事典」(共著, 丸善, 2007年)
　　　「乳児の保育場面におけるいないいないばあ遊び」(聖母女学院短
　　　期大学研究紀要, 35, 2006年)
　　　「はじめての保育・教育実習」(共著, 朱鷺書房, 2003年)
［本書執筆担当］　第4章

若林紀乃(わかばやし・すみの)

広島文化学園大学学芸学部准教授
広島大学大学院教育学研究科博士課程後期単位取得済在学中
専攻＝発達心理学，保育学
〔著書〕『進化する子ども学』(分担執筆, 福村出版, 2009年)
　　　『原著で学ぶ社会性の発達』(分担執筆, ナカニシヤ出版, 2008年)
［本書執筆担当］　第5章

山名裕子（やまな・ゆうこ）
秋田大学教育文化学部准教授
神戸学院大学人間文化学研究科博士課程単位取得退学　博士（人間文化学）
専攻＝認知発達心理学，幼児教育
〔著書〕『幼児における均等配分行動に関する発達的研究』（風間書房，2005年）
「中が見えない複数の箱を用いた幼児の配分方略—皿への配分方略との比較から—」（教育心理学研究, 54, 2006年）
［本書執筆担当］　第6章

松本博雄（まつもと・ひろお）
香川大学教育学部准教授
中央大学大学院文学研究科博士後期課程単位取得退学
専攻＝教育心理学，発達心理学，発達臨床心理学
〔著書〕『認知発達心理学入門』（分担執筆，ひとなる書房, 2008年）
『卒論・修論をはじめるための心理学理論ガイドブック』（分担執筆，ナカニシヤ出版, 2007年）
『やさしい心理学』（分担執筆，ナカニシヤ出版, 2003年）
［本書執筆担当］　第7章

富田昌平（とみた・しょうへい）
中国学園大学子ども学部准教授
広島大学大学院教育学研究科博士後期課程単位取得退学
専攻＝発達心理学，幼児心理学
〔著書〕『保育内容としての遊びと指導』（共著，建帛社, 2003年）
『新・はじめて学ぶこころの世界』（分担執筆，北大路書房, 2006年）
［本書執筆担当］　第8章

松本豪晃（まつもと・ひであき）
島根総合福祉専門学校児童福祉科専任教員
鳥取大学大学院教育学研究科修士課程修了
専攻＝発達心理学，教育心理学
［本書執筆担当］　第9章

丸山真名美（まるやま・まなみ）

至学館大学人文学部准教授

名古屋大学大学院教育発達科学研究科博士課程修了　博士（心理学）

専攻＝発達心理学，認知心理学，教育心理学

〔著書〕『発達・学習の心理学』（共著，学文社，2007年）

　　　「幼児期から児童期にかけての時間処理能力の発達：生活時間構造の階層性の発達との関連」（認知心理学研究，第1巻，2004年）

　　　「児童期前半における生活時間構造の階層化と時間処理方略の発達」（発達心理学研究，第16巻，2005年）

[本書執筆担当]　第10章

布施光代（ふせ・みつよ）

明星大学教育学部准教授

名古屋大学大学院教育発達科学研究科博士後期課程単位取得退学

博士（心理学）

専攻＝発達心理学，教育心理学

〔著書〕『卒論・修論をはじめるための心理学理論ガイドブック』（分担執筆，ナカニシヤ出版，2007年）

　　　『心理学基礎演習　Vol.2 質問紙調査の手順』（分担執筆，ナカニシヤ出版，2007年）

　　　『子どもの発達心理学を学ぶ人のために』（分担執筆，世界思想社，2003年）

[本書執筆担当]　第11章

山本　睦（やまもと・ちか）

富士常葉大学保育学部准教授

東京都立大学大学院人文科学研究科博士課程修了　博士（教育学）

専攻＝教育心理学，発達心理学

〔著書〕『創造性と学校』（ナカニシヤ出版，2005年）

　　　『卒論・修論を始めるための心理学理論ガイドブック』（共編著，ナカニシヤ出版，2007年）

　　　『世界の創造性教育』（共著，ナカニシヤ出版，2005年）

[本書執筆担当]　第12章

加藤弘通(かとう・ひろみち)
静岡大学大学院教育学研究科准教授
中央大学大学院文学研究科博士後期課程単位取得退学　博士(心理学)
専攻＝発達心理学，教育心理学
〔著書〕『問題行動と学校の荒れ』(ナカニシヤ出版, 2007年)
　　　　『卒論・修論をはじめるための心理学理論ガイドブック』(共編著, ナカニシヤ出版, 2007年)
　　　　『迷走する若者のアイデンティティ』(共著, ゆまに書房, 2005年)
[本書執筆担当]　第13章

大久保智生(おおくぼ・ともお)
香川大学教育学部准教授
早稲田大学大学院人間科学研究科博士後期課程修了　博士(人間科学)
専攻＝教育心理学，社会心理学
〔著書〕『卒論・修論をはじめるための心理学理論ガイドブック』(分担執筆, ナカニシヤ出版, 2007年)
　　　　『PAC分析研究・実践集1』(分担執筆, ナカニシヤ出版, 2008年刊行予定)
[本書執筆担当]　第14章

赤木和重(あかぎ・かずしげ)
神戸大学大学院人間発達環境学研究科准教授
神戸大学大学院総合人間科学研究科博士課程修了　博士(学術)
専攻＝発達臨床心理学
〔著書〕『発達障害のある子どもの自己を育てる：内面世界の成長を支える教育・支援』(分担執筆, ナカニシヤ出版, 2007年)
　　　　『卒論・修論をはじめるための心理学理論ガイドブック』(分担執筆, ナカニシヤ出版, 2007年)
[本書執筆担当]　第15章

やさしい発達心理学
乳児から青年までの発達プロセス

2008 年 4 月 20 日　初版第 1 刷発行	定価はカヴァーに
2012 年 3 月 20 日　初版第 3 刷発行	表示してあります

編　者　都筑　学
発行者　中西健夫
発行所　株式会社ナカニシヤ出版
〒 606-8161　京都市左京区一乗寺木ノ本町 15 番地
Telephone　075-723-0111
Facsimile　075-723-0095
Website　http://www.nakanishiya.co.jp/
Email　iihon-ippai@nakanishiya.co.jp
郵便振替　01030-0-13128

装幀＝白沢　正／印刷・製本＝ファインワークス
章扉挿絵＝東海林　悠
Printed in Japan.
Copyright © 2008 by M. Tsuzuki
ISBN978-4-7795-0250-7

◎本書のコピー，スキャン，デジタル化等の無断複製は著作権法上での例外を除き禁じられています．本書を代行業者等の第三者に依頼してスキャンやデジタル化することは，たとえ個人や家庭内での利用であっても著作権法上認められておりません．